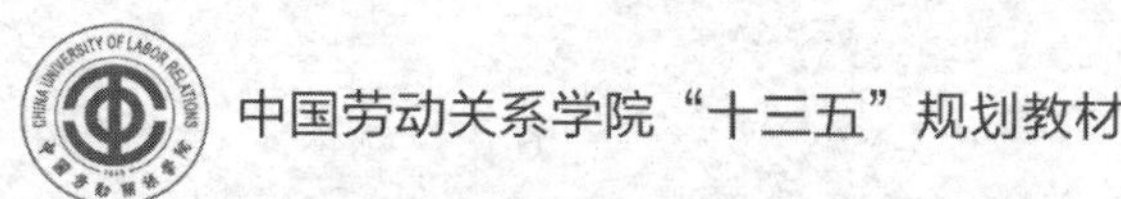

中国劳动关系学院“十三五”规划教材

21世纪 信息资源管理系列教材

Literature Retrieval and Review Training Course

文献检索与综述实训教程

刘泰洪/编著

中国人民大学出版社

·北京·

作者简介

刘泰洪，中国劳动关系学院公共管理系副教授，2008年北京师范大学行政管理专业博士毕业。长期为中国劳动关系学院的行政管理专业、劳动与社会保障专业、行政与政治学专业教授文献检索与综述课程。在《天津社会科学》《人文杂志》《改革》等期刊公开发表学术论文30余篇。主持完成国家社科基金青年课题1项，主持完成教育部人文社科规划课题1项，主持完成北京市教育科学规划课题1项；作为主要成员参与国家社科基金课题、省部级课题多项。

内容简介

本书介绍了文献信息检索基础、文献的加工与管理、网络信息资源检索、中文全文数据库、电子图书、特种文献检索，以及文献综述与写作、学术规范与论文写作等知识。本书结合公共管理学科的常用检索词与检索特点，对文献检索过程进行介绍，着力提升学生的信息检索能力；同时本书将文献的检索过程与文献综述的写作进行结合，能使学生的动手与动笔能力都得到锻炼。

前　言

现代社会是信息社会，各学科、专业乃至社会上各行各业的发展中，信息都起着举足轻重的作用。“文献检索与综述实训教程”是根据教育部的文件精神开设的高等院校专业实验课程。该课程以文献信息资源及其相关检索系统的特点与使用方法为教学重点，其目的是使学生获得一定的文献信息搜集、整理、加工与利用能力。课程旨在增加学生的信息意识，提高其文献资源的获取能力，培养其独立的检索能力与论文撰写能力，为其以后的职业发展以及知识更新奠定良好的基础。

在学术研究的过程中，研究由问题开始，但研究问题的确定是一个复杂的思维过程。文献检索往往是发现学术问题的起点，并且检索贯穿学术研究的全过程。文献检索与论文写作相辅相成。基于上述原因，本课程融理论、方法、实践于一体，由两个部分组成，第一部分是文献检索，第二部分是综述写作，将“文献检索”与“文献综述写作”置于同一实验课程的教学框架中。通过第一部分的学习，使学生能够根据实际需求灵活运用各种检索技术，查询及获取所需要的文献资料；在具备了文献检索知识的前提下，通过第二部分的学习，掌握文献综述写作的基本技能，如写作前的准备、写作过程中的材料组织和书写规范，以及后期论文润色和投稿阶段的注意事项等。全书结构清晰，内容由浅入深、循序渐进，教材中附有丰富的公共管理专业检索案例，有较强的针对性和实用性。

本书的出版，是编者基于多年“文献检索与综述”实验课程教学的经验总结。北京建筑大学图书馆詹宏伟老师撰写了本书第二章的内容。由于时间紧迫，编者水平有限，书中不足与疏漏之处难免，敬请读者批评指正。在教材编写的过程中编者参考了大量国内外文献资料，他们的智慧是本书得以完稿的基础，在此向作者致谢。书中引注与书末参考文献难免有疏漏，敬请谅解。

感谢中国劳动关系学院学术委员会将本教材列为学校“十三五”规划教材予以立项资助，为本书的出版提供了经济支持。感谢中国人民大学出版社盛杰编辑及相关工作人员为本书出版付出的辛苦。

编者

2018 年 1 月 8 日

目　录

第一章 文献信息检索基础

第一节　文献概述

一、文献的定义

人类在改造自然和变革社会的伟大斗争中，需要各种知识。要获得这些知识，除了直接实践外，更多的是要学习和吸取前人的经验、思想和知识，即充分利用文献。文献有哲学、社会科学文献，也有自然科学文献。“文献”一词最早见于《论语·八佾》，南宋朱熹《四书章句集注》认为“文，典籍也；献，贤也”。这里的“文”指典籍文章，“献”指古代先贤的见闻、言论以及他们所熟悉的各种礼仪和自己的经历。《虞夏书·益稷》也有相关的引证说明“文献”一词的原意是典籍与宿贤。近现代的一些工具书又将其解释为“具有历史价值的图书文物资料”和“与某一学科有关的重要图书资料”。例如：《辞源》解释为“文献：……后指有历史价值的图书文物”；《辞海》解释为“文献：……今专指有历史价值的图书文物资料”；《现代汉语词典》的解释是“有历史价值或参考价值的图书资料”。

随着现代科学技术的发展，文献的生产和交流呈多样化态势，人们对文献的认识已不再停留在传统书籍、档案、典章、史料的藩篱里，而是集中在对文献本质属性及其构成要素的研究上。现代学者对“文献”一词有了新的注释和诠释。

国际标准化组织《文献情报术语国际标准》（ISO/DIS 5217）对文献的解释是：“在存储、检索、利用或传递、记录信息的过程中，可作为一个单元处理的，在载体内、载体上或依附载体而存储有信息或数据的载体。”我国 1984 年实施的中华人民共和国国家标准《文献著录总则》关于“文献”的定义是：“文献：记录有知识的一切载体。”文献不但包括现代图书馆的全部馆藏，也包括档案馆、博物馆等所收藏的全部馆藏。

随着社会的发展、研究的不断深入，以及现代科技的飞速发展，记录知识的载体和手段都发生了巨大变化。记录知识不再仅仅凭纸张这种单一载体，出现了各种各样的载体材料，包括胶卷（片）、磁带、磁盘和光盘等；产生了各种各样的记录信息和知识的方式，不再仅仅是刻、写和印刷了，还包括录音、录像和其他数字化复制方式，多媒体的出现就是这种方式的较为集中的体现。

综上所述，我们认为，文献是用文字、图形、符号、声频、视频等技术手段记录人类知识的载体，或理解为固化在一定物质载体上的知识。现在通常理解为图书、期刊等各种出版物的总和。文献是记录、积累、传播和继承知识的最有效手段，是人类社会活动中情报的最基本、最主要的来源，也是交流传播情报的最基本手段。正因为如此，人们把文献称为情报工作的物质基础。在国内国外，常常可以看到有人把“文献”与“情报”、“文献学”与“情报学”等同起来，虽然这种等同未必适宜，但却反映了文献在情报活动和科学中的极为重要的地位。

从上述定义中可以看出文献包括 4 个要素。

（1）知识和信息，即文献的内容。

（2）物质载体，如竹简、纸张、胶片、磁盘等，是文献的外在形式。

（3）记录知识和信息的符号，如文字、图表、声音、图像等。

（4）记录的方式或手段，如书写、印刷、复制、录音、录像等，即将知识和信息固化到载体上的手段。

二、文献的属性

文献的内容最为重要，是文献的内涵和实质所在，是判定文献价值的主要依据。同时，物质载体形式、记录符号系统和文献的发展演变同样至关重要。

1. 知识传承性

文献信息是文献的本质属性，没有信息性，也就不会有文献。任何文献都传递或记录一定的信息知识，传递信息和记录知识是文献的基本功能。人类文明正是靠古今文献的不断继承才得以保存到现在。

2. 物质载体性

文献的存在一定要依附于某种物质载体，载体是文献内容的外壳，其材质随人类科学技术的发展不断演化。从古至今出现过甲骨、金石、简牍、兽皮、泥板、缣帛、纸张、胶片、音像、磁盘、光盘等类型。

3. 记录多样性

文献里的知识信息是通过各种人工方式将其记录在载体上的，而不是天然赋予在一定的物质实体之上的。人们采用各种记录手段，如写、刻、印、录等方式积累知识，传承人类文明，形成了形式多样的文献类型。

4. 发展变化性

文献从出现到现在始终处于运动状态，并且随着人类社会的科技进步和记录水平的提高不断发展演进。进入信息社会以后，信息交流更加频繁，文献的数量日益庞大，载体形式越发多样。同时，新的问题相继出现，文献的更新速度在加快，生命周期在缩短，发展变化速度难以预测。

三、文献的类型

文献作为知识的载体，科学的媒介，自然少不了类型划分。如果没有类型区分，图书馆里的数以万计的文献会乱得像一锅粥，许多的文献便失去了利用的价值。根据不同的划分标准，文献可以分成多种类型。

1. 按照文献的出版类型划分

文献的类型大致可以分为图书、期刊、研究报告、专利文献、科技报告、学位论文、会议文献、标准文献、科技档案、产品技术资料、政府出版物、报纸、声像资料、电子出版物、网络出版物等。

（1）图书。图书是以印刷方式单本刊行的，内容比较成熟、资料比较系统、有完整定型的装帧形式的出版物。图书可分教科书，科普读物，辞典、手册、百科全书等工具书。联合国教科文组织对图书的定义是，凡由出版社（商）出版的不包括封面和封底在内49页以上的，具有特定的书名和著者名，编有国际标准书号（ISBN），有定价并取得版权保护的出版物称为图书。图书的特点是内容较系统、全面、成熟、可靠，但出版周期较长，报道速度相对较慢。

（2）期刊。期刊也称杂志，是由多位作者撰写的不同题材的作品构成的定期出版物。期刊有固定刊名，以期、卷、号或年、月为序。期刊是定期或不定期连续出版的印刷读物。在我国，期刊出版单位出版期刊，必须经新闻出版总署批准，持有国内统一连续出版物编号（ISSN）。期刊内容新颖，报道速度快，信息含量大，是传递科技情报、交流学术思想最基本的文献形式。期刊情报占整个情报源的60%～70%，它与专利文献、科技图书三者被视为科技文献的三大支柱，是检索工作中利用率最高的文献源。

（3）学位论文。学位论文是学术论文的一种形式，是指学生为了获得所修学位，按要求所撰写的论文。学位论文有严格的格式要求，一般不公开出版，分为学士论文、硕士论文、博士论文3种。学位论文是就某一专题进行研究而做的总结，多数有一定的独创性。学位论文是非卖品，除极少数以科技报告、期刊论文的形式发表外，一般不出版，目前国内已有中国知识资源总库（CNKI）的中国博士学位论文全文数据库、中国优秀硕士学位论文全文数据库，万方数据公司的学位论文数据库等，可供查找学位论文使用。

（4）会议文献。会议文献是指在会议等正式场合宣读的首次发表的论文，往往代表着某一领域内的最新成就。其主要特点是传播信息及时、论题集中、内容新颖、专业性强、质量较高，但其内容与期刊相比可能不太成熟。会议论文属于公开发表的论文，一般正式的学术交流会议都会出版会议论文集。

（5）报纸。报纸是一种出版周期最短、发行量最大的出版物。报道内容极为广泛，和人们生活息息相关，是人们日常生活中最常接触的信息源。报纸是每日、每周或每隔一定的时间发行的一种连续出版物，以刊载新闻为主，包括评论文章、特写、广告和其他内容的文章，是重要的社会舆论工具和大众传播工具。报纸按范围级别分，有全国性报纸和地方性报纸；按内容性质分，有综合性报纸和专业性报纸；按出版时间分，有日报、双日报、周报和月报等。联合国教科文组织把每周至少出版四次的报纸称为日报，把每周出版三次及以下的报纸称为非日报。报纸的特点是出版速度快，发行数量大，传递迅速及时，读者对象面广，能以最快的速度报道世界各地发生的最新事件。报纸的信息具有极强的时效性，信息量大，但这也是造成报纸查找不便的原因。

（6）专利文献。专利文献是指发明人或专利权人申请专利时向专利局所呈交的一份详细说明发明的目的、构成及效果的书面技术文件，是经专利局审查，公开出版或授权后的文献。广义的专利文献还包括专利公报（摘要）及专利的各种检索工具。专利文献主要由专利说明书构成，内容比较具体，有的还有附图，通过它可以了解该项专利的主要技术内容。由于只有符合新颖性、创造性和实用性的发明创造才能获得专利权，所以专利说明书对于工程技术人员，特别是产品工艺设计人员来说，是一种切合实际、启迪思维的重要情报源。专利文献范围广泛，出版迅速，格式规范，文字简练、严谨，有助于科技人员借鉴国际先进技术，避免重复劳动并节省科研经费。

（7）标准文献。标准文献是标准化组织或有关机构对产品、服务等的质量、规格、生产过程及检验方法等所做的技术规定，是不同生产、服务厂商应共同遵守的规范性文件。技术标准按审批机构和应用范围划分，有国际标准、区域性标准、国家标准、部颁标准、企业自订标准等，内容包括各种基础标准、产品标准和方法标准等。

（8）政府出版物。根据联合国教科文组织的规定，政府出版物是指根据国家机关的命令，并且由国家负担经费而出版的一切记录。政府出版物是各国政府所属各部门发表、出版的文献的总称，其内容极为广泛。

2. 依照文献加工层次划分

由于文献出版量的急剧增加，再加上文献类型的多样化和分布的离散状态等因素，信息用户要想准确而快捷地从大量无序的原始信息中获取相关信息，就如同大海捞针一样困难。为了便于人们利用文献，文献根据加工深度的不同主要分为以下3种类型。

（1）一次文献。一次文献又称原始文献，是人们对已创造的知识进行第一次加工（固化）而形成的文字记载。一次文献具有创造性、原始性、多样性的特点。

（2）二次文献。二次文献是对一次文献进行加工、整理后形成的产物，它对一次文献的特征，如题名、责任者、出处、分类、主题等进行揭示和排序，或将一次文献的内容压缩成文摘。二次文献是用来报道一次文献的，类型有目录、索引、文摘等。二次文献具有集中性、工具性、系统性的特点。

（3）三次文献。三次文献是按照特定的课题，利用二次文献选择有关的一次文献加以分析、综合而编写出来的文献类型，主要有综述、述评、专题报告、可行性报告、数据手册等。三次文献具有综合性、科学性、针对性的特点。

总之，从一次文献、二次文献到三次文献，文献形式的变化反映了文献由分散到集中，由无序到有序，由博而精地对知识信息进行不同层次的加工的过程。它们所含信息的质和量是不同的，对于改善人们的知识结构所起的作用也不同。一次文献是最基本的信息源，二次文献是一次文献的集中提炼和有序化，三次文献是把分散的一次文献、二次文献，按照专题或知识的门类进行综合分析加工形成的成果，是高度浓缩的文献信息。

3. 按照载体（外在）形式划分

（1）刻写文献。刻写文献是雕版和活字印刷发明之前的历史文献和没有排印的文字记录类型。先人用手写或刻字的方式记录下来的文献，是最早的文献载体形式。如我国古代刻写于龟甲兽骨上的甲骨文献，刻铸在青铜器或石头上的金石文献，书写在竹、木片上的简牍文献，记录于丝织品上的缣帛文献，印刷术发明使用前的古写本和印刷术发明使用后的写本、抄本、稿本等纸质手写文献。这类文献往往具有重要的历史价值和文物价值。

（2）印刷文献。印刷文献是以纸张为载体，采用雕版刻字、活字排印、石印、铅印、油印、胶印、影印、复印等方法形成的文献，是典型的传统文献形式，也是现代文献的主要形式。其优点是可直接、方便地阅读，阅读者可以随心所欲地在自己的书本上做各种阅读记号，可以在书本的眉上行间、篇头卷尾进行评点、批注，记录心得，并可长期保存、反复研读。还因其学术内涵、编著者的名望、独特的装帧形式、出版年代等因素，给某些收藏爱好者提供了实在的满足。其不足是体积大，存储密度低，纸张容易损坏变质。

（3）缩微文献。缩微文献是指缩微复制品。它是以感光材料为载体，以缩微摄影为记录手段，将手写和印刷型文献缩微而形成的文献形式，包括缩微胶卷、缩微胶片等。缩微文献的优点是体积小，存储密度高，节省储藏空间，价格便宜，便于保存、转移、传递与检索，可以说是印刷型的变体。缺点是阅读时须用阅读器。

（4）声像文献。声像文献又称直感型或视听型文献，是以磁性材料或感光材料为载体，借助特殊的机械装置，以声音和图像形式记录在载体上的文献。如唱片、录音带、幻灯片、电影片、录像片等。它脱离了或基本脱离了文字形式，只利用视觉、听觉直接接受文献信息，直观、生动，传播速度快，便于更新。但对于常规的书本学习，作为经常性的使用手段，它代替不了纸质印刷文献。

（5）数字文献。数字文献是以数字代码方式将图、文、声、像等信息记录在磁性材料或光学材料上，由计算机或具有类似功能的设备输入和输出的文献形式。主要包括软磁盘、光盘、集成电路卡等。数字文献存储密度高、存取速度快，特别是磁盘，存储容量极大，传输速度极高，并可在网络上使用，使文献信息交流跨越时空的障碍，加速了知识信息的传播和利用。

（6）网络文献。网络文献是借助信息技术而存在于互联网上的形式比较特殊的文献。随着科学技术的进步，网络文献作为一种新的信息载体，具有内容丰富、信息涵盖量大的特点；形式多种多样，有文本型的，有声音型的，有图像型的；分布广泛，检索途径多。它能够跨越时空的阻隔，使其所负载的信息内容既可世世代代地传递下去，也可在不同国家、不同民族、不同地区之间进行传递，成为信息时代联系世界和沟通全人类思想的纽带。①

四、文献的社会作用

文献是人类思想与智慧的结晶，是人类社会文明发展到一定程度的产物，是人类文化的知识内容与载体材料有机结合而成的一种宝贵的智力资源。

1. 文献是记录和保存人类知识的宝库

文献是人类的共同财富，是人类物质文明和精神文明发展的记录；是人类有史以来所从事的生产实践活动、科学技术实践活动和人们的相互交往活动的真实写照；是人类在一切活动中成功经验和失败教训的系统积累和总结；是人类文明和文化知识的最佳表现方式。文献只有被记载在某种物质载体上，才能长期保存。文献只有不断地积累，才能被今人和后人利用，从而创造出新的文明和文化。所以，文献是汇集和保存人类精神财富的最佳载体，是供全人类分享利用的知识宝库。

---

① 赵大志．地方文献建设研究．成都：西南交通大学出版社，2012：12-13．

2. 文献是获取和传播知识的重要媒介

在文字出现前的远古时代，人类的生产力水平极为落后，各方面都不发达，所获得的经验或知识也很少，人们只要用自己的大脑记忆就可以了，并不需要考虑是否重复以往的经验。后来，随着生产的发展，人们社会交往的增多，各种知识不断产生，需要记忆的知识也随之增加，光靠大脑既记不住也容纳不了，而且记住的东西也容易忘记，于是就产生了把这些经验或知识记录下来的想法。在纸发明以前，古代人只能在甲骨、简牍、缣帛上做记录。在雕版印刷发明以前，古人只能凭手工抄写来记录文献。正是在文献的初级阶段经验积累的基础上，古人才发明了纸与雕版印刷术，这使文献的记录方式更为便利，传播的范围更广，速度更快。人们又从文献中汲取、利用知识贡献于社会，从而极大地推动了社会文明的发展。人类的知识和文明只有通过文献才能突破时空的局限，在时间和空间上得以传播和交流，获取各个时期和各个地区的各种信息资料。可见，文献正是通过其知识获取和传播，推动人类创造发明，促进社会向前发展。

3. 文献是人类文明与进步的重要标志

文献的内容反映了一定社会历史阶段人类的知识水平。人类认识社会与自然界的各种知识，主要是通过文献的积累、总结、储存与提高来实现的。对文献的学习、继承与创造性运用，又反作用于社会，成为推动社会向前发展的有力因素。文献是记载前人成果的重要手段之一，是人类文化科学知识的体现，是创造性活动的基础，可以帮助人们认识客观事物，拓展思路，开阔视野，丰富知识。文献的质和量是某一学科领域、某一个人、某一群体乃至某个国家的学术水平和成就的重要标志。文献也是预测和决策的重要工具。对有关文献进行定量和定性分析，可以预测该事物的发展趋势，从而为决策提供依据。

据上所述，文献对人类文明、社会进步至关重要。正如英国科学哲学家卡尔·波普尔的思想实验得出的结论，如果我们人类所有的机器和工具都被破坏了，而图书馆的文献还存在，那么人类仍然能够重新发展起来；如果文献同所有的机器和工具一起都被破坏了，那么人类文明的重新出现就会是几千年以后的事了。卡尔·波普尔的思想实验生动而深刻地揭示了文献对我们人类的重大作用。

第二节　文献信息检索

一、文献信息检索的概念

文献信息检索中的“信息检索”一词出现于20世纪50年代。文献信息检索（Information Retrieval）亦称为情报检索，是指将信息按一定的方式组织和存储起来，并根据用户的需要找出有关信息的过程。即根据一定的检索目的，选择有关的检索工具和检索系统，按照一定的检索途径、方法和步骤，在海量文献信息源中迅速准确地查找所需的文献信息。它是以用户提交的包含了特定的文献信息需求的检索式与文献信息检索系统中的信息集合进行相符性比较的过程，这里的相符性比较是建立在检索语言的基础之上的。

文献信息检索有广义和狭义两层含义。广义的文献信息检索包括文献信息的存储和检索两个方面。存储是指对一定数量的揭示文献特征的信息或从文献中摘出的知识、信息进行组织、加工、整序并将之存储在某种载体上，编制成检索工具或组织成检索系统。检索就是根据需要，利用一定的检索工具和检索手段，把所需的文献线索或知识、信息从检索系统中查找出来的过程。

狭义的文献信息检索通常是指后一半，即文献信息查询或检索，是从任何信息集合、情报集合中找出所需的信息的过程。存储和检索从意义上讲是两个完全不同的概念，但存储是为了检索，而检索以存储为前提，它们是相互依存的关系。

信息检索就是指依据一定的方法，从已经组织好的大量信息集合中查出特定的相关信息的过程。文献检索是信息检索的一种类型，是指依据一定的方法，按照一定方式将文献组织存储在某种载体上，并利用相应的方法或手段从中查出符合用户特定需要的文献的相关过程。查找出来的只是关于文献的信息或文献的线索，如果要真正获取文献中所记录的信息，那么还要依据检索所取得的文献线索或关于特定文献的信息，去索取和查阅文献的原文。文献检索是文献信息工作的重要组成部分，是科学研究的前期工作，进行文献检索时，必须按照与存储一致的思路和方法，才能获得良好的检索结果。①

二、文献信息检索的原理

文献信息检索的基本原理，就是通过对大量的、分散无序的文献信息进行收集、加工、组织、存储，建立各种各样的检索系统，并通过一定的手段和方法，使信息存储和检索这两个过程所采用的特征和表示达到一致，以便有效地获得和利用信息。文献信息检索是文献检索和信息检索两个概念的统一。文献信息检索的全过程包括存储和检索两个过程。其中，存储是检索的基础，检索是存储的目的。文献信息存储和检索的全过程如图 1－1所示。

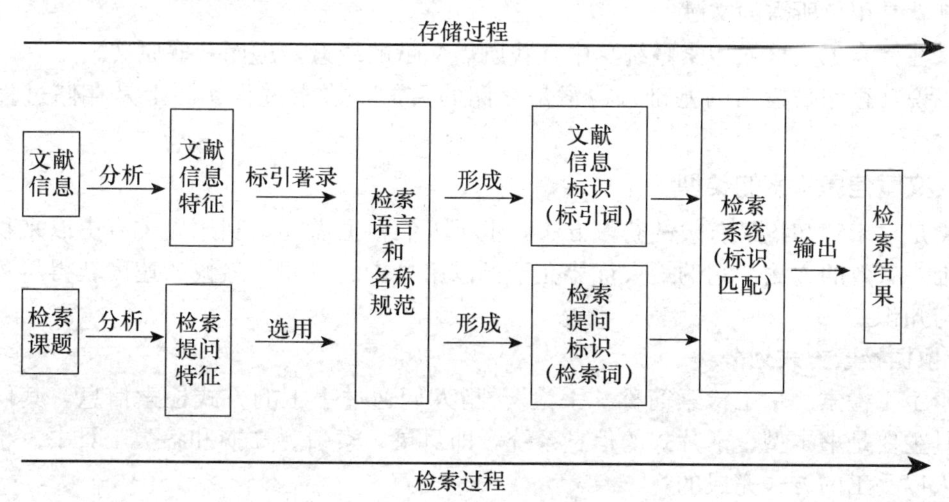

图 1－1　文献信息存储和检索过程

1. 存储过程

存储过程即选择特定内容或特定范围的文献信息，抽出文献信息的特征进行著录、标引和整序，形成一条条文献线索并使之成为有序化的文献集合体，即编制检索工具或建立检索系统的过程。该过程主要包括以下三个方面。

---

① 高新陵，吴东敏. 科技文献信息与科技创新. 南京：河海大学出版社，2013.

（1）著录。从文献信息中选择特定文献，并描述其外表特征（题名、著者、号码等）和内容特征（主题词、分类号等），形成一条条款目。

（2）标引。对文献信息的主题内容进行概念分析，将每个概念转换成系统语言（检索语言），用表达文献内容特征和外表特征的最简练的词语或某种符号作标识，如主题词、分类号、著者姓名等。

（3）排序。将各种标识按照一定的顺序系统排列（如按学科分类、字顺、数序、音序等），使所选文献成为有序化的、有共同存储和查找方式的、为检索者提供有规律的检索途径的文献集合体（检索工具或检索系统）。

2. 检索过程

检索过程指从文献集合体（检索工具或检索系统）中，查出（或输出）所需文献线索或浓缩物的过程。这主要是按照需要形成提问标识，按照一定的检索途径，查找与检索提问相符合的文献特征标识的过程。或者说文献信息检索就是通过文献特征标识与检索提问标识的匹配来实现的。为了实现这一匹配，标引人员的标引用语和检索者的检索用语必须采用共同的语言，这就是检索语言。检索语言沟通了文献的存储和检索两个过程，是检索工具或检索系统的重要组成部分。其检索过程包括以下三个方面。

（1）分析检索课题，确定检索入口，找出能表达课题特征或主题要领的检索提问标识，如主题词、分类号、著者姓名等。

（2）将检索提问标识与文献集合中的文献标识进行相符性比较。标识一致时，标识所指的文献就是用户所需的文献。

（3）在检索工具（或检索系统）中查找所需文献的线索，进而获取原文。

所以说，存储是检索的基础，检索是存储的目的，检索过程实际上是存储过程的逆过程。

三、文献信息检索的类型

检索是对未知知识最有效的获取方法，也是人们根据需要，利用人类有史以来积累的知识的唯一有效的方法。它的最大优势在于可以用最少的时间、最快的速度获得尽可能多的信息与知识。

1. 依据检索方式划分

（1）手工检索。手工检索简称“手检”，指人们通过手工的方式检索信息。其使用的检索工具主要是书本型、卡片式的信息系统，即目录、索引、文摘和各类工具书。检索过程是由人以手工的方式完成的。

（2）计算机检索。计算机检索简称“机检”，指人们利用数据库、计算机软件技术、计算机网络及通信系统进行的信息检索，其检索过程是在人机的协同作用下完成的。

（3）综合检索。在文献信息检索的过程中，既使用手工检索方式，又使用计算机检索方式，也就是同时使用两种检索方式。

2. 依据检索内容划分

（1）文献型信息检索。文献型信息检索指利用检索工具或检索系统查找文献的过程，包括文献线索检索和文献全文检索。文献线索检索指利用检索工具或检索系统查找文献的出处，检索结果是文献线索。它包括书名或论文题目、著者、出版者、出版地、出版时间等文献外部特征。用于检索文献线索的检索工具有书目、索引、文摘及书目型数据库和索引、题录型数据库。文献全文检索是以文献所含的全部信息作为检索内容，即检索系统存储的是整篇文章或整部图书的全部内容。检索时可以查到原文以及有关的句、段、节、章等文字，并可进行各种频率统计和内容分析。文献全文检索主要是用自然语言表达检索课题，较适用于某些参考价值大的经典性文章，如各种典籍、名著等。文献全文检索是当前计算机信息检索的发展方向之一。

（2）事实型信息检索。事实型信息检索以特定的事实为检索对象，其检索结果主要是客观事实或为说明客观事实而提出的数据。如某个字、词的查找，某一诗句的查找，某一年、月、日的查找，某一地名的查找，某一人物的查找，某一机构的查找，某一事件的查找，某一法规制度的查找，某一图像的查找，某一数据、参数、公式或化学分子式的查找等。完成事实型信息检索主要借助于各种参考工具书及事实型数据库。事实检索多利用词语性和资料性工具书，包括字典、词典、百科全书、类书、政书、年鉴、手册、名录、表谱、图录等。也利用某些线索性工具书，如索引、文摘、书目，以及利用学科史著作、科普读物等。

（3）数据型信息检索。数据型信息检索是一种确定性检索，是以数值或图表形式表示的数据为检索对象的信息检索，又称“数值检索”。检索系统中存储的是大量的数据，这些数据既包括物质的各种参数、电话号码、银行账号、观测数据、统计数据等数字数据，又包括图表、图谱、市场行情、化学分子式、物质的各种特性等非数字数据。

3. 依据信息组织方式划分

（1）全文检索。全文检索指检索系统中存储的是整篇文章乃至整本书。用户根据个人的需求从中获取有关的章、节、段、句等信息，并且还可以做各种统计和分析。

（2）超文本检索。超文本结构类似人类的联想记忆结构，它采用了一种非线性的网状结构组织块状信息，没有固定的顺序，也不要求读者必须按照某个顺序来阅读。采用这种网状结构，各信息块很容易按照信息的原始结构或人们的“联想”关系进行组织。

（3）超媒体检索。由于把多媒体信息引入超文本里，产生了多媒体超文本，也即超媒体。它是对超文本检索的补充，其存储对象超出了文本范畴，融入了静态、动态图像及声音等多媒体信息。信息存储结构从单维发展到多维，存储空间范围不断扩大。

第三节　文献检索语言

一、文献检索语言概述

文献检索语言就是文献信息检索系统中的标识系统，能提供多种多样的检索点，如著者名、分类号、主题词、关键词等。文献检索语言是人工创制的或者由人工设计并由计算机自动生成的，它可以是从自然语言或专业文献中抽取出来并予以规范化的一套词汇（如主题词表），也可以是遵循某种分类体系的一套分类代码，或者是代表某一类事物的某一方面特征的一套代码（如代表化合物的多种代码）等。它们可用于对文献和网络信息的内容进行逻辑分类、主题标引或特定信息的描述和提示，所以又称为文献存储与检索语言、标引语言、索引语言等。

文献检索语言在各种文献检索系统中无处不在，它种类繁多，各具特点，各有优势又或多或少存在缺陷。在实际应用中常有两种或多种检索语言用于同一检索系统以供选择使用或者相互取长补短。近年来在强大的计算机信息技术支持下研制开发的新型检索语言集成系统，已使网络文献信息智能化检索初现端倪。用户的检索提问可以用短语甚至句子等自然语言形式输入，系统能够进行自动分析形成检索策略进行检索。检索技术的长足进步，很大程度上得益于检索语言研究成果的应用。

检索语言就是为沟通文献标引与文献检索而编制的人工语言，也是连接信息存储和检索两个过程中标引人员与检索人员双方思路的渠道，是用于文献标引和检索提问的约定语言。如果没有检索语言作为标引人员和检索人员的共同语言，就很难使标引人员对文献信息内容的表达和检索人员对相同文献信息内容需求的表达取得一致，信息检索也就不可能顺利实现。因此，编制检索语言的目的就是不但能够保证不同的标引人员描述文献特征的一致性，而且能够保证检索提问词与文献标引词的一致性。要把存储和检索联系起来，检索语言所表达的概念应该是唯一的。这就是说，表达的概念同所要表达的事物一一对应，尽量减少一词多义或多词一义的现象，要使其在该检索系统中具有单义性。文献检索语言是规范化的自然语言，归纳起来有以下几方面的特点。

（1）检索语言具有严密性（单一性）。一词一义，每一个词只表达一个概念，为文献的标引和检索提供了共同语言的依据。

（2）检索语言具有系统性。在标引文献时可以将同一主题概念的文献集中存储在一起，便于用户检索。

（3）检索语言具有可控性。在标引文献的主题概念时，可以将文献包含的情报内容及其外表特征简明地表示出来。

二、文献检索语言的基本要求

文献检索语言主要有以下几方面的要求。

（1）具有必要的语义和语法规则。能准确地表达某一学科技术领域的任何文献和任何提问的中心内容、主题、特征。

（2）具有表达概念的单一性。用这种语言表达的每一文献或提问，只能有一种解释。

（3）具有文献检索标识和提问特征进行比较和识别的方便性。既可用于手工检索，又可用于计算机检索。

（4）检索语言体系应科学合理。

三、文献检索语言的功能

检索语言不同于自然语言，它所表述的概念只有一种解释，不允许一词多义、多词一义，使概念的表述模糊不清。检索语言的这种单一性保证了表述概念的唯一性，保证了标引与检索的一致性，使信息检索人员能够又全、又准、又快地检索到含有所需信息的文献。

检索语言的功能是通过检索语言标引文献的主题概念，不仅能简明地提示文献所包含的信息内容及其外表特征，而且还能将同一主题概念的文献集中在一起，使文献的存储集中化、系统化、组织化，以便进行有规律的检索。在信息存储过程中，用它来描述信息的内容和外部特征，从而形成检索标识；在检索过程中，用它来描述检索提问，从而形成提问标识；当提问标识与检索标识完全匹配或部分匹配时，结果即为命中文献。因此，检索语言在文献存储和文献检索方面占有十分重要的地位。其功能可用图 1－2 加以表示。

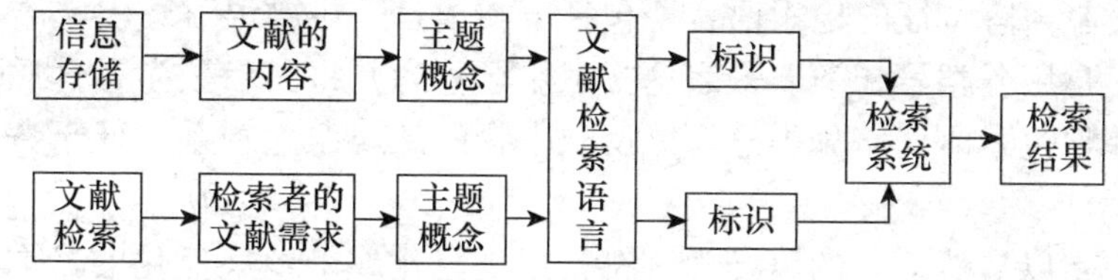

图 1－2 检索语言的功能

由图 1－2，可以看出其主要功能有以下五个方面。

第一，对文献的信息内容及其特征加以规范化的标引。

第二，对内容相同及相关的文献信息加以集中或揭示其相关性。

第三，可以使文献信息的存储集中化、系统化、组织化，便于检索者按照一定的排序进行有序化的检索。

第四，便于将标引用语和检索用语进行相符性比较。保证不同检索人员对相同文献内容表述的一致性，以及检索人员与标引人员对相同文献内容表述的一致性。

第五，保证检索者按不同需要检索文献时，都能获得最高查全率和查准率。

目前，世界上的检索语言种类繁多，已被广泛地用于图书馆、情报所、信息中心、档案室以及检索期刊、检索系统的有：《中国图书馆图书分类法》（简称《中图法》）、《中国科学院图书馆图书分类法》（简称《科图法》）、《杜威十进制分类法》、《国际十进制分类法》、《汉语主题表》和《工程标题词表》等。这些都是检索语言的文本，即检索词表。情报工作者根据各自的需要，选用合适的检索词表，进行编排和组织文献。如：我国高校图书馆多采用《中图法》对各自馆藏进行组织。各种检索语言所采用的分类号或主题词都是检索语言的语词。在一部检索工具中，成千上万的文献款目正是根据某种语言的编排，使无序变有序，一索即得。

四、文献检索语言的类型

1. 按描述文献特征划分

（1）描述文献外部特征的检索语言。包括题名特征、著者特征、出版者特征、代码特征等。

题名特征，它是从文献的标题、副标题的角度反映文献外部特征的重要形式，也是文献存储和检索的基本依据之一。

著者特征，它是从文献责任者（如著者、编辑者、注释者等）的角度反映文献外部特征的重要形式，也是文献存储和检索的基本依据之一。

出版者特征，它是从文献出版（包括出版地、出版者、出版日期，以及印刷地、印刷者、印刷日期）的角度反映文献外部特征的重要形式，也是揭示文献出处的重要依据之一。

代码特征，它是对事物的某方面特征，用某种代码系统来表示和排列事物概念，从而提供检索的检索语言。代码语言包括分子式、专利号、标准号、报告号、国际标准书号（ISBN）、国际标准连续出版物编号（ISSN）等。例如，根据化合物的分子式这种代码语言，可以构成分子式索引系统，允许用户从分子式出发，检索相应的化合物及其相关的文献信息。

（2）描述文献内容特征的检索语言，包括分类语言、主题语言、引文语言等。

分类语言，是用分类号和类名来表达文献主题概念并将文献按学科性质分门别类地系统组织起来的一种检索语言。分类语言能反映事物的从属派生关系，便于按学科门类进行族检索。

主题语言，是以自然语言的语词为字符，以规范化或未经规范化的名词术语为基本词汇，以概念之间的形式逻辑作为语法和构词法，用语词字顺排列主题概念，以参照系统显示概念之间关系的一类检索语言。它需要经过规范化、标准化的统一主题语言词表（标题表元词表、叙词表等）作为检索标识的依据，如美国的《国会图书馆标题表》、我国的《汉语主题词表》等。

引文语言，是利用文献之间的引用与被引用关系，来表达检索文献主题之间的相互关系，无须词表，也不必标引文献，检索简单而有效。引文索引法是一种特殊的信息组织方法，主要利用文献与文献之间的相互引证关系来组织信息，即以一些文献作为标引词，来标引和检索另一些文献。所谓引文语言，就是这种索引词的集合，也就是说，只要一篇文献引用了其他文献，或被其他文献引用了，它就有可能成为引文索引词，进入引文索引语言系统。由此可见，引文索引语言是一个开放的、不断推陈出新的系统，其索引词直接来自文献。

内容特征语言的结构与使用规则，远比外部特征语言复杂，因而，对内容特征语言的研究，成为信息检索语言研究的主体与核心。

2. 按标识组配方式划分①

（1）先组式检索语言。所谓先组式检索语言，指描述文献主题概念的标识在实施检索前，检索词已被（标引者）预先组配固定好了的一种检索语言，如体系分类语言、标题词语言等。检索时，检索人员只能直接利用预先给定的检索词去检索文献。

（2）后组式检索语言。所谓后组式检索语言，指描述文献主题概念的标识在实施检索前，检索词在检索体系中并未预先组配好，而是以单元词或概念因子的形式出现，直到检索时才将其中某些检索词组配起来使用的一种检索语言，如叙词语言等。后组式检索语言的基本思想是，具体的概念可以通过一般概念的组配而得到。例如，“农民工市民化”这一概念就可以通过“农民工”和“市民化”这两个一般概念的组配得到。检索时，只要把它们加以组配，就可以检索出有关“农民工市民化”的文献。

3. 按检索词的规范程度划分

（1）受控语言。指检索词来自文献或用户提问并受到信息检索系统控制（规范和管理）的一类检索语言的总称，又称为规范化语言。由于文献用语和用户提问用语非常丰富、复杂和多样化，词与概念之间常常存在一对多或多对一的交混状态（如同义词、近义词和同形异义词问题）。当特定的词脱离上下文以后，它的歧义性会增大，难以准确地指示信息内容。此外，直接来自文献或用户提问的词汇之间的语义关系往往是隐含的，不能

---

① 刘湘萍. 科技文献信息检索与利用. 北京：冶金工业出版社，2014.

为信息检索提供天然良好的知识组织机制。控制检索词汇的目的是消除或减少它们的歧义性，保证信息内容表达的一致性和准确性，使语义关系由隐含的转变为显性的，并把全部检索词汇组织成某种知识体系或结构，以便使检索语言具有良好的表达和组织功能。常用的控制方法有建立某种知识分类体系、概念等级结构或参照系等。

（2）自然语言。指信息检索系统中，使用的直接来自文献或用户提问的一类检索语言，如关键词、文献或用户提问中的语句等。它的主要优点是可以自动生成，节省系统成本，表达自由，避免在作者与用户之间造成不必要的交流障碍，检索词汇可与数据库或信息集合同步更新。受控语言与自然语言的优缺点是相互对立的，因而，它们的作用是互补的。

4. 按结构划分

（1）分类检索语言。以分类号作为文献主题概念标识的标识系统，包括体系分类语言、组面分类语言、混合分类语言等。

（2）主题词检索语言。以主题词（标题词、关键词、叙词等）作为文献主题概念标识的标识系统，如标题语言、关键词语言、叙词语言等。信息检索语言由词汇系统和语法两部分组成。词汇系统是用以表达文献或提问特征的词的集合。一个标识（如分类号、主题词、著者姓名、代码）就是检索语言中的一个词。语法则是指运用单个或多个标识来正确表达文献主题或提问概念的一套规则。

五、分类检索语言与分类法

分类检索语言是用分类号和类目来表达各种主题概念的检索语言。它以学科体系为基础，将各种概念按学科性质、逻辑层次结构进行分类和系统排列。分类检索语言的具体表现形式是分类表。其特点是能集中体现学科的系统性，反映事物的平行、隶属、派生关系，有利于从学科或专业的角度进行族性检索，能达到较高的查全率。它的基本结构是按知识门类的逻辑次序，从点到面、从一般到具体、从低级到高级、从简单到复杂层层划分，逐级展开分门别类的层次制号码检索体系。

目前，国内外比较常用的分类法有《中国图书馆分类法》（简称《中图法》）、《中国科学院图书馆分类法》（简称《科图法》）、《中国人民大学图书馆图书分类法》（简称《人大法》）、《国际十进分类法》（UDC）、《杜威十进分类法》（DDC）、《美国国会图书馆图书分类法》（LCC）、《国际专利分类表》（IPC）、《中国标准文献分类法》（CCS）、《国际标准分类法》（ICS）等。在此，我们主要介绍有代表性的分类法。

1.《中国图书馆分类法》

《中国图书馆分类法》（原称《中国图书馆图书分类法》）是新中国成立后编制出版的一部具有代表性的大型综合性分类法，是当今国内图书馆使用最广泛的分类法体系，简称《中图法》。《中图法》初版于1975年，2010年出版了第五版。修订后的《中图法》第五版通过新增类目，调整完善类目体系，修改类名，扩大类目外延，增加使用注释等修订方法，补充了新主题、新概念，增强了类目主题的容纳性，明确了类目含义和使用方法。《中图法》是目前我国最有影响的大型综合性图书分类法，被推荐为我国标准的图书资料分类法。《中图法》的标记符号采用汉语拼音字母与阿拉伯数字相结合的混合号码。即用一个字母表示一个大类，以字母的顺序反映大类的序列。字母后用数字表示大类以下类目的划分。数字的编号使用小数制。《中图法》根据图书资料的特点，按照从总到分，从一般到具体的编制原则，确定分类体系，按知识门类分为 5 个基本部类，在此基础上，由 22 个大类组成完整的学科体系，每一大类下又分成若干小类，如此层层划分，形如一个知识地图。

5 大基本部类为：A. 马克思主义、列宁主义、毛泽东思想、邓小平理论；B. 哲学；C～K. 社会科学；N～X. 自然科学；Z. 综合性图书。

22 个基本大类如下：

A. 马克思主义、列宁主义、毛泽东思想、邓小平理论

B. 哲学、宗教

C. 社会科学总论

D. 政治、法律

E. 军事

F. 经济

G. 文化、科学、教育、体育

H. 语言、文字

I. 文学

J. 艺术

K. 历史、地理

N. 自然科学总论

O. 数理科学和化学

P. 天文学、地球科学

Q. 生物科学

R. 医药、卫生

S. 农业科学

T. 工业技术

U. 交通运输

V. 航空、航天

X. 环境科学、安全科学

Z. 综合性图书

其中，社会科学各大类的排列主要根据大类间关系密切的程度以及与其他部类的关系来确定，大体按“上层建筑-经济基础-意识形态”，即“政治-经济-文化”的次序排列。自然科学各大类则按学科的属性，遵循从一般到特殊、从简单到复杂、从低级到高级、从理论到应用的次序排列，并形成“基础理论/技术科学/应用科学”三个层次。在各大类之下根据前述的概念逻辑原理，由一系列的从属关系、并列关系等类目构成二级、三级、四级、五级、六级等下位或同位的类目，进而形成一个完整的文献分类体系。

《中图法》在大的分类的基础上，还另外采用了一些特殊符号，作为辅助标记符号。

（1）“.”间隔符号，读作“点”。用作分类号数字部分的分隔，包括通过类目细分、复分组合而成的分类号码，自左至右每三位数字之后加一圆点，当最后一段数字正好为三

位时，其后不必再加圆点。目的是使号码段落清晰、醒目、易读。如“G254.334 主题目录”“TQ174.758.22 复合陶瓷”。

(2)“a”推荐符号，读作“小 a”。置于 A 类马列经典作家著作的互见分类号之后，起推荐作用。马列经典作家著作除在 A 大类集中揭示以外，还应按学科内容在有关类目作互见反映，并标记推荐符号。凡类号末尾标记“a”，应将其排在类号相同的其他著作之前。如《列宁论图书馆》入 A267，互见号为 G25a。

(3)“/”起止符号，读作“起止符号”。在主表或复分表类号中用以表示概括相连类号的起止区间。在注释中，表示类目仿分的类号区段或参见的类目范围。起止符号只用在类目表中，不能出现在标引结果的分类号中。分类标引时，应根据文献的内容范围选择使用相应的类号。如“D93/97 各国法律”。

(4)“[ ]”交替符号，读作“方括号”。用以标记交替类目，表示该类目是供选择使用的。如果决定将某一交替类目改为正式类目时，应去掉该类号的 [ ] 及类目下的“宜入××类”的注释，并将与其相应的使用类目改为交替类目加 [ ]，同时增加“宜入××类”的注释。

(5)“-”总论复分符号，读作“短横”。该号置于总论复分号码之前，是总论复分号的前置符。凡依总论复分表复分，必须标记此符号。如《内科学手册》，入 R5-62。

在主表中，也有选择地列举了一些使用总论复分表复分的类目，目的是增加注释或将类目进一步展开，这时总论复分号的含义不一定与总论复分表中完全一致，如“Q-33 生物学实验与生物学技术”。也有个别类目是借用总论复分标识符“-”，以标识某类具有共性的类目，如“TU-8 建筑艺术”。在编制手工目录时，一个主类号不能重复使用总论复分表，也就是一个分类号中不能出现两个以上的总论复分标识符。

2.《国际专利分类表》(International Patent Classification，IPC)

专利文献的内容涉及众多技术领域，为了便于专利局的审查人员对专利申请案进行分工审查，同时也便于广大用户检索专利文献，必须将专利文献进行分类。分类时主要顾及发明创造的用途和功能，因而对一般科技文献的分类方法就不适用于对专利文献进行分类。过去，各国一般都建立了自己的专利分类体系，所采用的分类原则、分类体系和标记符号各不相同。后来，随着专利工作向国际化方向发展，就产生了国际上通用的《国际专利分类表》。

1968 年 9 月 1 日，《国际专利分类表》公布生效，并用英文、法文两种文字出版。为适应科学技术的发展，IPC 从 1969 年开始，每五年修订一次，现在已经出版至第八版。我国目前已翻译出版了 IPC 的第二至第八版。由于各版次 IPC 的类目名称和数量均有变更，因此利用 IPC 对专利文献进行回溯性检索时，一定要根据所需检索的年份，使用相应的 IPC 版本。

IPC 采用功能和应用相结合的分类原则，兼顾了各个国家对专利分类的要求，按发明的技术主题设置类目，为统一专利的技术内容以及专利信息的分类、检索和利用提供了极大的方便，已成为世界各国分类和检索专利信息的重要工具。目前，世界上已有 50 多个国家及两个国际组织采用 IPC 对专利信息进行分类，以满足不同国家的所有专利文献使用者的需要。我国于 1985 年也采用此分类法。

IPC的标记制度采用拉丁字母与阿拉伯数字混合制以及层累制与顺序制相结合的编号方法，即从部到主组用层累制编号，主组以下用顺序制编号，分组之间的等级关系用类名前面的错位圆点数表示等。

IPC是按照技术内容来设立类目的。它的内容设置包括了与发明创造有关的全部技术领域，将不同的技术领域概括分成8个部分，用英文字母A、B、C、D、E、F、G、H表示，每一部分出版一个分册，另外还出版《使用指南》分册，《使用指南》是《国际专利分类表》的大类、小类和主组的索引，还对表的编排、分类法及分类原则做了解释和说明。

《国际专利分类表》按照技术主题来分类，共分8个部，20个分部。分类表采用等级结构，把整个专利技术领域按降序依次分为5个不同的等级，即部、大类、小类、大组和小组。

（1）部（section）。在IPC中，首先将与发明专利有关的全部技术领域划分为8个部，并分别用A～H中的一个大写字母进行标记。这8个部分别如下：

A部. 生活必需（农、轻、医）

B部. 作业、运输

C部. 化学、冶金

D部. 纺织、造纸

E部. 固定建筑物

F部. 机械工程、照明、采暖、武器、爆破

G部. 物理

H部. 电技术

（2）分部（subsection）。每个部内设置了由技术范围所构成的分部。分部没有类号，只有类目，是将有关技术领域进行归类，起到信息指引作用。因此在一个完整的分类号中，没有表示分部的符号。

（3）大类（class）。每一个部按不同的技术领域分成若干个大类。大类类号用一个二位数进行标记，其完整的表示形式为“部号＋类号”。例如：

部C　　　　化学、冶金

大类C07　　有机化学

（4）小类（subclass）是对大类的进一步细分。小类类号用一个大写字母进行标记，是在大类号后面加上一个大写英文字母组成的。其完整的表示形式为“部号＋大类号＋小类号”。例如：

C07C　　　　无环或碳环化合物

（5）主组（maingroup）或大组是对小类的进一步细分。类号用1～3位数加“/00”表示，其完整的表示形式为“部号＋大类号＋小类号＋大组类号”。例如：

C07C7/00　　仅含碳和氢的化合物的提纯、分离、稳定化

（6）分组（subgroup）或小组是在主组的基础上进一步细分出来的类目。其类号标记是将主组类号中“/”后的00改为其他数字。小组之内还可继续划分出更低的等级，是用在小组文字标题前加注“·”的方法来标示小组之内的等级划分，标题前的“·”数目越

多其类目等级越低。这种小组内的等级划分在分类号中是表现不出来的。例如：

A23L1/325 · 水产食品制品；鱼类制品、鱼肉；鱼卵代用品

A23L1/326 · · 鱼肉或鱼粉；小颗粒、团块或片

IPC 还编辑出版了《IPC 关键词索引》，它是 IPC 的辅助检索工具，收录 7 000 多个关键词，按字顺排列，其后给出相应的 IPC 分类号。

确定某一项目的 IPC 分类号的方法一般有三种：直接法、关键词索引法、间接法。直接法就是直接使用 IPC 分类表逐级查找分类号；关键词索引法是利用《IPC 关键词索引》，通过项目名称查找 IPC 分类号；间接法就是通过阅读已有的专利说明书或者查找《化学文摘》等报道专利文献的检索工具间接得到 IPC 分类号。

3.《中国标准文献分类法》（Chinese Classification for Standards，CCS）

《中国标准文献分类法》是由国家标准化主管部门组织各方面力量，根据我国标准化工作的实际需要，结合标准文献的特点，参照国内外各种分类法的基础上编制的一部标准文献专用分类法，于 1984 年 7 月试行，1989 年修订后正式发布执行。它适用于我国各级标准的分类，其他有关标准文献和资料也可参照使用。

《中国标准文献分类法》的类目设置以专业划分为主，适当结合科学分类。序列采取从总到分，从一般到具体的逻辑系统。本分类法采用二级分类，一级主类的设置主要以专业划分为主，二级类目设置采取非严格等级制的列类方法；一级分类由 24 个大类组成，每个大类有 100 个二级类目；一级分类由单个拉丁字母组成，二级分类由双数字组成。

1989 年中国标准出版社出版发行了《中国标准文献分类法》，此分类法成为我国第一部标准文献的专用分类法，是目前国内用于标准文献管理的一部工具书。其分类体系以专业划分为主，适当结合科学分类。适用于分类各级标准，序列采取从总到分、从一般到具体的逻辑系统。该分类法由 24 个大类组成。

A. 综合
B. 农业、林业
C. 医药、卫生、劳动保护
D. 矿业
E. 石油
F. 能源、核技术
G. 化工
H. 冶金
J. 机械
K. 电工
L. 电子元器件与信息技术
M. 通信、广播
N. 仪器、仪表
P. 工程建设
Q. 建材
R. 公路与水路运输
S. 铁路
T. 车辆
U. 船舶
V. 航空、航天
W. 纺织
X. 食品
Y. 轻工、文化与生活用品
Z. 环境保护

《中国标准文献分类法》是针对民用标准和军民通用标准编制的，故未列军工类。因此，不适用于军工标准。军工标准有专用的《军用标准文献分类法》（GJB 832-1990）。

4. 国际标准分类法（International Classification for Standards，ICS）

作为标准文献专业分类领域的国际标准，国际标准分类法是国际标准化组织（ISO）

发布的一类标准文献专用分类法，是一部由国际标准化组织编制、维护和管理的标准文献专用分类法。初版于 1992 年，1999 年出第四版。为了进行标准文献的管理与检索，各国标准化机构分别编制了各自的标准文献分类法。目前，许多国家采用国际标准分类法（ICS）对其国家标准进行分类，世界贸易组织（WTO）也明确要求标准化机构在其通报工作计划时使用国际标准分类法。

我国从 1997 年 1 月 1 日起在国家标准、行业标准和地方标准上加注 ICS 分类号。2003 年，我国根据 ICS 第四版编译出版了中文版《国际标准分类法 ICS（第三版）》，其特点是结合我国具体国情，增补了个别类目和类目注释；同时与《中国标准文献分类法》进行了类目对照，以便相互间的数据对比与转换。

ICS 分类法的特点是列类广泛、覆盖全面、结构合理、简明实用，特别是配号方法灵活，允许用户根据需要自行扩类，适用于手检、机检等不同层次的需要。它根据标准化活动与标准文献的特点，类目设置以专业划分为主，适当结合学科分类，原则上由三级组成：一级类按标准化所涉及的专业领域划分，设 41 个大类，402 个二级类，833 个三级类。ICS 配号制度为，一级类和三级类采用双位数表示，二级类采用三位数表示；各级类目之间以圆点相隔，用户自扩类目以短横线相隔。

ICS 分类法可用作编制国际、区域和国家标准及其他标准文献目录的结构框架；用作标准文献长期订单的基础；也可以直接用来分类数据库和图书情报部门中的标准文献。

第四节　计算机检索基本知识

一、计算机检索的概念

计算机检索指检索者在计算机或联机终端上，将检索提问式按特定的检索指令输入计算机，计算机检索系统将检索提问式与数据库中的文献特征项进行匹配比较，并将符合检索提问式的文献记录输出，由计算机或终端设备显示或打印的过程。计算机检索通过计算机来模拟人的手工检索过程，由计算机来处理检索者的检索提问，将检索者输入检索系统的检索提问，按检索者预先制定的检索策略与系统文档中的存储标识进行类比、匹配运算，通过“人机对话”而检索出所需要的文献。

为实现计算机检索，就必须预先收集大量的原始文献，以一定的格式输入计算机，加工处理成可供检索的数据库，存储在计算机中待用。所以计算机检索从广义上讲就是利用电子计算机存储信息和检索信息的过程与方式，也就是人们常简称的“机检”。目前计算机检索包括光盘数据库检索、网络数据库检索和互联网信息检索。

二、计算机检索的特点

随着计算机技术、通信技术和网络技术的迅猛发展，计算机文献检索已成为信息检索服务中最重要的方式，目前国内几乎所有的科研信息服务机构都能提供计算机文献检索服务。与传统的手工文献检索相比，计算机文献检索具有以下特点。

1. 检索效率高

与手工检索相比，计算机检索能大大提高检索效率，节省时间和人力。手工检索需要数日甚至数周的课题，计算机检索只需要数小时甚至数分钟即可完成。

2. 检索途径多

计算机检索系统对数据库记录的许多字段都做了索引，有的系统甚至对每个字段都做了索引，所以这些字段均可作为检索入口。除手工检索工具提供的分类、主题、著者等检索途径外，还能提供更多的检索途径，如篇名途径等。

3. 内容更新快

联机检索系统的数据库基本定期更新数据，且更新的周期也逐步加快。有的每月更新，有的每周更新，有的数据库甚至每天更新。尤其是国外的计算机检索工具，光盘多为月更新、周更新，网络数据库甚至为日更新。

4. 数据库资源可共享

计算机检索能提供远程检索，所以检索数据库的范围不仅仅局限在本馆藏所拥有的数据库。联机联网系统中含有大量的数据库，其主题涉及各个学科和生活的各个领域。网络用户可以不受时空限制，共享服务器上的检索数据库。

5. 检索更方便灵活

计算机检索采用灵活的逻辑运算和后组式组配方式，便于进行多元检索和多途径检索。检索者可选定文献记录的任何可检字段作为检索途径，也可以用通配符、截词符等进行模糊检索。而且有些字段（如篇名、文摘字段）采用了文中自由词查找的方式，更便于用户掌握。

三、计算机文献检索系统的构成

计算机文献检索系统包括计算机硬件、软件、数据库、通信线路和检索终端五个部分。检索软件由数据库开发商制作。检索人员必须了解数据库的类型和结构，以便根据不同的检索要求选择合适的数据库和检索途径。

数据库的类型及其特点包括以下几种。

（1）事实数据库：存储有关人物、机构、课题研究动态等一般事实性资料信息的数据库，包括指南、名录、大事记等参考资料。

（2）数值数据库：存储有关科研数据、数值，包括各种统计数据、实验数据、临床检验数据等。如美国国立医学图书馆编制的化学物质毒性数据库（RTECS），包含了10万多种化学物质的急慢性毒理实验数据。

（3）书目数据库：二次文献数据库，存储大量一次文献和三次文献，为检索者提供文献出处。检索结果是文献的线索而非原文。

（4）全文数据库：能为检索者提供文献原文全文。数据库存储的是原始文献的全文，有的是印刷版的电子版，有的则是纯电子出版物。

（5）超文本型数据库：存储声音、图像和文字等多媒体信息。如美国的蛋白质结构数据库（PDB），该数据库可以检索和观看蛋白质大分子的三维结构。

四、计算机检索基本方法

计算机检索的方法有多种，现选择几种常用的简单介绍。

1. 布尔检索法

布尔检索法是传统检索的基本方法，也是许多现代检索方法的出发点。它用布尔逻辑算符连接各检索项，然后由计算机进行相应的集合运算，以筛选出所需要的记录。

常用的布尔逻辑算符有三种，分别是逻辑“或”（OR）、逻辑“与”（AND）、逻辑“非”（NOT）。

（1）逻辑“或”。

逻辑“或”是一种具有概念并列关系的组配形式。其组配符号用“OR”或“＋”表示。检索词A和检索词B若用“OR”组配，则提问式可写为“A OR B”或者“A＋B”，表示要检索含有A、B词之一或同时包含A、B两词的文献。逻辑“或”的作用是放宽提问范围，增加检索结果，提高检全率。例如，要求查找计算机或机器人方面的文献，可向计算机检索系统提交下列提问逻辑式：“计算机＋机器人”或者“计算机OR机器人”。运算的结果是含有“计算机”，或者含有“机器人”的文献均被检索出来。

（2）逻辑“与”。

逻辑“与”是一种具有概念交叉关系或限定关系的组配形式，也即交集部分。其组配符号用“AND”或“*”表示。检索词A与检索词B若用“AND”组配，则检索式可写为“A AND B”或者“A*B”，表示要找出同时含有这两个词的文献集合。逻辑“与”的作用是增加限制条件，以缩小检索范围，减少终端显示文献的篇数，提高查准率。例如，要求查找计算机软件方面的文献，可向计算机检索系统提交下列提问逻辑式：“计算机*软件”，或者“计算机AND软件”。运算的结果是同时含有“计算机”和“软件”的文献才被检索出来。

（3）逻辑“非”。

逻辑“非”表示不包含关系，即将某些内容从检索范围中去除。其组配符号用“NOT”或“—”表示。检索词A和检索词B若用“NOT”进行组配，则提问式可写为“A NOT B”或“A—B”，表示要找出含有检索词A而不含检索词B的文献，即排除不需要的和影响检索结果的概念。逻辑“非”运算用于排除不希望出现的检索词，它和逻辑“与”的作用类似，能够缩小命中文献范围，提高检索的准确性。

布尔检索具有运算程序简单、查询描述准确、查准率较高等优点。三种逻辑关系如图1-3所示。

逻辑算符	AND（与）	OR（或）	NOT（非）
检索式	A and B	A or B	A not B
或者写成	A*B	A+B	A-B
命中	A和B都出现的记录	A和B有一个或两个都出现的记录	只出现A而不出现B的记录
图示	图（a）	图（b）	图（c）

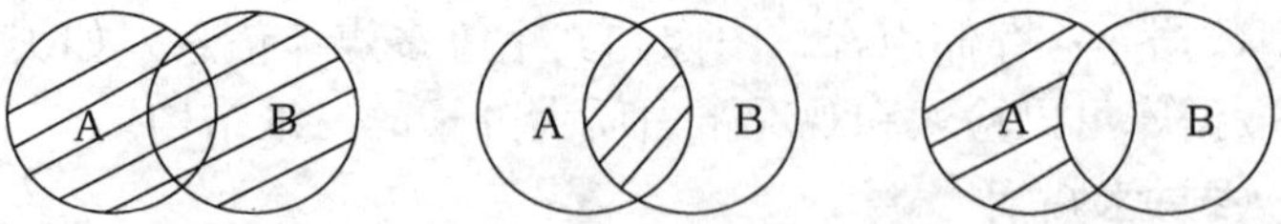

(a) 逻辑“或”　(b) 逻辑“与”　(c) 逻辑“非”

图1-3　布尔检索法中的三种逻辑关系

2. 截词检索法

截词检索法又称词干检索法。所谓截词是指检索者将检索词在他认为比较合适的地方截断，截词检索则是用截断的词的一个局部进行的检索，也就是利用检索词的词干加上截词符号去数据库中进行检索。检索时，凡是与标引词的字符串相匹配的文献均在命中范围之内。由于是对词的片段进行的非精确一致的检索，截词检索也称模糊检索。

截词的方式有多种，按截断部位可分为右截断、左截断、中间截断、复合截断等；按截断长度可以分为有限截断和无限截断。

（1）右截断。截去某个词的尾部，是词的前方一致比较，也称前方一致检索。例如：输入 geolog?（? 为截断符号），将会把含有 geological、geologic、geologist、geologize、geology 等词的记录检索出来。

（2）左截断。截去某个词的前部，是词的后方一致比较，也称后方一致检索。例如：输入? magnetic 能够检出含有 magnetic、electromagnetic、paramagnetic、thermo－magnetic 等词的记录。

（3）中间截断。截去某个词的中间部分，是词的两边一致比较，也称两边一致检索。例如：输入 organi? ation 可以检出 organization、organisation；输入 f?? t 可查出 foot、feet。

（4）复合截断。指同时采用两种以上的截断方式。例如? chemi? 可以检出 chemical、chemist、chemistry、electrochemistry、electrochemical、physicochemical、thermochemistry 等。

（5）有限截断。是指允许截去有限个字符。例如“acid? ?”表示截去一个字符，它可检出 acid、acids，但不能检出 acidic、acidicity、acidity 等词。又如 comput??? ? 可检出 compute、computer、computers、computing 等词，不能检出 computable、computation、computerize 等词。注意：词干后面连续的数个问号是截断符，表示允许截去字符的个数，最后一个问号是终止符，它与截断符之间要有一个空格，输入时一定要注意。

（6）无限截断。指允许截去的字符数量不限，也称开放式截断。上面右截断、左截断所举的例子均属此类型。

由上述可见：任何一种截词检索，都隐含着布尔逻辑检索的“或”运算。采用截词检索时，既要灵活，又要谨慎，截词的部位要适当，如果截得太短（输入的字符不得少于 3 个），将增加检索噪声，影响查准率。另外，不同的机检系统使用的截词符不同，各数据库所支持的截断类型也不同。

3. 词位置检索法

词位置检索法是运用位置运算符进行检索的一种方法。位置运算符是用于指明检索项在记录中的位置关系的符号。在实际检索中，为提高查全率和查准率，往往需对检索词之间的位置关系加以限定，因为用不用位置逻辑算符和用什么样的位置逻辑算符，所得出的检索结果、查准率都各不相同。常用的位置逻辑算符有“(W)”与“(nW)”、“(N)”与“(nN)”以及“(X)”与“(nX)”三类。

“(W)”要求检索词 A 紧挨着检索词 B，之间除可以有一个空格或有一个标点符号，或一个连接号外，不得夹有任何其他单词或字母，并且顺序不得颠倒。“(nW)”是由“(W)”引申出来的，其唯一区别是词 A 与词 B 间最多嵌入几个词。

“(N)”要求检索词 A 与检索词 B 必须紧密相连，其间不允许插入任何单词或字母，但词序可以颠倒。“(nN)”和“(N)”的唯一区别是在词 A 和词 B 间最多可以插入 n 个单词。

“(X)”要求其两侧的检索词完全一致，并以特定的顺序相邻，中间不允许插入任何单词或字母。“(nX)”和“(X)”的唯一区别是两检索词之间最多可以插入 n 个单词。

阅读材料 计算机检索的发展

早在电子计算机问世以前，就有人研制了穿孔卡片检索装置并应用于人口普查。第二次世界大战以后，科技信息数量激增，为了有效地处理和传播信息，开发新的信息系统即成为发达国家主攻目标。计算机以其存储量大、处理速度快、运算准确可靠等特点适合于对大量信息的处理。1946 年，出现了第一台计算机。计算机的诞生为建立文献检索系统准备了条件。

1951 年，人们首次利用计算机进行文摘检索试验。1954 年，美国海军武器试验所使用的 IBM-701 型电子管计算机逐步实用化。科技信息界开发了许多文献处理自动化系统，为以后的计算机检索系统和机读数据库的研制奠定了技术基础。

20 世纪 60 年代，计算机检索有了较大发展，进入实用化阶段。60 年代初，美国科学技术情报所开始利用文献磁带开展定题检索服务，英国德文特（Derwent）出版社通过发行文摘性杂志、索引卡片、穿孔卡片和文献磁带，向用户提供药物信息服务。在它们的影响下，许多信息服务机构相继发行各种机读版的文摘索引和目录。这即是后来称之为书目数据库的机读磁带。

虽然计算机系统可存储各种信息和数据，但实际检索起来，用户还将受地理位置远近的限制。人造卫星的诞生，现代通信技术的发展，促成了国际联机检索的产生。人们可通过终端设备及远程通信网络，与系统的计算机中心连接，并与计算机对话，即能简便地享用不同国家、不同地区的数据资源。1966 年，美国系统发展公司（SDC）开始研究会话型检索系统，成功以后便通过阿帕网（ARPANET）进行试用。同年，美国国际商用机器公司（IBM）开发了简称为 BOLD 的联机系统。1971 年，美国国立医学图书馆 MEDLINE-ET 系统使用了 TYMNET 等网络开展信息检索服务。

20 世纪 70 年代，联机检索范围日益扩大。20 世纪 70 年代初，北美开始使用 TYMEET 和 TELELEN-ET 公用数据网络。不久世界各国相继使用，用户来自近百个国家和地区的几百个城市。与此同时，发达国家先后建立了许多专门从事计算机检索的机构，如美国的洛克希德公司和系统发展公司，英国的目录检索服务处和图书馆自动化信息服务处等。这些机构都拥有大型计算机，并建有大量的数据库。

随着国际联机检索的发展，70 年代中期以来，数据库数量成倍增长。其内容范围不再是以科技文献为主，还出现了人文科学、社会科学、经营管理和大众兴趣方面的数据库。数据库的类型也趋于多样化，不仅有书目数据库、数值数据库，而且全文数据库和指南数据库也相继出现，数量也日渐增多。

20 世纪 80 年代至 90 年代，计算机检索技术继续迅速发展。国际联机检索范围更加扩大，不仅工商企业使用量剧增，而且学术团体、图书馆和各信息机构用量也在不断增加。

数据库的开发重点开始转向财政金融、经济管理、法律、新闻、广告、专利等领域。数据库的类型也开始向混合型发展，出现了联合一个或更多的数据类型的混合数据库。在混合型数据库里，可以检索到多种不同类型的数据。光盘在计算机检索中的普遍应用，给人们提供了一种崭新的检索环境和检索模式，对计算机检索和信息服务业产生了重要影响。

20 世纪 90 年代以来，全球掀起建立信息高速公路热，通信网络广泛建立。在信息高速公路上，起源于美国的因特网是世界上规模最大的国际性互联网络。它既向人们提供了迅速方便的通信手段，又积累了大量的信息资源，成为信息时代全球可共享的最大信息基地。与此同时，多媒体、超文本等高新技术引入计算机检索领域，使计算机系统成为具有综合管理声音、文字、图形、图像能力的综合技术，不仅可以提供各种多媒体信息，而且可以及时提供全文和相关信息，为人们快速、便捷地利用所需信息创造了条件。现代高新技术在信息检索领域中的运用，将为计算机检索现代化开辟更加广阔的道路。

我国利用计算机进行信息检索的研究工作始于 1975 年。当时由中国科技情报研究所和北京图书馆联合发起、编辑出版了一部综合型《汉语主题词表》，为建立全国统一的汉字信息检索系统打下了基础。1975 年，北京文献服务处首先引进了国外市售磁带 CRA，用以开发西文文献计算机检索系统。1976 年初，北京航空学院计算中心在 FILEX50 计算机上成功地进行了检索试验。1980 年，经城建部建筑技术发展中心文献部倡议，由 11 个单位参加，在香港设立了国际联机检索终端，开展国际联机检索服务。根据 1982 年 2 月 23 个部委情报所座谈会的决定，中国科学技术情报研究所着手筹备在北京建立国际联机检索终端，1983 年 9 月开始提供 EAS/IRS 数据库检索服务。1984 年初，通过 ESANEI 网络接口系统与美国的 TYMNET 网、TELENET 网以及欧洲的 EURONET 网相连，开始可检美国洛克希德公司的 DIALOG 系统和美国系统发展公司的 ORBIT 系统，以及该网上的其他数据库。至 1992 年底，我国已有国际联机终端 130 个，分布于全国 50 多个城市，包括所有的省会（拉萨暂缺）和计划单列市。引进国外联机系统 20 个，可使用数据库约 800 个，文献量超过 2 亿篇。

我国不仅积极利用国外信息，共享国际信息资源，还集中力量建立具有中国特色的汉字信息检索系统。1987 年国家信息中心成立，开始自建数据库工作。至 1991 年底，在国家科委科技信息司登记注册的各类数据库已达 805 个，其中科技工程类数据库占 45%，文教卫生类数据库约占 29%，经济贸易类数据库占 16%。到 1995 年 11 月，我国各类数据库已发展到 1 038 个，其中社科类数据库约占 57%。伴随着现代信息技术的发展，我国数据库建设正朝着全文数据库、图像数据库、事实数据库、数值数据库共存的方向发展，通过信息检索系统，人们可以检索到所需的各种信息。在检索方式上，近年来，微机在我国普遍应用，它既可作为联机检索的智能终端，便于用户与系统联机和套录数据，又可作为不同系统之间的转换设备或作为个人检索系统的工具。随着光盘数据库的日益增多，利用光盘在微机上检索将成为我国信息检索的重要方式。

资料来源：张联民．文献检索与利用．苏州：苏州大学出版社，2012：33-36.

第二章 文献的加工与管理

第一节 文献整序

自然状态的文献是无序的。处于无序状态的文献，既无法清晰展现自身的总体面貌，也不便于读者查找。好比一家超市，如果将各种商品杂乱无章地堆在货架上，既不能向顾客展现商品的品种和数量，又不能让顾客迅速找到自己所需要的商品。又如一家图书馆，如果把图书杂乱无章地堆放在那里，就不能向读者展现本馆藏书的品种和特色，读者也无法迅速从中找到自己所需要的图书。如果对其进行整序，把图书分门别类地排在书架上，并且编一部图书目录，揭示这些图书的书名、著者、版本、内容等，这样，读者便可以了解这家图书馆有哪些藏书，并能迅速查找到自己所需要的书。图书需要整序，论文也需要整序。文献的整序和揭示，是展现文献面貌并服务于文献查寻的重要工作。

一、文献整序的概念

个人知识一旦在社会上得以流传，就成为社会知识。社会知识的存在方式主要有两种：一种是言语方式，通过语言、行为等形式存在于社会之中；另一种是文字方式，通过文献等形式存在于社会之中。社会知识的有序化主要是通过对文献的加工整理达到的。这种对社会知识的加工整理过程就是社会知识整序。当这种整序是以单位文献（如篇、册、卷等）为对象时，它就是文献整序；当这种整序是以文献中所含的事实、数据、观点等为对象时，它就是信息整序。因此，文献的整序，就是对一定范围的文献进行组织整理，按分类或字顺等方式有序排列，形成检索工具的工作。

在上述概念中，“一定范围”，指整序范围的规定性，包括地域范围、时间范围、学科范围、文献类型等。我国的《全国报刊索引》是对中国内地出版的各类期刊、报纸中的文章进行整序，可以为读者提供中国内地发表了哪些期刊、报纸，发表了哪些文章等相关信息。“分类或字顺”，指两种最主要的排序方法。分类法，是依照学科体系或事物性质对文献进行分类。字顺法，是按文献条目首字的字音、笔画或四角号码编排顺序。例如《中国国家书目》，分书目正文和字顺索引两大部分。书目正文按《中国图书馆分类法》分类排序；字顺索引又分“书刊名笔画顺序索引”和“著者笔画顺序索引”两部分，均按汉语拼音字母顺序排列。“检索工具”，即查寻文献的工具，它是在文献整序的基础上形成的，主要有书目、索引、文摘等。

可见，文献整序是社会知识整序的方式之一，它以文献为对象，其实质是加工整理社会知识，其最终目的是帮助人们在“书山”和“学海”中更全更准地查找选择所需的文献。

二、文献整序的作用

文献整序的主要作用在于它能在一定程度上解决文献本身的量大而无序与具体用户需求的量小而专门的矛盾。具体表现在以下四方面。

1. 文献整序是文献检索其他工作程序正常运作的基础

文献整序为读者有效利用文献提供有效检索途径。文献整序工作的目的是从文献的内容及外形等方面揭示其特征，并组织起有序排列的文献收藏体系和文献检索报道体系，这就为文献典藏工作科学地组织、有效地管理文献创造了条件；为工作人员高效满足读者的文献需求创造了条件；同时也为读者有目的检索、了解馆藏文献创造了条件。

2. 文献整序便于读者选择使用文献，提高文献的利用率

大量文献经过整序后，不仅以目录、题录和索引等成果形式报道反映出来，而且按照一定的顺序排列起来。当读者需要某学科的文献时，就可以使用分类索引或分类目录很方便地查找到所需文献，如通过《全国新书目》可以迅速地了解全国新近出版的各类书的情况。当读者需要某主题范畴的文献时，就可以使用主题索引或主题目录很方便地查找到该主题的大量文献，以供选择。同样，读者还可以使用著者目录或索引、书名目录或索引迅速地查找到某著者的全部著述、某题名的全部同名文献。因此，文献整序的结果给读者选择使用文献带来了极大的方便，同时也提高了文献的利用率。

3. 文献整序便于图书情报人员开展文献情报服务，并提高服务效能

文献信息情报服务是根据用户的情报需要而开展的，用户的文献需要成了文献信息情报服务的依据。不同的用户，其情报需要在内容和形式上都是千差万别的。如果图书情报人员不借助索引、目录等文献整序的成果，那就无法在如此浩瀚的文献集合中找到用户所需的文献，也就无法满足用户的文献情报需要。文献整序工作的质量和水平，是图书情报人员业务水平、工作热情以及思想状况的标志之一。

4. 文献整序便于进行更深一层的信息整序

信息都是承载在某种载体上的，文献是信息的重要载体。要查找某方面的信息，必须先找到大量的相关文献。因此，文献整序是信息整序的基础，信息整序是文献整序的深化和发展。文献整序工作各个环节的质量和水平，直接制约或促进着整个文献情报服务、文献分类工作的科学性程度，也制约着文献的分类排架和文献分类目录的水平。文献整序中文献著录工作的标准化、规范化程度，直接制约着工作人员和读者对文献内容价值、学术水平的了解；直接制约着新技术手段的应用和文献资源的全社会化共享。文献加工工作的质量水平，制约着文献组织的准确程度，而文献组织的准确程度，又制约着文献的被利用水平。

三、文献整序的内容

文献整序工作，就是对文献的外部特征和内容特征进行描述的工作。外部特征指文献的标题（书名或篇名）、著者名、版本（或出处）等，内容特征指文献的主要内容、基本观点、文献所包含的知识单元等。文献整序的工作内容有三种方式，即编制书目、编制索引和编制文摘。

1. 编制书目

编制书目过程中的基础工作是著录。所谓著录，就是对文献的形式特征和内容特征进行分析、选择和记录的过程。著录的结果，产生款目，又称“条目”。一个条目，由若干著录项目组合而成。附带提要的书目对图书内容的揭示较为具体，不带提要的书目对图书内容的揭示就不那么具体，但不具体不等于没有揭示。

2. 编制索引

论文索引是篇目索引的一种，又称“题录”，如《国外社会科学论文索引》《中国社会科学文献题录》之类。论文索引一般分类编排，在各类目下列出若干论文的标题，标题下著录作者姓名、报刊名称、日期、卷期。论文索引一般是不附内容提要（文摘）的，但有的论文的标题没有明确反映文章的内容，这时索引编者就以附注的方式揭示其内容。《全国报刊索引》通过索引揭示文献，在后文将详细分析，此处从略。

3. 编制文摘

文摘刊物，也是揭示论文的重要工具。它实际上是论文索引的延伸，除了具备论文索引必备的著录项目外，还以摘要的形式揭示论文的主要内容，信息量更大。

第二节　图书馆文献信息资源利用

我们日常文献情报检索的一个重要途径是图书馆。今天，文献资源建设也成为图书馆学中一支重要的分支。文献资源建设最初的研究范围比较狭窄，内容也极其单一，主要是某一图书馆藏书的组织和布局。到 20 世纪中期，文献资源建设不仅在概念上有了较大的变化，在理论和内容上也都有了实质性的转变。对图书情报机构来说，文献资源建设主要是将采购的无序和分散的文献资料通过科学的分类、组织和布局，形成科学有序、便于用户利用的动态文献资源体系。宏观的文献资源建设则侧重于某一地域、某一系统，甚至是全国文献情报机构的协调和资源共享。

一、图书馆概述

在人类历史发展的进程中，社会为了有效地保障和促进知识交流，逐步形成了一系列的社会机构，从事交流的组织、协调和控制。图书馆就是其中的一个重要社会机构，它是人类社会生活发展到一定阶段的产物。

说起图书馆大家都很熟悉，知道图书馆是一个借书、还书的地方。这种认识有一定的道理，但并不是一个科学、全面的定义。那么什么是图书馆，图书馆是什么性质的机构？对于这个问题，国内外有种种不同的解释。尽管解释各有千秋，但基本观点是一致的，即图书馆是收藏书刊资料的地方，图书馆收藏的书刊资料是供借阅使用的。《图书情报词典》中“图书馆”一词的解释为通过文献的收集、整理、存储、利用，为一定社会读者服务的文化、科学与教育机构。

进入 21 世纪后，随着信息技术的不断发展，文献信息的形态正在发生革命性的变化，图书馆的形态也在随之发生变化。电子图书馆、数字图书馆等虚拟图书馆的出现，使得图书馆的功能和社会作用有了新的特质，图书馆的概念也有了新的发展。由于传统图书馆以实体形态存在，使人们习惯上把图书馆看作一种机构，但我们应当把图书馆看作一种社会机制。未来的图书馆可能不以一种我们熟知的实体形态存在，但只要存在一种充当社会知识、信息的记忆、扩散装置的机制，我们就可以将其视为传统图书馆的未来形态。

二、图书馆的类型

我国的图书馆依行政隶属、功能、服务对象的不同主要可以分为国家图书馆、地方公共图书馆、高校图书馆、科学与专业（行业）图书馆。

1. 国家图书馆

国家图书馆是由国家开办的面向全国担负着国家总书库职能的图书馆。它是一个国家的信息保障与服务中心，承担着典藏国家文献资源、记忆国家文明与文化的重任，代表一个国家图书馆事业的发展水平。中国国家图书馆收录古今中外文献资料，面向中央国家领导机关，重点科研、教育、生产单位和社会公众服务。

2. 地方公共图书馆

地方公共图书馆是由国家或地方政府管理、资助和支持的，免费为社会公众服务的图书馆。我国的地方公共图书馆包括省、直辖市、自治区图书馆和各县市图书馆。地方公共图书馆的资源与服务与当地的经济发展水平密切相关，其特色是生活化和地方化的资源丰富，读者主要为当地市民，以服务大众、普及科学文化知识、提高全民科学文化素质为首要任务。

3. 高校图书馆

高校图书馆历来在高等教育中所起的作用都相当重要。高校图书馆是高校的图书资料情报中心，是为教学和科研服务的学术性机构。它的工作是高校教学和科研工作的重要组成部分。当今它与师资队伍、教学设备一起，已构成办大学必不可少三大支柱。许多国家把图书馆视为“大学的心脏”“学校学术活动的中心”。高等教育事业史表明，高等学校要提高教育质量和科研水平必须利用高校图书馆的文献信息资料，文献信息资料是当前获取信息的主要来源。随着科学技术的迅猛发展，知识信息已与物质资源一样成为人类生存、文明与进化的重要资源。在当前人类步入信息社会的进程中，高校图书馆将作为信息高速公路上的重要信息源，它的地位仍然是高等院校的文献信息中心，它的作用将会更大，并且是全方位、多功能的。随着时代的不断发展，国际学术界和教育界对高校图书馆在高等教育中的重要作用已经形成普遍性的共识。

4. 科学与专业图书馆

科学与专业图书馆主要指科学院系统的图书馆、政府部门及其所属研究院（所）的图书馆等，它主要为各类专业人员提供科学研究与生产技术服务，其馆藏文献高度专业化，学科内容专深。2000 年 6 月，中国该类图书馆共同组建了一个虚拟的科技文献信息服务机构，即国家科技图书文献中心，又名国家科技数字图书馆（NSTL）。其特色是企业实用资源如国内外标准、规范等比较丰富，读者主要为行业内企事业单位、科研单位的科研人员与管理人员。

阅读材料 中国国家图书馆

中国国家图书馆是国家总书库，国家书目中心，国家古籍保护中心，国家典籍博物馆。履行国内外图书文献收藏和保护的职责，指导协调全国文献保护工作；为中央和国家领导机关、社会各界及公众提供文献信息和参考咨询服务；开展图书馆学理论与图书馆事业发展研究，指导全国图书馆业务工作；对外履行有关文化交流职能，参加国际图联及相关国际组织，开展与国内外图书馆的交流与合作。

中国国家图书馆前身是京师图书馆。20世纪初，在变法图强和西学东渐的背景下，有识之士奏请清政府兴办图书馆和学堂，以传承民族文化，吸收先进科学。1909年9月9日清政府批准筹建京师图书馆，馆舍设在北京广化寺，1912年8月27日开馆接待读者。1916年起正式接受国内出版物的呈缴本，标志着开始履行国家图书馆的部分职能。

百余年来，京师图书馆先后更名为国立北平图书馆、北京图书馆，1998年12月12日改称国家图书馆。国家图书馆总馆北区、总馆南区、古籍馆三处馆舍并立，总建筑面积28万平方米，居世界国家图书馆第三位。通过国家拨交、社会捐赠和馆员努力购藏，形成了传统文献和数字文献相结合的浩瀚馆藏。承担着为国家立法决策机构、教育科研单位、图书馆业界和社会公众服务的重任。

国家图书馆先后有缪荃孙、陈垣、梁启超、蔡元培、袁同礼、任继愈等出任馆长，团结社会贤达共襄馆务。一代代默默奉献的普通员工，立志岗位成才，恪尽职责，甘为人梯，爱岗敬业，求实创新，支撑起国家图书馆这座知识大厦，形成了贯穿百年的国图精神。

改革开放以来，国家图书馆大胆开拓，锐意改革，事业取得了跨越式发展，承担了许多国家重要文化工程，在传承中华优秀传统文化、促进公共文化服务体系建设中发挥着越来越重要的作用；致力于增进与世界各国图书馆界、文化界的交流与合作，中国国家图书馆国际影响力与日俱增。

百余年来，国家图书馆一路曲折前行，与时代同进步、与民族共命运，继承弘扬中华民族的文化命脉，为民族文化以及人类文明的传承和传播做出了重要贡献。

国家图书馆馆藏宏富，品类齐全，古今中外，集精撷萃。馆藏文献超过3 500万册件并以每年百万册件的速度增长。馆藏总量位居世界国家图书馆第七位，其中中文文献收藏世界第一，外文文献收藏国内居首。

国家图书馆馆藏继承了南宋以来历代皇家藏书以及明清以来众多名家私藏，最早的馆藏可远溯到3 000多年前的殷墟甲骨。珍品特藏包含敦煌遗书、西域文献、善本古籍、金石拓片、古代舆图、少数民族文字古籍、名家手稿等280余万册件。“敦煌遗书”、“赵城金藏”、《永乐大典》、文津阁《四库全书》被誉为国家图书馆“四大专藏”。

国家图书馆以“中文求全，外文求精”为搜集寻访方针，全面入藏国内正式出版物，同时重视国内非正式出版物的收藏。国家图书馆是国务院学位委员会指定的学位论文收藏中心和博士后研究报告收藏馆，也是图书馆学专业资料集中收藏地、全国年鉴资料收藏中心，并特辟香港、澳门、台湾地区出版物专室。

国家图书馆外文书刊购藏始于 20 世纪 20 年代，123 种文字的文献资料约占馆藏的近 40%，大量入藏国际组织和政府出版物。

随着信息载体的发展变化，国家图书馆馆藏规模不断扩大，类型日益丰富。不仅收藏了丰富的缩微制品、音像制品，还建成了中国最大的数字文献资源库和服务基地，数字资源总量超过 1 000TB，并以每年 100TB 速度增长。实施"中国记忆"项目，围绕中国现当代重大事件、重要人物等专题采集口述、影像、音频等文献史料。

经过百余年不懈努力，国家图书馆馆藏已形成富有特色的藏用并重格局，建成精华尽收、从传统到现代的民族文化宝库。

国家图书馆编辑出版国家书目、联合目录和馆藏目录。编辑全国书刊联合目录始于 1929 年，主持编制《中国国家书目》《民国时期总书目》《中国古籍善本书目》等 30 余种书目，建立起我国的中文图书书本式目录体系。主持编制《中国图书馆图书分类法》《汉语主题词表》《中国文献编目规则》《中国机读目录格式》等标准规范，为全国图书馆业务建设提供有力支撑。

20 世纪 90 年代，随着计算机技术与网络环境的迅猛发展，国家图书馆发行了《建国五十年中文图书书目》光盘版。1997 年成立的全国图书馆联合编目中心，在全国范围内组织和管理图书馆联机联合编目工作，共享书目、规范数据和馆藏资源。目前全国图书馆联合编目数据库不断扩大，结合中国国家书目门户，已经形成了一个规模大、品种多、覆盖广、服务产品多元的中国国家书目综合数据库。2011 年，中心开始向所有成员馆免费提供书目数据服务，积极推动信息资源共建共享。

近年来，国家图书馆不断推进文献信息资源整合揭示，建设文津搜索系统，提升资源发现能力，满足读者对各类资源的"一站式"检索需求，使读者快速获取所需内容，享受便捷服务。书香致远，故纸弥新，卷帙浩繁的各民族文献典籍是中华文化的根脉。2014 年，国家图书馆筹建的国家典籍博物馆正式开放服务，进一步弘扬中华优秀传统文化。国家典籍博物馆是国内首家典籍博物馆，也是世界同类博物馆中面积较大、藏品较丰富、代表性展品较多的博物馆。

国家典籍博物馆位于国家图书馆总馆南区，建筑总面积 11 549 平方米，共 10 个展厅。开馆以来举办"国家图书馆馆藏精品大展"等诸多文献展览，开展"走进典籍博物馆大课堂"等丰富的互动体验活动，致力于"让书写在古籍里的文字活起来"；积极开展与国内外同行的业务交流，探索外展、借展、巡展、交流展等多种展览合作模式，建立流动展线，让更多读者有机会接受优秀传统文化熏陶；依托国家图书馆宏富馆藏，开发文创产品，让社会公众把博物馆"带回家"。

资料来源：中国国家图书馆．国图概况．[2018-01-15]. http://www.nlc.cn/dsb_footer/gygt/lsyg/index.htm.

三、现代图书馆信息资源的构成

从物理分布来看，现代图书馆信息资源由两部分构成：一是本馆的现实文献信息资源（现实馆藏）；二是网络上的虚拟信息资源（虚拟馆藏）。

1. 现实文献信息资源

科学技术与生产力发展水平，决定了信息资源的生产、构成及其特点。现代图书馆的现实文献信息资源，泛指图书馆实际收藏的可以被读者直接利用的所有馆藏。其中除了传统的纸质型印刷品文献资源之外，还有多种电子出版物类型的文献，从网络上下载并加以组织的信息资源也是其组成部分。以上种种信息资源虽然具有各自的使用价值，但在信息化社会里逐步被各种数据库所代替。现代图书馆的现实文献信息已经向声像型、电子型、光盘型，以及多媒体并存的文献信息系统转化，这是网络环境下图书馆文献资源信息化发展的必然结果。

2. 虚拟信息资源

虚拟化是信息时代的基本特征之一，虚拟信息资源是现代图书馆信息资源的有机组成部分。它是指通过本馆计算机系统及通信设备访问馆外信息资源。其中主要是网络信息或网络数据库，一般包括与其他馆共建可供联机检索的数据库、正式出版机构出版的数据库、网络公司或其他公司制作的网络数据库，以及网上可以搜寻到的各种信息资源等，这些运行在网上的信息资源具有无形、丰富和便捷等特征，它是图书馆馆藏的延伸。正是由于虚拟信息资源的存在，丰富了现代图书馆信息资源的内涵，拓展了其信息检索的服务功能，为现代图书馆信息资源的开发利用开辟了广阔的发展空间。

3. 现实馆藏与虚拟馆藏的关系

现实馆藏与虚拟馆藏并存是网络环境下图书馆信息资源的一个显著的特点，两者相互依存，相互区别。现实馆藏是本馆自己拥有的可为读者开展服务的实际馆藏。它可以是多种载体形式的信息资源，如纸质文献（图书、期刊等）、电子文献（电子图书、数据库等）。它是本馆拥有的各类信息资源的总和。但是在网络环境下，只有网上数字化的电子文献才可以被共享，也就是说现实馆藏中只有在网上能够为读者开展服务的那部分电子信息资源才可以作为其他馆的虚拟馆藏。在文献信息资源建设中，既要重视本馆的现实馆藏建设，也要注意虚拟馆藏的利用。

在现代图书馆中，现实馆藏和虚拟馆藏是一个整体中既有区别又不可分割的密切相关的两部分。具体来说，两者的关系如下。

（1）现实馆藏是本单位和本地馆藏，虚拟馆藏是外单位或异地馆藏。

（2）现实馆藏与虚拟馆藏具有相互性，对于互联网上的图书馆，自有馆藏既是本馆的现实馆藏，又是其他馆的虚拟馆藏。

（3）本馆对现实馆藏具有更新修改和支配权，对虚拟馆藏拥有共享权，一般没有更新修改和支配权，但对于合作建设或开发的信息资源除外。

（4）本馆读者或用户对现实馆藏的使用具有直接性，对虚拟馆藏，一般要通过某种协议申请手续，才能舒畅阅读或享受其他服务。因而，相对于现实馆藏的使用来看，虚拟馆藏的使用具有间接性。

四、现代图书馆资源的特点

根据现代图书馆信息资源的构成，以及信息技术在社会生活中的广泛应用，现代图书馆的信息资源具有如下特点。

1. 信息载体多样性

现代信息技术的飞速发展及其应用，促进了信息载体的多样化和信息资源结构的多元化。现代图书馆的信息资源类型，既有传统的印刷书刊资料、缩微资料，也有存储在磁、光、电等介质上的电子期刊、电子图书、光盘数据库、馆藏书目数据库等电子信息资源，还有互联网络上公开发布的网页和在线数据库等网络信息资源。各种类型的文献资源并存，互为补充，形成了现代图书馆馆藏信息资源及载体形态的多元化特征。

2. 信息资源海量化，内容庞杂

现代图书馆的信息资源由传统的馆藏文献资源，转变为现实馆藏资源和虚拟馆藏资源的结合。在知识信息大爆炸的时代里，不仅现实的馆藏资源与日俱增，虚拟的馆藏资源更是浩如烟海、丰富多彩。同时，由于互联网具有开放性与共享性，使得人人都可以成为信息的生产者与发布者，同时又因为网络管理法规不完善，网上信息资源缺乏统一的控制，使得网上信息质量参差不齐、良莠不分，呈现出杂乱无序的状态。这给图书馆信息资源的选择和利用提出了新的课题。

3. 信息传播便捷，变化迅速，依赖性强

现代图书馆的信息资源有相当一部分已数字化、网络化，而数字化信息的传播速度比以往的任何信息（如纸质的报纸、杂志等）传播速度都快，一条信息只要一上网，马上可以传遍世界各地。信息更新淘汰的周期短、变化快，不少网站定期更新，部分搜索引擎则几乎每时每刻都在进行信息更新。这一方面保证了较高的信息时效性；另一方面也使信息呈高度的动态性，导致信息资源的稳定性差，信息更迭、消失难以预测，信息生命力十分脆弱，有时一个错误的命令或一种病毒，可以在几秒钟内使一批数据荡然无存或一个软件系统瘫痪。信息传播的技术越先进，手段越现代化，对软环境、硬设备的依赖性就越强。例如一旦发生停电或者计算机出现故障，网络信息就根本无法传播、阅读和进行其他操作。

4. 信息资源利用的共享性

进入网络时代，现代图书馆已成为全球知识传播和利用的最大、最重要的集散地，其资源和服务大大地超出了传统意义上的馆藏，成为与全国乃至全球相连接的信息资源网络系统，最大限度地突破了时空限制。这使得社会各阶层、各领域的读者都可以享受网络条件下的图书馆信息资源，真正实现了图书馆资源的共建共享。

5. 信息交流的互动性

传统图书馆的文献信息交流主要表现为馆员坐等读者上门咨询、借阅、还书等，馆员与读者之间主体与客体、主导与服从的关系泾渭分明。而在现代图书馆，由于信息供需双方的互依性、对应性和共存性，使得彼此间的主体与客体、服务与被服务、发送与索取呈现出相互交融、相互补充、适时变化的互动互利的特征。读者不只是接受图书馆提供的信息咨询服务，也可以直接或间接地反馈自己的意见信息，参与网络信息的收集、研究、整合，这充分体现了现代图书馆信息交流的互动性。

五、图书馆信息服务

无论何种类型的文献信息服务机构，其工作的出发点与最终目的都是为用户提供信息服务。与传统的图书馆工作相比，现代图书馆信息开发与服务是一个崭新的领域，其服务内容、方式、手段及对象都有所改变，服务水平也要提到一个相应的高度。能否有效地利

用高校图书馆的信息资源及其服务，是大学生信息素质形成与提高的一个十分重要的因素。善于利用图书馆信息资源及其服务，对于掌握利用信息的工具和技能是非常重要的。为了能够快速、顺利地掌握这种工具和技能，就需要了解图书馆有哪些信息服务，以便充分享受这些服务并利用好学校的文献信息资源。

1. 参考咨询

《中国大百科全书》对参考咨询的解释是：参考咨询是图书馆馆员对读者在利用文献和寻求知识、情报方面提供帮助的活动。它以协助检索、解答咨询和专题文献报道等方式向读者提供事实、数据和文献线索。许多图书馆设有专门的参考咨询部门，配备具有一定专业知识、工作经验丰富的专职馆员开展此项工作。

随着信息环境的变化，咨询服务的方式与手段也发生很大变化。目前，各类图书馆普遍通过网络形式解答用户咨询，诸如设立网上咨询台、常见问题专栏（FAQ），在线实时咨询、电子邮件（E-mail）、网络论坛、聊天软件等，开展数字参考咨询（也称网络参考咨询、虚拟参考咨询）、实时参考咨询、联合数字参考咨询。这种咨询服务通过网络实现了用户与咨询员的互动、实时同步，突破时空限制为用户提供方便、快捷的服务。目前，许多文献服务机构联合组成图书馆联盟提供知识信息服务。例如，美国的 Question Point 系统进行地区及全球服务，咨询员可以看到用户实时的检索操作，为其提供指导和帮助。该系统也是一个全球协作系统，各个成员通过收集、提交咨询建立起一个全球咨询知识库，成员馆可共享其中的知识信息。用户通过该系统可享受最好的馆藏、经过深加工的网上信息和主题资源专家的服务。

2. 外借服务

外借服务是高校图书馆最基本、最普遍的读者服务方式。凡是大学里正式注册的本科生、研究生，正式在编的教职员工以及短期访问的研究人员，都可以在所属大学的图书馆办证处办理借书证，而后便可在图书馆提供外借的文献里，选取所需的文献借出馆外，以便随时利用。外借服务能为读者利用文献提供极大的方便，所以深受读者欢迎。为了保证外借服务正常有序地进行，图书馆都会制定相应的外借规则。外借规则对于馆藏文献的出借范围、读者外借图书的数量、续借手续和借期、催还、过期罚款、遗失与损坏图书的赔偿办法等方面都做出十分详细的规定。

通常，可外借的文献主要是普通图书，有些图书馆还出借期刊合订本，教学用录音带、录像带和光盘等。借书数量和借期的长短根据文献类型和读者个人状态的不同而不同。大多数外借文献在没有其他读者预约的情况下，可以办理延长借期手续，即续借。如果有其他读者预约，图书馆则会提醒持有被预约文献的读者，在规定的时间内归还，即催还。未能按期归还文献的读者，图书馆会有相应的处罚措施，或一段时间内停止其借书，或进行经济处罚。造成文献丢失或损坏的，必须进行赔偿。

3. 科技查新

科技查新简称查新，是指具有查新资质的信息咨询机构，根据委托人提供的课题项目内容（包括科研立项、成果鉴定、科技奖励评审、专利申请等）进行的情报评估。查新机构按照《科技查新规范》对查新内容的新颖性进行文献检索及分析，最终出具查新报告。查新的目的是为了避免科研课题重复立项，以及客观正确地判别科技成果的新颖性。我国查新机构需要省级以上科技管理部门的认证备案，从事查新服务的机构主要是省、市信息研究所，重点高校图书馆及部分公共图书馆的查新咨询中心。

对于科研人员来讲，申请查新的过程包括：向具有查新资质的机构提出查新请求；填写查新委托书；针对查新项目的技术背景、技术要点、创新点等与查新人员沟通交流，提供相关材料，以便查新的顺利进行；获得查新报告。

4. 用户教育与培训

图书馆开展多层次、全方位的知识讲座与培训，帮助读者更好地利用馆藏资源与服务以及网络学术资源，提高自身信息素养。许多文献服务机构在网上建立用户培训平台，举办定期、不定期的讲座与培训，根据读者需要进行有针对性的辅导，开展信息素质教育等。国内高校图书馆大都承担了以培养、提高学生信息素养为目标的检索课程教学任务。公共图书馆针对当前热点问题或根据读者需求，聘请专家、学者做专题讲座。例如，国家图书馆的"网上报告厅"整合国内外千余位著名专家学者（包括院士、政府领导、专业研究人员及《百家讲坛》热点人物）的近万场视频学术报告，内容涉及理工、经管、文史、党政、医学、农林、军事、营销、体育、就业择业、法律视点、综合素质、外语学习、教育培训、心理健康等众多知识领域。

5. 文献传递与馆际互借

文献传递与馆际互借是文献信息服务机构为弥补馆藏文献的不足，根据合作馆之间的互借协议，通过复印、扫描、邮寄、E-mail 等方式传递本馆未收藏的读者所需文献，是一种共享文献资源的服务。这种服务分为返还式（即馆际互借，interlibrary loan）和非返还式（即文献传递，document delivery）两种，它可以跨系统、跨地区、跨国界传递文献。如国内一些著名大学图书馆与英国不列颠图书馆文献提供中心（BLDSC），美国的联机计算机图书馆中心（OCLC）、国际大学微缩胶片公司（UMI）等订立原文网上传递协议。这种服务是有偿的。

目前，国内主要的文献传递系统有中国高等教育文献保障系统（CALIS）馆际互借/文献传递服务网、国家科技图书文献中心（NSTL）、中国科学院国家科学数字图书馆（CSDL）、中国高校人文社会科学文献（CASHL）等。利用它们的文献传递服务，需要向所在单位图书馆的文献传递部门提出申请，由相关的馆员进行处理后将需求信息发送给收藏馆，后者根据收到的请求将文献传递给需求馆。

另外，国内许多图书馆联盟提供免费的中文文献传递服务。例如，在全国图书馆参考咨询联盟网站（http://www.ucdrs.net/admin/union/index.do）以真实身份免费注册后，可以免费获得中国知网、万方数据、维普网、读秀等系统中的全文。

第三节　数字图书馆

网络时代是人类生活方式发生彻底颠覆的时代，数字化生存让许多事物与计算机和网络无法分离。在这个时代里，传统图书馆迎来了最彻底的革命，图书馆馆藏的数字化、网络化催生了数字图书馆。数字图书馆在虚拟的环境下实现了物理空间中的几乎全部功能，并且更高效、更快捷。数字图书馆是运行在网络环境下的、超大规模的、便于使用的、没有时空限制的、可跨库检索的海量知识中心。使用者在家中、学校或办公室，甚至公交工具上都可以方便地从数字图书馆中查找自己所需的信息。

一、数字图书馆概述

计算机在图书馆的应用为图书馆进入自动化阶段揭开序幕。作为现代化图书馆发展的一个方向，数字图书馆近年来的建设研究得到了快速发展。以计算机、通信及网络为核心的现代信息技术开始全面渗透到图书馆领域，将图书馆推向自动化阶段。

数字图书馆（Digital Library）是用数字技术处理和存储各种图文并茂的文献的图书馆，实质上是一种多媒体制作的分布式信息系统。它把各种不同载体、不同地理位置的信息资源用数字技术存储，以便于跨越区域、面向对象的网络查询和传播。它涉及信息资源加工、存储、检索、传输和利用的全过程。通俗地说，数字图书馆就是虚拟的、没有围墙的图书馆，是基于网络环境下共建共享的可扩展的知识网络系统，是超大规模的、分布式的、便于使用的、没有时空限制的、可以实现跨库无缝链接与智能检索的知识中心。数字图书馆依然是传统图书馆的继续，其不同之处是文献被数字化，并可以通过网络存取，还能通过一体化控制达到管理和规范。

数字图书馆是采用现代高新技术所支持的数字信息资源系统，是基于互联网信息资源的管理模式，它根本上改变了互联网上信息分散不便使用的现状。可以说，数字图书馆是没有时空限制的、便于使用的、超大规模的知识中心。

数字图书馆是传统图书馆在信息时代的发展，它不但包含了传统图书馆的功能，向社会公众提供相应的服务，还融合了其他信息资源（如博物馆、档案馆等）的一些功能，提供综合的公共信息访问服务。可以说，数字图书馆将成为未来社会的公共信息中心和枢纽。信息化、网络化、数字化，这一连串的名词符号其根本点在于信息数字化；同样，电子图书馆、虚拟图书馆、数字图书馆，不管用什么样的名词，数字化都是图书馆的发展方向。

数字图书馆是在传统图书馆的基础上发展起来的，它的很多服务是传统图书馆服务的延伸。现代信息技术在图书馆的广泛应用，使传统图书馆向数字图书馆转变已经成为必然的趋势。数字图书馆凭借其先进的技术支持，表现出不同于传统图书馆的特点和优势。但是，数字图书馆和传统图书馆的差别不是本质的差别，是图书馆现代化进程中的差别。数字图书馆不是对传统图书馆的彻底批判和全盘否定，而是在吸收传统图书馆在文献建设、读者服务、科学管理等方面有益经验的基础上对传统图书馆的扬弃和升华，是对传统图书馆服务理念、理论、原则、方法的延伸和完善。传统图书馆与数字图书馆的区别见表 2-1。

表 2-1　传统图书馆与数字图书馆的比较

信息范围	传统图书馆	数字图书馆
载体	印刷型资料	1. 电子出版物 2. 网络信息资料 3. 数字信息资料
组织	1. 线性的 2. 集中式的 3. 组织方式单一 4. 信息间交叉性、相关性体现不好	1. 数字化的 2. 分布式的 3. 网状结构 4. 实现相关性、指示性

续前表

信息范围	传统图书馆	数字图书馆
利用	1. 受时间限制、空间限制 2. 受馆藏限制 3. 获取信息慢 4. 不利于检索	1. 不受时间、地点、馆藏限制 2. 通过网络获取信息资源 3. 资源共享 4. 便于检索

二、数字图书馆的特征

数字图书馆是在传统图书馆的基础上发展起来的。但与传统图书馆相比，数字图书馆具有独特的特点和功能。数字图书馆自从产生以来，就在信息资源方面表现出区别于传统图书馆的不同功能和特点，所有的这些功能和特点均源于数字化与网络化这两个基本特征。研究者总结了数字图书馆的许多功能和特征，主要有以下几方面。

1. 馆藏资源的数字化

传统图书馆评价的重要指标之一就是馆藏，而在数字图书馆时期，可提供服务的数字信息资源的数量仍然是一个重要的指标，只有具备丰富的、海量的信息资源，才能吸引更多的用户利用数字图书馆。数字图书馆利用现代信息技术，对各种传统纸质文献进行压缩处理并转化为计算机可识别的数字信息。没有数字化的资源，数字图书馆就如同空中楼阁，无法在网络上提供高速横向跨库链接的电子存取服务，更无法实现知识增值服务。数字化一词来源于英文 digital，图像、文本、语音、影像和科学数据等多媒体信息都被数字化为“0”和“1”，然后通过计算机技术以比特的形式进行存储，通过网络通信技术进行传播、接受。目前建设数字化资源的最普遍做法是将已有的馆藏资源数字化，尤其是将有地方特色、专业特色以及其他确有长久保存价值的文献数字化。数字化资源的另一个主要来源是电子出版物，包括电子期刊和电子图书两类。这是指以数字代码方式将图文声像等信息编辑加工后存储在磁、光、电介质上，通过计算机或者具有类似功能的设备读取使用，用以表达思想、普及知识和积累文化，并可复制发行的大众传播媒体。因此，电子出版广阔的发展空间，将为数字图书馆提供巨大的数字化文献资源。

2. 信息服务的网络化

数字化是基础，网络化是手段。数字化的资源之于网络如同“车”跟“路”的关系。数字图书馆依附于网络而存在，数字图书馆的服务是通过网络实现的，信息资源在网络中以分布式状态存在，实现了数字图书馆信息的自由获取和资源共享。数字图书馆依据高速宽带网构筑的网络，以高速、大容量、高保真的计算机和网络系统，将世界各国的图书馆和无数台计算机联为一体，信息传递网络化带来了信息服务的跨时空、信息利用的开放化、信息传递的标准化和规范化。用户只要进入互联网，就可以在任何时间、在世界的任何地点，对数字图书馆进行访问。如果数字图书馆对用户没有设定限制级别，用户就可以对数字图书馆的信息资源进行任意方式的浏览和利用，这是传统图书馆无法实现的。数字图书馆通过全球化信息网络为分散在全球各地的用户服务，体现出信息服务空间的广域性。

当然，网络化的程度也会制约数字图书馆的发展。由于互联网存在技术和功能上的不足，加上用户数量猛增，互联网可能会出现负载过重的情况。为此，下一代互联网、互联网 2.0 以及网格等的研究逐渐浮出水面。网格计算是利用互联网把分散在不同地理位置上的多个计算资源，通过逻辑关系组成一台“虚拟的超级计算机”。每一位将自己的计算机连接到网格上的用户，也就“拥有了”这架超级计算机，可以随时随地调用其中的计算和信息资源，在获得一体化信息服务的同时，最大限度地实现资源共享。

3. 信息利用的共享化

信息资源共享化是数字图书馆产生和发展最大的优势之一，符合传统图书馆的公益服务宗旨。传统图书馆努力通过扩大藏书量来满足读者的信息需求。在传统条件下，任何图书馆都无法采集到所有的文献信息，图书馆为达到信息资源的共享目标，发展了馆际互借、联合目录等方式，但在传统条件下信息传递慢，用户很少使用这些功能。尤其是城市之间的馆际互借，实际操作非常困难；联合目录的编制周期也长，一般以年为周期。而在数字图书馆服务中，信息共享得以简单实现，无论是从时间角度出发，还是从地理位置、空间距离去理解，共享的效率是传统图书馆无法想象的，如果不存在知识产权、版权等经济、社会利益问题，从技术上完全可以实现用户对数字图书馆的信息资源无任何限制地下载和使用，达到完全彻底的信息资源共享利用。这种共享性使得更大范围内的用户更方便、更快捷地获取自己所需要的信息，有助于消除原先的信息壁垒和围墙。这正是数字图书馆所具有的强大优势之一。

4. 信息获取的智能化

对于互联网来说，目前的一个重要研究方向就是网络信息的智能检索问题。网络信息的智能检索是从海量信息到准确目标信息的信息缩小范围过程。对于数字图书馆来说，虽然在建设时就进行了统筹规划、协调管理的总体设计，包括信息组织、信息检索等各个环节的构建策略，但由于数字图书馆追求的超大信息资源库群建设目标，使得数字图书馆也必须发展自己的智能检索技术。由于数字图书馆的服务是在网络上实现的，其智能检索原理与网络智能检索有共性的一面，所以网络智能检索同样可以实现对数字图书馆信息的智能检索。例如在“中国期刊全文数据库”的检索中，用户可以选择初级检索、高级检索、专业检索等多种检索方式，除了可以使用题名、作者、关键词、摘要、单位、刊名等传统的检索方法外，还可以使用智能检索、模糊匹配、词汇语义扩展等多种检索方式，初步实现了对数据库海量信息的智能检索。①

5. 信息形态的多样化

数字图书馆所提供的信息服务不仅包括文本、图片等传统信息服务，而且包括声音、录像等音频、视频信息服务。数字图书馆将书刊、古籍善本等各种文字、图像利用现有成熟的技术和设备，如计算机扫描设备，录入计算机中，以图像文件或文本文件的形式存储在计算机上；同时，数字图书馆也可以采用音频、视频采集设备及压缩技术将录音、录像、电影胶卷、唱片等各种资料采集到计算机内，实现这些资料的数字化，为用户所采用。数字图书馆彻底改变了传统图书馆的用户服务模式，并开发出充分体现人性化、个性化的友好用户界面。这种用户界面使得用户在多种检索途径中选择适合自己习惯的检索方法。通过智能搜索引擎等工具，用户还可以享受数字图书馆提供的各种信息服务，满足自

---

① 安月英．数字图书馆理论与实践．西安：西安地图出版社，2010：30.

己的个性化服务需求。

6. 信息服务的智能化

数字图书馆是可以实现智能检索的知识中心，它有别于传统图书馆，不仅提供文献，还将提供更深层次的信息服务。通过对信息的分析和重组，提高信息的使用价值，形成符合用户需求的知识或帮助其找到解决方案，并对提供的知识产品的质量进行评价。数字图书馆借助自动标引、元数据、内容检索等技术对多媒体信息，如图像、声音等进行多维揭示与非线性组织，并通过智能化的检索系统为用户提供知识服务。它既可以检索单个检索词，也可以对多个检索词进行组配检索。组配检索主要采用布尔逻辑运算，如逻辑“与”、逻辑“或”、逻辑“非”等。在一个复杂的逻辑提问中，不仅可以有多个逻辑运算符，也可以使用括号来指定运算的先后顺序，而且检索快速而准确。信息检索者可以通过网络连接，就不必亲自到图书馆，可在任何时间、任何地点方便地检索、查询、浏览已上网的图书馆的信息资源，不受开馆时间、距离的限制。由于数字图书馆所具有的网络化、友善化及智能化等特点，它能够为用户和读者提供智能的服务。

7. 信息服务的个性化

个性化服务是数字图书馆的重要特点，也是未来数字图书馆发展的方向。数字图书馆的个性化服务，指通过网络，针对不同的用户采取不同的服务策略，提供不同的服务内容来满足用户的信息需求。个性化信息服务的宗旨就是尊重读者的需求和选择，体现读者之间的区别，并据此提供不同的信息服务。数字图书馆的信息组织和服务功能，使其有能力实现个性化服务的功能。最常见的就是目前一些数字图书馆提供的“我的图书馆”（My Library）功能。My Library 思路源于用户在工作或生活中实际阅读或利用的文献资料，即数字图书馆根据读者个人兴趣爱好和专业研究方向的差异，以定制的方式，定期主动为用户提供数字图书馆拥有的相关文献资源，包括馆藏的信息资源，以及网络上相关的信息链接。My Library 基于分布式资源共享，通过有效缩减集中用户关注的主题内容，减少信息过载。My Library 实现了属于自己的馆藏，包含了用户感兴趣的主题内容，减轻了数字图书馆网站维护的工作量，实现了用户与图书馆员的互动交流。

三、数字图书馆的优点

数字图书馆具有上述特征，它与传统图书馆相比，具有以下优点。

1. 信息储存空间小、不易损坏

数字图书馆中各种文献载体将被数字化，包括各种印刷型文本（古籍、善本）、地图、缩微资料、视听资料和动画片、电影片等，把信息以数字化形式加以储存，一般储存在电脑光盘或硬盘里，与过去的纸制资料相比占的空间很小。而且，以往图书馆管理中的一大难题就是，资料多次查阅后就会磨损，一些原始的比较珍贵的资料，一般读者很难看到。数字图书馆就避免了这一问题。

2. 信息查阅检索方便

传统图书资料的查阅，都需要经过检索、找书库、按检索号寻找图书等多道工序，烦琐而不便。分布式管理是数字图书馆发展的高级阶段，它意味着全球数字图书馆遵循统一的访问协议之后，数字图书馆可以实现“联机检索”。全球数字图书馆将像现在的互联网连接网站一样，使全球的数字化资源联合为一体，成为一个巨大的图书馆。通过有效的文本数据库查询技术和多媒体资料的查询技术，直接对图像、声音建立索引，可以按照颜色、形状、纹理在图像中的位置对图像进行查找。读者通过检索一些关键词，就可以获取大量的相关信息。

3. 远程迅速传递信息

传统图书馆位置固定，读者往往要花费大量的时间在去图书馆的路上。数字图书馆通过现代网络信息技术提供给读者的是虚拟化的空间。网络远程传递性使人们处于时空的隔离，只要有网络设施，人们就可以在任何地点、任何时间通过网络浏览数字图书馆，看自己想看的东西，这有利于个体的发展。数字图书馆是利用互联网迅速传递信息，读者只要登录网站，轻点鼠标，即使和图书馆所在地相隔千山万水，也可以在几秒钟内看到自己想要查阅的信息，这种便捷是以往的图书馆所不能比拟的。①

4. 同一信息可多人同时使用

众所周知，一本书一次只可以借给一个人使用。而数字图书馆则可以突破这一限制，一本“书”通过服务器可以同时借给多个人查阅，大大提高了信息的使用效率。数字图书馆的储存功能使图书馆资源重复使用不会被消耗，并无磨损，使数字图书馆资源成为一种取之不尽的资源，能够保存和积累。同时数字图书馆资源使用者又成为数字图书馆资源提供者。数字图书馆储存着丰富优质的资源，为人们长时间反复使用信息资源提供了可能性。

5. 更具开放性与平等性

开放性是指数字图书馆向任何人在任何地点、任何时候，以任何内容、任何方式提供学习机会。数字图书馆具有一般计算机网络系统的管理功能，要重视各种类型用户的权限管理，更重要的是用适当的技术确保版权人的资源不被滥用。开放性带给读者使用数字图书馆的自由性、灵活性、针对性和适应性；开放性也带来了人们思想价值观念的开放，使人们的视野更为开阔，思维方式更具全局性和整体性。同时，数字图书馆的隐蔽性使人的身份隐蔽，人面对数字图书馆都是平等的。不论你是教授还是中小学生，你的使用权都是一样的。数字图书馆使以往的图书馆服务模式发生了深刻的、根本的变化，世界性的图书馆服务已成为一种现实，图书馆服务也由单向性向交互式转变。

四、数字图书馆的发展趋势

1. 从基于数字化资源向基于集成服务和用户信息活动的范式发展

数字图书馆的发展重点经历了几个阶段。第一代数字图书馆主要在特定文献资源数字化的基础上建立数字信息资源系统，它们往往作为独立系统嵌入传统图书馆系统或上层机构信息系统中，将跨时空检索和传递特定数字化资源作为其主要任务，可称为基于数字化资源的数字图书馆。第二代数字图书馆致力于支持分布的数字信息系统间的交互操作，支持这些系统间无缝交换和共享信息资源与服务，由此构造集成信息服务机制，形成基于集成信息服务的数字图书馆。这一代数字图书馆不再以文献数字化和具体数字资源库建设为核心，而主要是面向分布和多样化数字信息资源，通过服务集成构造统一的信息服务系统，形成与传统图书馆不同的新系统形态和组织形态。第三代数字图书馆将围绕用户信息

---

① 王建. 信息法研究. 成都：西南财经大学出版社，2011：223.

活动和用户信息系统来组织，集成、嵌入数字信息资源和信息服务，从而更直接、深入、有效地支持用户检索、处理、利用信息来解决问题的全过程。因此，以用户信息活动为基础的第三代数字图书馆是今后的发展方向。

2. 数字信息存储的全息化

随着数字图书馆建设的不断进展，资源数据量越来越大，存储空间将成为影响数字图书馆应用的主要因素。数字图书馆涉及的是海量的多媒体信息资源，在将它们保存到数据库之前必须进行压缩，以降低数据库成本，使数据库规模保持在可管理的范围内，所以需要着重研究能够适应快速访问的海量存储技术。从世界范围来看，凡是称作“数字图书馆计划”的，其存储的数据总量必然达到了海量规模。全息数字化技术的广泛应用以及新的压缩技术的出现，使数字化资源所占的空间大大降低，使存储设备的投入也大大减小。全息数据存储由于同时具有巨大的存储容量、高速的数据传输速率和短暂的访问响应时间等特点，使它能够满足提供网上服务的要求，全息数字化技术将成为 21 世纪数字图书馆的主流数字化技术。全息数字化技术所生成的数字化资源都是全息的，取代了简单扫描技术生成的资源，既保持了文献资源的信息完整，又增加了检索等功能，是未来数字图书馆资源的主要组成部分。

3. 多种资源的高度集成，易用性更强

多种资源的深度融合也是数字图书馆发展的一个基本特征，目前的数字图书馆资源种类绝大多数仍然以传统的书籍报刊等印刷版资源数字化为主，将来会扩展到声像制品，多媒体等资源。这些资源不只是简单地堆积到一起，而是进行了高度的集成和深度的融合。读者输入一个检索词，可以将各种各样的资源全部检索出来，阅读器是能够浏览、播放各种资源的超级阅读器。数字图书馆更具人性化和更加易用。信息导航技术、知识管理技术、全文检索技术、跨平台技术、智能检索代理技术以及推送技术的广泛应用都促使数字图书馆更加贴近用户，更加方便利用。

4. 数字化技术进一步完善

数字图书馆建设涉及计算机、网络通信等多领域多技术的综合集成，而计算机和网络通信技术发展十分迅猛，新技术层出不穷。数字图书馆需要网络通信、多媒体信息处理、信息的压缩与解压缩、分布式信息处理、信息安全、数据仓库、基于内容的智能检索、超大规模数据计算、用户界面等多种技术。目前亟待解决的关键技术包括：（1）软件重用技术；（2）多语言处理技术；（3）自动识别技术；（4）互联网人工智能技术。数字图书馆的一个基本特征是传输网络化，这就要求数字图书馆具有高速信息传输通道，以便用户快速获取所需信息。目前数字化技术正在不断完善。

5. 标准化建设取得较大进展

标准化和规范化是实现数字图书馆资源共享的前提和根本保障。数字图书馆建设管理的信息和知识包括了所有学科，数量极其巨大，类型特别繁多，而且包括了文字、表格、图像、音频等多种媒体的数字化表达，组织极其复杂；同时各单位所使用的软硬件规格不一、品牌庞杂。如何将众多的力量协调组织起来，实现网络的互联互通、资源的共建共享、管理的井然有序，从技术管理的角度考虑，关键就在于标准化。有了标准化，才能把各单位开发出来的信息资源按统一的格式组织起来，既能和国际网络接轨，又能为各单位所共享，形成整体性信息资源；也才能用统一的检索标准建立起分布式的存储和检索系统，方便信息资源为广大用户所利用。标准化是建设数字图书馆的重要保证。

6. 社会化和国际化趋势

数字图书馆将向着社会化、国际化方向发展。美国目前已有众多的科学、技术研究机构和多所著名大学组成合作小组，协同完成了数字化资源及数字图书馆技术的研究与开发，美国国家图书馆联盟就是一个组织全国 15 个大型图书馆及国家档案记录局的合作机构。此外，有些联盟还有著名的大公司加盟。1995 年法、日、英、德、意、美、加七国的国家图书馆在法国成立了 C7 全球数字图书馆联盟，俄罗斯加入后又扩展为 C8 联盟，致力于数字图书馆的建设和发展工作。1997 年环太平洋数字图书馆联盟成立，由太平洋地区的知名大学图书馆和国家图书馆共同参与，其中包括了我国的北京大学图书馆和中山大学图书馆，开展数字图书馆的合作研究计划，致力于合作开发多语种在线图书存取系统及多语种文档传输系统，形成大型分布式多语种数字图书馆。①

五、数字图书馆建设存在的问题

1. 资源浪费问题

从数字图书馆概念的提出到现在许多高校图书馆纷纷投身于数字图书馆的建设行列，只有短短几年时间。由于缺乏统一的规划与协调，数字图书馆标准不一，相关立法尚未制定和执行，各单位之间的利益又难以找到彼此都认同的平衡点；同时，有的单位抱着“急功近利”的思想而片面地追求数字化资源的量，有的单位则忽视自身馆藏的特点和学校教学的实际情况，这就造成中国不少高校在盲目地建设数字图书馆，合作建设少、各自为政多的现象屡见不鲜，各数字图书馆的用户检索界面、检索语言和管理系统等存在较大差异，不同馆的数据库互不兼容，各系统之间难以相互联通、应用，大量的财力、人力、物力资源浪费在低水平的重复建设上。

2. 信息版权问题

计算机技术、自动化技术和网络技术的高速发展，使文献资源的格式转换、数字化作品的复制、下载、盗版等变得更加容易，数字化作品的知识产权保护问题比传统纸质文献更为复杂和突出。根据《著作权法》，上载作品必须取得作品权利人同意，但是资源库容量庞大的数字图书馆要取得每一位作品权利人的授权在现实中非常困难，在数字图书馆的有关立法中再不能套用那些陈旧的、与自身建设和发展特点不符的法规。

3. 建设资金问题

数字图书馆建设是一项庞大、系统、长期的工程，硬件设备和软件资源的购置、网络布线工程、人员培训、数字化资源的更新、馆藏文献的数字化转换等，都需要充足的经费做后盾，但经费不足偏偏又是困扰高校图书馆发展的老大难问题。重点大学及进入“211 工程”的大学数字图书馆建设与开发有专项拨款，而普通高校图书馆经费来源单一，主要依靠学校拨款，图书、刊物价格大幅度暴涨，以致许多馆连每年的纸质文献购置、业务培训、科研、奖励等各项基本经费都难以维持，开展数字图书馆建设更是举步维艰。

---

① 李培. 数字图书馆原理及应用. 北京：高等教育出版社，2004：35-36.

4. 图书馆员素质问题

中国高校图书馆员队伍整体现状是专业知识和技能普遍不能适应数字图书馆发展的要求。随着数字图书馆的兴起，馆员队伍中专业人员与技术人员少、工作热情欠缺、年龄老化等现实问题显得更为尖锐。由于图书馆地位历来没受到足够重视，各大高校中普通馆员与教师仿佛是两个相差极大的级别而接受截然不同的待遇，致使图书情报专业、计算机专业、自动化专业等方面的人才择业时很少会将图书馆置于优先考虑的范围，这也是一直以来高校图书馆出现高素质人才难以引进，同时馆内人才纷纷另谋高就的重要原因。对现有馆员队伍缺乏系统的、有计划的在职学习和培训，馆员的业务水平难以出现质的提高，知识结构和观念落后陈旧，无法适应提供数字化信息资源服务的要求，这也是不容忽视的一点。

阅读材料　数字图书馆、电子图书馆和虚拟图书馆

数字图书馆（Digital Library）与电子图书馆（Electronic Library）、虚拟图书馆（Virtual Library）等几个相关术语是有一定区别的。“电子图书馆”中的“电子”主要指作用于信息的技术性质；“虚拟图书馆”中的“虚拟”指一种与实体环境相似的人工环境，即在虚拟图书馆中，人类的体验及与对象相互作用类似于在实体图书馆（Physical Library，即传统图书馆）中的体验；而“数字图书馆”中的“数字”是电子媒介上的信息存在形式。

电子图书馆更接近传统图书馆的电子化（指设备、管理、运作电子化），是一个管理与组织的概念和方法，侧重对收藏特色的概括，收藏品基本为电子读物，阅读手段一般通过电脑等。虚拟图书馆则是一种梦想图书馆，侧重其无实体的特征。这种虚拟并不能只理解为“虚无”，它实际上是虚拟现实技术在图书馆领域中的实现，是一种真正的网络产物和似幻似真的感觉。图书馆服务不局限于本馆物理意义上的馆藏，而是通过通信网络连接各馆、各地区、全国乃至全球信息资源的逻辑意义上的馆藏，用户可在其中检索到比本馆馆藏多得多的信息。至于数字图书馆中的Library，有图书馆和库的意思，如果把Library还原为本义“库”，则Digital Library有更深一层的意义——数字化的库，因此，数字图书馆核心就是对数字化信息的“收藏”。数字图书馆是一个将收藏、服务和人集成在一起的环境，它支持数字化数据、信息和知识的整个生命周期的活动，包括生成、发布、传播、利用和保存，其实质是在计算机网络上对分布于各地的各种信息资源进行动态搜寻链接，并将虚拟图书馆视为用户获取信息的一种方式而非一种图书馆形态。虚拟图书馆、数字图书馆和电子图书馆是有区别的，最主要的区别是后两者都应有自己的实体馆藏，它们仍是一种图书馆形态，同时也是虚拟图书馆的基础和组成部分；而前者则不然，它仅是一种获取信息的方式或信息空间而已。

第三章 网络信息资源检索

网络信息资源检索指利用电子计算机及其网络来处理和查找信息的现代化信息检索方式，也叫计算机信息检索、数字化资源检索。是以计算机检索为手段、数字化信息为基础的信息存储与检索方式。它是在手工检索基础上演变而来的，而且还在不断地发展。计算机信息检索已从单机检索、联机检索发展到现在的网络检索，并正向着智能化的方向发展。随着计算机技术的普及，通信及网络技术的发展，现代信息检索技术已不再是图书情报专业人员所特有的专长，而是人人都应掌握的一种基本技能。网络信息资源检索主要包括互联网网络信息资源的检索和数据库信息检索。

第一节 网络信息资源

随着现代科技的发展，互联网成为现代社会的信息汇聚地。互联网的即时性与交互性，使人们可以轻易跨越时间与空间的距离。在信息时代，互联网已成为未来社会发展的重要依托。从信息内容上看，互联网信息覆盖人们生活与工作的各个领域；从信息容量看，小到微博，大到一个数字图书馆，都在互联网中兼收并蓄。如何从这浩如烟海的信息当中准确寻找到我们所需的信息资源，将是文献检索需要探讨的内容。

一、网络信息资源概述

互联网是一组全球信息资源的总汇。有一种粗略的说法，认为互联网是由许多小的网络（子网）互联而成的一个逻辑网，每个子网中连接着若干台计算机（主机）。互联网以相互交流信息资源为目的，基于一些共同的协议，并通过许多路由器和公共互联网而形成，它是一个信息和资源共享的集合。计算机网络只是传播信息的载体，而互联网的优越性和实用性则在于本身。网络信息资源的急速增长，使网络信息生产和利用之间产生一定的矛盾，一方面是网上存在大量的信息，另一方面是人们利用网络信息资源越来越困难。因此，要快速、准确、全面地获取网络信息，必须了解和掌握网络信息的检索技术和方法。

网络信息检索是互联网用户在网络终端，通过特定的网络搜索工具或是通过浏览的方式，运用一定的网络信息检索技术与策略，从有序的网络信息资源集合中查找并获取所需信息的过程。网络信息检索是随着万维网信息资源的发展而发展的。网络信息资源检索是一种集各种新型检索技术于一体的，能够对各种类型、各种媒体的信息进行跨时间、跨地理检索的大综合应用。网络信息检索与传统信息环境下的检索有很大的不同，网络信息检索具有的多样性、灵活性也远远超出了传统的信息检索。通过传统途径可获得的信息，现在几乎全部可以通过网络检索得到，而且更快、更新、更准确。①

网络信息检索技术是应用信息检索过程的原理、方法、策略、设备条件和检索手段等因素的总称。超文本检索（hypertext search）是网络信息检索的重要技术。超文本（hypertext）是一种包含多种页面元素（文字、图片、音频、视频）的高级文本，它以非线性方式记录和反映知识单元（节点）及其关系（链路），具有表达方式多样性、直观性，显示方式动态性，以及人机交互性、灵活性等特点。

有别于传统的检索方式。超文本检索主要依赖“节点”和“链”来实现。检索文献时，节点间的多种链接关系可以动态地、选择性地激发。从而根据思维联想或信息的需要从一个节点跳到另一个节点，形成随着人们思维和需要的数据链，呈现出一种完全不同于传统的顺序检索方式的联想式检索。由于超文本检索时其内容排列是非线性的，按照知识（信息）单元及其关系建立起知识结构网络，人们在操作时，用鼠标去点击相关的知识单元，检索便可追踪下去，进入下面各层菜单。允许用户在阅读过程中从其认为有意义的地方入口，直接快速地检索到所需要的目标信息。同时，超文本系统还可以作为一个独特的用户界面，将不同数据库的检索语言一体化，方便用户进行跨库检索。在实际检索中，往往根据情况将多种检索技术混合使用。其工作原理见图 3-1。

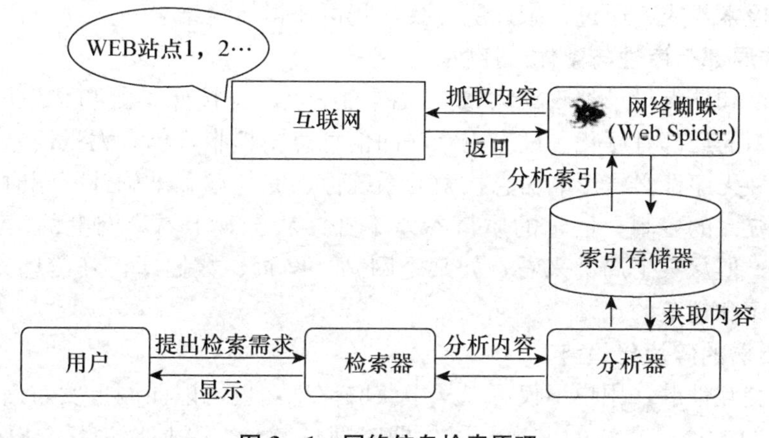

图 3-1 网络信息检索原理

二、网络信息资源的特点

网络信息资源检索相比传统的信息资源检索具有检索速度快、检索途径多、更新快、资源共享、检索更方便灵活、检索结果可以直接输出等显著的优点，这是因为网络信息资

① 夏红．数字信息资源检索与利用．合肥：中国科学技术大学出版社，2013：123.

源具有与传统信息资源不同的特点。

1. 信息检索空间的拓宽

互联网是一个全球性分布的结构，它对所有具有上网条件的公众开放，用户可以非常自由地通过各种终端在互联网上获取、发布信息。网络信息的检索空间比传统的情报检索大大拓宽了，它可以检索互联网上的各类资源，检索者不必预先知道某种资源的具体地址。其检索范围覆盖了整个互联网，可以检索互联网上所有领域、各种类型、各种媒体的公开信息资源，这为访问和获取广泛分布在世界各地的多得不可计数的服务器和主机上的大量信息提供了可能。

2. 交互式作业方式

所有的网络信息检索工具都具有交互式作业的特点，能够从用户命令中获取指令，即时响应用户的要求，执行相应操作，并具有良好的信息反馈功能，实现了传统检索方法与全新网络检索技术相结合。在这个庞大的信息供应源中，起主导作用的有网络信息服务商、公共图书馆、传统媒体、传统联机服务商、高等院校、科研机构、各类商业公司等。用户可以在检索过程中及时地调整检索策略以获得良好的检索结果，并能就所遇到的问题获得检索帮助和指导。

3. 用户界面方便且操作便捷

网络信息检索工具直接以终端用户为服务对象，一般都采用图形窗口界面，交互式作业，检索途径多，提供多种导航功能，可做书签标记，保留检索历史等。利用网络信息制作与传播技术，能即时地通过网络将信息传播到世界各地。在 Web 技术特别是微博、微信得到广泛应用的今天，网络的即时性与交互性，可以让我们在事件发生的同一时间，将最新信息快速制作、发布和传播。检索者无须专门的检索技巧和知识，只要在检索界面按一定规则输入检索式或者通过目录逐层寻找，就可获得检索结果。

4. 信息的局部有序性与整体无序性

各搜索引擎和站点目录都收集大量互联网的站点，并按照学科和文献信息类型分类，实现了信息组织的局部有序化。但由于互联网信息急剧膨胀，仍有大量信息被淹没在信息的海洋里，这种无序性必将影响信息检索的系统性、完整性和准确性。同时，由于互联网上的信息没有统一的控制，信息的质量参差不齐：从宏观上看，网上的信息是分散、无序、不规范的；但从某个局部来看，如某个网站、网页、数据库，其信息又是有控制的，相对集中、有序和规范的。

5. 信息传播的碎片化趋势

互联网是交互性的，用户不仅可以从中获取信息，也可以向网上发布信息。互联网提供了各种各样的讨论、交流的渠道，诸如即时通信软件、微博、论坛、电子邮件等。微博、微信等的广泛应用，使信息传播呈现出“碎片化”的趋势。用户现在在这些平台发布的信息通常是简短的几句话，甚至是一幅图片、一段视频，这种传播信息的便捷性，受到了广大用户的欢迎，但也会增加人们获取信息的时间和成本。

6. 信息资源的动态性与无序性

在网络上，很多信息资源都处在服务器不断变化的环境中，网页有更新就意味着网络信息资源不能静止地存在于网络之中。另外，随着用户的下载与上传，整个网络信息资源都处在一个动态的状态下；而且整个网络缺乏统一的指挥与管理，导致整个网络环境下的信息资源处于一种无序混乱的环境中，一些网络管理者只能管理局部网络信息资源，但是放眼整个网络环境，网络信息资源仍处于无序的状态之中。

三、网络信息资源的类型①

网络信息资源极其丰富，包罗万象，它是知识、信息的巨大集合，是人类的资源宝库。网络信息资源丰富多样，内容几乎涉及所有领域，从电子图书、电子期刊到非正式的个人言论均可在网络上获取。网络信息资源具有数量巨大、内容丰富、结构复杂、表现形式多样、分布不均衡、传播速度快、传播范围广等特点，是目前利用率最高的信息源。网络信息资源类型繁杂，划分依据不同，其类型也就不同。

1. 按信息发布机构划分

按信息发布机构划分，网络信息资源可分为企业站点信息资源、科研院所站点信息资源、信息服务机构站点信息资源、行业机构站点信息资源和政府站点信息资源五种类型。

（1）企业站点信息资源。

这类站点一般以“. com”为一级或二级注册域名，主要提供公司概况、产品信息、用户服务、招聘等初始信息，其信息更新及时，动态性强，是采集企业公开信息的主要来源。如：www. haier. com（海尔公司主页）。

（2）科研院所站点信息资源。

这类站点一般以“. edu”或“. ac”为一级或二级注册域名，主要提供学术性较强的学术动态、科研活动信息、招生信息、学位教育、远程教育、图书馆馆藏等信息，是获取教育科研信息的主要来源。如：www. pku. edu. cn（北京大学主页）。

（3）信息服务机构站点信息资源。

这类站点一般以“. net”“. com”或行政区域为一级或二级注册域名，以信息资源开发利用服务为主要功能，提供信息查询、数据库检索、研究报告等各类专题信息服务，专业性强，是获取各类专题信息的主要来源。如：www. cnki. net（中国知网主页）、www. chaoxing. com（超星主页）。

（4）行业机构站点信息资源。

这类站点一般以所属上级部门为一级或二级注册域名（有“. com”“. ac”“. gov”等），主要提供行业动态、企业名录、市场行情、行业政策法规、行业统计信息等，其提供的信息系统性强、完整性好，是获取行业信息的主要来源。如：www. zhongguozhixie. com. cn（中国职工教育和职工培训协会主页）。

（5）政府站点信息资源。

这类站点一般以“. gov”为一级或二级域名，主要提供地方新闻、政策法规、办事指南、政府部门设置、政府工作报告、政务公开等信息。其提供的信息权威、准确，是获取政务信息的主要来源。如：www. stats. gov. cn（中华人民共和国国家统计局主页）。

2. 按信息媒体性质划分

按信息媒体性质划分，网络信息资源可分为文本信息资源、图像信息资源、音频信息

---

① 侯延香，王霞．信息采集．北京：知识产权出版社，2012：122-127.

资源、视频信息资源、软件信息资源等类型。

(1) 文本信息资源。

网络文本信息资源数量巨大，大部分是原有一些印刷型文献的数字化产品，是最重要、最主要的数字信息资源。常用的文本信息资源的文件格式主要有以下几种。

TXT 格式。以“txt”为扩展名的文件，属纯文本文件，可以在 Windows 环境下用记事本或写字板等软件打开，在 DOS 下也可以阅读。纯文本文件中无字体、大小、颜色、位置等格式化信息，大部分的网页都可以以文本格式存储。

DOC 格式。以“doc”为扩展名的文件，在 Windows 环境下用 Microsoft Word 文字处理软件打开、阅读和编辑，可以在文件中嵌入图表、图片、数字公式以及建立超链接等，通常以附件形式存在于网页中，是获取教案、产品说明、部门通知等信息的重要来源。

PPT 格式。以“ppt”为扩展名的文件，在 Windows 环境下用 Microsoft PowerPoint 软件打开、阅读和编辑，是获取教学课件、讲座的主要来源。

XLS 格式。以“xls”为扩展名的文件，在 Windows 环境下用 Microsoft Excel 电子表格软件打开、阅读和编辑，是获取数据信息的主要来源。

PDF 格式。以“pdf”为扩展名的文件，可使用 Adobe 公司的 Acrobat Reader 等软件阅读。PDF 文件是全世界电子版文档分发的公开实用标准，可完整保留原有文档的风格、字体、颜色、图像，还可以附加音乐、动画和链接，是最为常用的网络文件格式之一。越来越多的电子图书、产品说明、网络资料、全文数据库开始使用 PDF 文件。

超文本格式。超文本格式作为目前互联网上最流行的文件显示格式，支持图像、动画、视频等多媒体形式，显示效果好，表现力强，兼容性好，且文件比较紧凑，是获取网络信息的重要来源。超文本的格式有很多，目前最常使用的是 HTML（超文本标记语言）及 RTF（富文本格式）。

WDL 格式。以“wdl”为扩展名的文件，通常为电子图书。WDL 格式是主流的电子图书专用文件格式之一。WDL 文件采用图文混排方式，一个文件就是一本电子图书，因此，阅读、携带方便，是获取畅销图书信息的重要来源。

(2) 图像信息资源。

图像信息资源直观可见、形象生动，包含的信息量非常丰富，是人类视觉器官感受到的形象化信息，也是设计人员信息采集的主要目标。了解图像文件的格式，有助于提高图像信息采集效率。常见的图像文件格式主要有以下几种。

BMP 格式。BMP 是 Bitmap（位图）的简写，是 Windows 操作系统中的标准图像文件格式，能够被多种 Windows 应用程序支持。BMP 文件包含的图像信息较丰富，几乎不进行压缩，但占用磁盘空间过大，因此，在单机上比较流行。

GIF 格式。GIF 是英文 Graphics Interchange Format（图形交换格式）的缩写，主要用于图片交换。GIF 文件压缩比高，文件短小，有渐显功能，下载速度快。目前，互联网上大量采用的彩色动画文件多为 GIF 文件。

JPEG 格式。JPEG 文件的扩展名为“jpg”或“jpeg”，其压缩技术十分先进，可以用最少的磁盘空间得到较好的图像质量。JPEG 文件的应用非常广泛，各类浏览器均支持该格式。

TIFF 格式。TIFF（Tag Image File Format）是一种无损压缩的文件格式。TIFF 文件存储信息多，有利于原稿的复制。但 TIFF 格式结构较为复杂，兼容性较差，有时用户的软件可能不能正确识别 TIFF 文件。

PSD 格式。PSD 是 Adobe Photoshop 的专用图像格式，可存放图层、通道等多种设计样稿，便于修改。PSD 文件存取速度快，功能强大。

PNG 格式。PNG（Portable Network Graphics）是一种新兴的网络图像格式。它汲取了 GIF 和 JPG 二者的优点，采用无损压缩方式来减少文件的大小，存储形式丰富，显示速度快，支持透明图像的制作，可让图像和网页背景很和谐地融合在一起。但它不支持动画应用效果。

SVG 格式。SVG 是 Scalable Vector Graphics（可缩放的矢量图形）的缩写，是一种开放标准的矢量图形语言，用户可以直接用代码来描绘图像，可以用任何文字处理工具打开 SVG 图像，并可以随时插入到 html 中通过浏览器来观看。SVG 文件可以任意放大图形显示，占用空间比 JPEG 和 GIF 文件小，下载速度快。

（3）音频信息资源。

数字化音频信息是一个数据序列，由模拟声音经过采样、量化和编码后得到，然后以文件方式存储在计算机中，是网络信息资源的重要组成部分，是获取歌曲、伴奏、广播的重要来源。常见的音频文件格式有以下几种。

MP3 格式。MP3 格式是目前网络音频文件的主流格式，它以极小的声音失真换来较高的压缩比。其占用空间小，一般只有 WAV 文件的 1/10，但音质略逊。

WAV 格式。WAV 格式是微软公司开发的一种声音文件格式，用于保存 Windows 平台的音频信息资源。WAV 具有较好的声音品质，是目前 PC 机上广为流行的声音文件格式，但占用空间较大。

WMA 格式。WMA（Windows Media Audio）格式来自微软，其压缩率平均可达比量 1∶18，可加入防拷贝保护，它支持音频流技术，适合在网络上在线播放。

（4）视频信息资源。

视频信息资源形象生动，信息量大，内容丰富，是多媒体信息采集的主要目标。广泛应用于电视台、传媒、教学、安防等多种行业。网络上提供的视频文件格式主要有以下几种。

FLV 格式。FLV（Flash Video）格式是随着 Flash MX 的推出发展而来的流媒体视频格式。FLV 文件占用空间小、加载速度快，已经成为当前视频文件的主流格式。目前，新浪播客、六间房、优酷、土豆、酷 6 等在线视频网站均采用此格式。

RM 格式。RM（Real Media）格式是由 Real Networks 公司开发的一种能够在低速率的网上实时传输视音频信息的流式视音频文件格式，可以根据网络数据传输速率的不同制定不同的压缩比率，从而实现在低速率的广域网上进行影像数据的实时传送和实时播放，是目前互联网上较流行的跨平台的客户/服务器结构流媒体应用格式。

ASF 格式。ASF（Advanced Streaming Format）是微软公司推出的在互联网上实时传播多媒体的技术标准，其压缩率和图像质量均不错。

MOV 格式。MOV（Movie Digital Video Technology）是由苹果公司推出的流媒体视

频格式。利用 Quick Time 播放器，能够很轻松地通过互联网观赏到高品质视频。

AVI 格式。AVI（Audio Video Interleaved）格式来源于微软，一般用于保存电影、电视等各种影像信息，有时也出现在互联网中，主要用于展示新影片的精彩片段。

MPEG 格式。MPEG（Moving Pictures Experts Group 动态图像专家组）是运动图像压缩算法的国际标准，它采用有损压缩算法来减少运动图像中的冗余信息，其压缩比高，最高可达 200∶1，图像和音响质量好，兼容性强。

（5）软件信息资源。

互联网上软件资源丰富，无论是系统管理软件还是办公软件，无论是工具软件还是娱乐软件，几乎无所不包。不仅如此，还有相关软件的使用说明和多媒体教程。目前，大部分网站提供的软件为免费软件，通常以 ZIP 或 RAR 压缩包的形式提供，解压后即可进行具体操作。除此之外，网络软件常包括以下几种格式。

EXE 格式。EXE File（可执行程序）是一种可在操作系统存储空间中浮动定位的可执行程序。在 Windows 系统中的执行文件一般都是 EXE 文件。

MSI 格式。MSI 文件是 Windows Installer 的数据包，它实际上是一个数据库，包含安装一种产品所需要的信息和在很多安装情形下安装（和卸载）程序所需的指令和数据。目前，许多软件开始用 MSI 格式来发行。

ISO 格式。ISO 文件一般以“iso”为扩展名，是复制光盘上的全部信息而形成的镜像文件。许多 Linux 操作系统的安装包是以 ISO 文件发布的。在 Windows 系统中，一般需要专用工具软件才能操作 ISO 文件。如 WinISO、Daemon Tools 等。若仅读取 ISO 文件中的内容，则可以用 WinRAR 软件解压查看。

此外，还可按照加工层次、信息交流方式等标准划分网络信息资源，在此不再赘述。

四、网络信息资源的评价

由于网络信息发布自由，信息来源广泛，信息量极大，信息内容庞杂，质量参差不齐，给人们选择和使用信息带来了很大的不便。人们在选择利用网络信息时，必须对其进行评价以决定取舍。网络信息资源的评价主要针对信息内容进行评价，它可以反映网络信息资源的本质。相同内容的信息资源的载体形态或利用、获取的方式不同，可以根据用户需求进行选择。但更科学的方法则是应当对网络信息的评价制定客观的评价标准。

1. 网络信息资源评价是网络信息资源有效组织的重要前提

网络检索工具和检索技术逐渐简明实用，信息用户完全可以直接通过这些网络检索工具和技术获得其所需的信息资源，但由于互联网资源的无限、无序以及优劣混杂，影响了信息资源查找的有效性。网络信息资源评价，可以依据网络信息资源评价指标体系对网络信息资源进行评价，取其精华，去其糟粕，组织有价值的信息提供给用户。

2. 网络信息资源评价是网络信息资源有效利用的重要依据

在网络信息资源纷繁复杂的网络世界里，用户对于如何访问最好的网站、如何寻找最好的信息、如何获得最大价值和最好的服务往往感到比较茫然。如果网络用户掌握了网络信息资源评价的结果或者了解一些网络信息资源的评价标准以及评价方法，就相当于掌握了使用互联网的主动权。他们可以依据网络信息资源评价结果有针对性地选择需要访问的网站或网页，以保证自己的上网；可以对自己所搜集和获取的信息资源进行价值判断，这样不仅节约了大量的时间和金钱，而且真正做到了网络信息资源的有效利用。

3. 网络信息资源评价是网络信息资源质量提高的重要保障

网络信息资源不是静止的，而是不断向前发展的，尤其对于网站资源来说，网站的创建者当然希望网站能越办越好，吸引越来越多的访问者。有些网站为了不断提高网站质量，专门设置用户意见箱或者制定一套有关网站使用的在线问卷调查，这些都不失为改进网站质量的好方法。然而用户的意见或建议或多或少带有主观色彩、含有个人的喜好，所以不够客观；而网络信息资源评价标准和方法能客观地对网站进行全面评价，让网站的创建者充分了解自己网站的优势劣势所在，从而有目的、有针对性地改进网站的质量，而不再是盲目、冒风险的尝试。

另外，网络信息的编辑和生产者，掌握有关的评价标准，也能够使其在编辑和生产网络信息的过程中有所规范，以便在几个关键的方面注意按标准的要求去做，进而提高和改善网络信息资源的质量。

阅读材料　网络信息资源评价“十C”原则与CARS检验指标体系

1. “十C”原则

所谓“十C”原则，是用以下十项标准进行网上信息资源的评估。

内容（content）。信息内容可以反映信息的本质。用户通过对信息的浏览，可以了解信息的倾向性、目的性、学术性，再结合信息发布更新的日期，做出对信息内容的评价。

置信度（credibility）。置信度指的是信息发布者的可信程度，亦即其发布的信息质量是否可靠。一般认为，权威机构或作者发布的信息可靠性要高一些，即置信度要高一些。用户可以从作者（机构）和作者（机构）的权威性、信息发布的目的以及网址的后缀名来判断信息的可靠性。

批判性思考（critical thinking）。浏览信息时，搜索者应利用自己的知识和经验对信息内容进行判断，而不应盲目接受或一概摒弃。

版权（copyright）。版权主要强调的是信息资源中所含的文字、图表、影像、声音等内容的所有权归属，用户在网上使用信息时，必须尊重版权。

引文（citation）。一般来说，正式的或权威的网上信息会给出引用来源。

连贯性（continuity）。用户从某站点选取信息时，必须考虑该站点是否可长期依赖，同时还必须考虑该站点的收费情况。用户从某站点搜索信息时，要注意信息内容的更新速度和成本的最佳结合。

审查制度（censorship）。可根据站点对资源利用的审查制度和非公开领域的大小，了解某一站点或某一信息的可靠性和真实性。

可连接性（connectivity）。某站点在面对多个用户的登录要求时，是根据什么机制来满足每个用户的要求的，能否在较短的时间内进入，是否允许多种访问工具，内容是否对各种网络浏览器开放等。

可比性（comparability）。信息在网上发布的同时，是否也以印刷品或CD形式发行，站点中的信息是否全面，用户是否需要对不同时段的数据或统计数字进行比较等，这些都必须由用户结合自己的情况来考虑。

范围（context）。在搜索信息之前，用户应首先确定自己的信息需求，然后确定使用什么样的资源来满足需求，同时不会造成大量的数据冗余，最后再根据所获取信息重新调整自己的信息需求。

2. CARS 检验指标体系

CARS 检验指标体系指的是以下几个指标：置信度（credibility）、准确性（accuracy）、合理性（reasonableness）和支持度（support）。与“十 C”原则相比，这一指标体系从纵向上更加深化、细化，但涵盖的广度上不及“十 C”原则。

置信度。用户可用以下方法判断信息的权威性和可信度。

（1）作者的可信程度。作者或站点必须提供证据来保证信息的知识性、可靠性和真实性。

（2）作者的受教育程度。作者在某一领域内所受的与该信息相关的培训与经历，寻找作者的头衔和职务，是否附有与作者联系的方式。

（3）站点的可靠性。站点的建立时间，在同类站点中的权威性以及数据更新速度等。

（4）通过措辞等信息表达方式判断信息的可靠性。例如，匿名的作者或站点，语法错误或错字，否定性的论调等，都会对置信度产生很大的影响。

准确性。准确性指信息是否及时，是否确定，是否有细节，是否精确，是否综合全面。评价准确性，可从以下三个方面来考虑。

（1）及时性：经典著作不受时间限制，但许多网上信息却寿命极短，在搜索信息时，用户要注意信息发布的日期，是否已过时。

（2）综合性：任何结论或声称要发展一种完备的理论的信息源，都应该反映出完备性和精确性，亦即信息应该具有综合性。

（3）适用性：进行信息评估时，重要的是确定信息是否为特定用户所需。

合理性。指信息的公正性、客观性、节制性和前后一致性。

（1）公正性：信息应提供公正合理的论证，而不是有选择、有倾向的论证，即使是竞争对手的观点和说法也应以正确的态度提供给用户。一个优良的信息源应该以一种客观的、理性的态度去论证和提供资料，而不应试图挑起用户的情绪，从而影响用户的清醒思考。

（2）客观性：完全的客观是不存在的，但一个好的信息源应不受个人的偏见和利益冲突的影响。对客观性最大的阻碍就是利益冲突，因为许多信息源是靠使用户接受某些特定信息来获益的（通常是经济利益，但有时是政治利益，甚至是情感或心理利益），在这种情况下，用户应该非常谨慎地考虑该信息的客观性。

（3）节制性：当面对任何信息时应保持一颗平常心。首先根据自己的知识和经验判断信息的真实性，然后再用实践去检验其可信性，不要一看到不合常理的观点出现，就进行抵制，而应谨慎对其考察和判别。

（4）前后一致性：要求信息自身不自相矛盾。

支持度。支持度与信息的来源和确证有关，许多信息，特别是来自其他信息源的统计数据和事实数据，会增强信息的可信性。

（1）信息源：信息来自何方？其生产者利用了哪些信息源？有无参考书目或其他文献？作者是否提供了进一步联系的信息？该信息得到了怎样的支持？尤其要注意统计数字的引用及其出处。有些机构站点提供对产品、技术或生产过程的描述信息，如果用户自己可以分清事实和广告，那么这样的信息也是可靠的。

（2）可信性：主要指其他信息源是否支持这条信息。如果某条信息确实论辩有力，置之有据，那么就会获得许多支持，至少会有人表示对该观点的赞同，所以用户必须找到能支持已获信息的其他信息源，以进一步确定信息的准确性和可靠性。

（3）外部一致性：将新信息源中的信息和其他信息源中的信息进行对比。因为信息常常是新旧内容的交融，是已知和未知的结合，当信息源中牵涉用户已知的事实或论据时，外部一致性主要看它是否与过去的认识保持一致。如果信息源对已知内容进行了歪曲，那么对未知内容也同样可能进行误导。

资料来源：张怀涛，黄健，岳修志．信息检索新编．武汉：武汉大学出版社，2012：313-316.

第二节　网络检索工具

互联网技术的广泛应用，使世界范围内的信息资源交流、共享成为可能，同时也对传统的信息组织、检索和获取形成了很大的挑战。一方面，互联网为人们提供了一个更为广阔的资源检索空间；但另一方面，无规可循、缺乏统一组织的网络信息资源，缺乏统一的组织和控制，使上网用户面对大量的信息资源感到困惑和茫然。在网络世界这个浩瀚的信息海洋中，准确、及时、有效地找到、获取与自身信息需求相关的信息，对网络用户来说是十分重要的。

一、网络检索工具概述

随着信息技术的迅速发展，网络资源浩如烟海，要获取所需的学术信息，更似大海捞针。用户要在浩瀚无序的网络世界查找信息，无疑需要利用网络检索工具。网络检索工具指将互联网上大量分散无序的信息经过搜集、加工和整理，按照一定的规则和方法进行组织和系统排序，用于提供信息检索服务的计算机系统。传统的网络信息检索工具有Gopher、Archie、WAIS等，它们分别可以查询Gopher资源、FTP资源和WAIS资源。而目前发展最为迅速、最受人们欢迎，也是最主要、最常用的网络信息检索工具是搜索引擎。

搜索引擎是现代计算机技术、互联网技术与传统的索弓牌论相结合的成功典范，是各类网络信息检索工具中比较稳定且最具效率的，是目前发掘和利用网络资源最有效的工具。它可以为用户进行网络导航，帮助用户在数以亿计的网络资源中快速查找所需的站点或网页，筛选出符合用户需求的有用信息。它具有信息检索服务的开放性、超文本的多链接性和操作的简易性等特点。近年来已成为人们获取网络信息资源的主要检索工具，几乎成为互联网检索的代名词。

网络检索工具的工作原理如图 3－2 所示，通过自动索引程序Robots（或人工）来广泛搜集网络信息资源数据，经过一系列的判断、选择、标引、加工、分类、组织等处理后形成供检索用的数据库，创建目录索引，并大多以Web页面的形式向用户提供有关的资源导航、目录索引及检索界面。用户可根据自己的信息查找要求，按照该检索工具的句法要求等通过检索界面输入想要查找的检索项、提问式。系统检索软件接受用户提交的检索提问后，按照本系统的句法规定对用户输入的检索提问等进行识别和判定后，在数据库中检索，并对检索结果进行评估比较，利用相关程度、稳定性、更新时间等排序方式将检索结果排序后提供给用户。

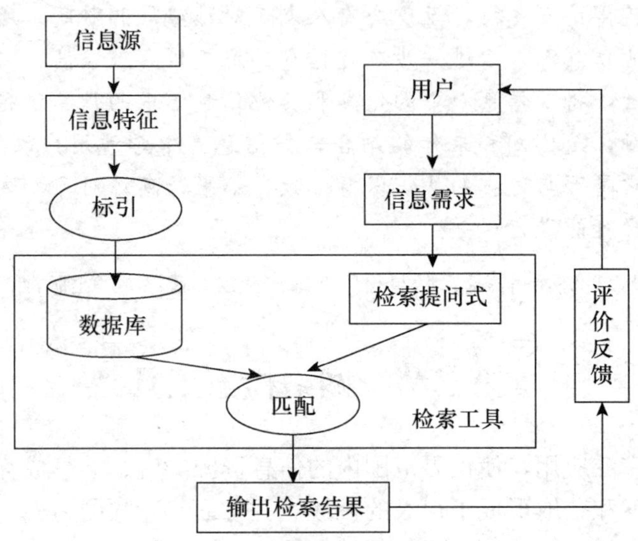

图 3-2　网络检索工具的工作原理

二、网络检索工具的发展

现代意义上的网络信息检索出现于 1994 年，当时雅虎（Yahoo）是最早在网络上闻名的网络检索系统之一。该系统最初只是美国斯坦福大学工程学院的学生将自己感兴趣的网址按等级方式编制的一个简单检索工具，由于这一工具收录的网络资源质量较高，可以通过等级结构进行系统浏览，形式直观、简便，受到了广泛的欢迎，逐步发展为当时一种主要的网络检索形式。不仅在此基础上建立的 Yahoo 迅速成长为当时非常著名的网络检索工具网站，同时，还使分类浏览的检索方式得到迅速推广、普及，成为多数检索网站提供的一种基本检索方式。

但是由于网络检索工具作为一种人工编制的工具，人力花费较大，国外除了 Yahoo 等个别网站外，通常采用外包的方式，由专门的公司或团队对分类体系进行编制和维护，相关网站按照协议使用，并可以根据需要进行调整，加入自有的资源等。过去十余年间，影响较大的英文分类搜索引擎是 Yahoo、Open Directory、Look Smart 和 Vlib 等。中文的网络检索工具发展时间稍晚，最早的中文网络分类目录之一是 1998 年出现的搜狐。随着搜索引擎热潮的兴起，多数中文网络门户采用了关键词检索和网络分类目录结合的形式。中文门户网站使用的分类搜索引擎，多数为门户网站自行编制，分类体系不一。网络检索工具一直处在不断改进与革新的过程中，近年来随着互联网的强势发展，加上以谷歌（Google）为代表的搜索引擎搜索功能的不断加强，网络检索工具逐渐向搜索引擎发展。

三、网络检索工具的特点

1. 信息检索服务的开放性

在互联网这个大型系统中包含信息资源、信息设备、信息通道、信息检索软件及信息终端等子系统，各个子系统都是开放的，而其信息资源面向所有用户。

2. 超文本的多链接性

以超文本技术为基础链结构将不同地方的相关信息有机联系起来，使用户可以通过点击文本或图表中的超文本链接点访问另一个相关的文档，不仅能够指向同一文档中的不同段落，同一服务器的不同目录和文档，还可以指向世界上任何地方任何服务器及任何目录的文件。通过这些链接，信息检索能够以交互和跳跃式的方式进行，从而达到浏览检索的目的。

3. 操作的简易性

网络信息检索工具一般采用客户/服务器（Client/Server）结构，通过交互式的图形界面，为用户提供友好的信息查询要求，系统会自动向适当的服务器提出请求，使互联网检索资源能够广泛地深入学校、家庭、办公室乃至每一个人。

四、网络检索工具的类型

如何对网络信息资源进行检索，是一个非常重要的课题。目前对网络信息资源进行检索的工具主要有以下几种：超文本信息检索工具、目录型信息检索工具、搜索引擎信息检索工具、关键词信息检索、分类语言信息检索工具。

1. 超文本信息检索工具

超文本链接已经遍及庞大的互联网，从一个 WWW 服务器到另一个 WWW 服务器，从一个目录到另一个目录，从一篇文章到另一篇文章，浏览查找所需信息的方法称为浏览，也称基于超文本的信息查询方法。

基于超文本的浏览模式是一种有别于传统信息检索技术的新型检索方式，它已成为互联网上最基本的查询模式。利用浏览模式进行检索时，用户只需以一个节点作为入口，根据节点中文本的内容了解嵌入其中的热链指向的主题，然后选择自己感兴趣的节点进一步搜索。在搜索过程中，用户会发现许多相关的节点内容根本没被自己所预想到，而是在浏览过程中不断蹦出来，提醒用户注意它。

随着 WWW 服务器的急剧增加，通过一步步浏览来查找所需信息已非常困难。为帮助用户快速方便地搜寻所需信息，各种 WWW 信息查询工具便应运而生，其中最有代表性的是基于目录和基于搜索引擎的信息查询工具，而利用这些工具来查找信息的方法就被称为基于目录和基于搜索引擎的信息查询方法。

2. 目录型信息检索工具

为了帮助互联网上用户方便地查询到所需要的信息，人们按照图书馆管理书目的方法设置了目录。它是由信息管理专业人员在广泛搜集网络资源，并进行加工整理的基础上，按照某种主题分类体系编制的一种可供检索的等级结构式目录。在每个目录类下提供相应的网络资源站点地址，使用户能通过该目录体系的引导，查找到有关的信息。网上目录一般以主题方式来组织，大主题下又包括若干小主题，这样一层一层地查下去，直到比较具体的信息标题。目录存放在 WWW 服务器里，各个主题通过超文本的方式组织在一起，用户通过目录最终可得到所需信息的网址，即可到相应的地方查找信息，这种通过目录帮助的方法获得所需信息的网址继而查找信息的方法称为基于目录的信息查询方法。

目录型检索工具的主要优点是所收录的网络资源经过专业人员的选择和组织，可以保证质量，减少了检索中的“噪声”，从而提高了检索的准确性。但是由于人工收集、整理信息，因此得花费大量的人力和时间，难以跟上网络信息的迅速发展，所涉及信息的范围有限，其数据库的规模也相对较小。

也有许多机构专门收集互联网上的信息地址，并编制成目录提供给网上用户。Yahoo就是一个非常著名的基于目录帮助的网址，其目录按照一般主题组织，顶层按经济、计算机、教育、政治、新闻、科学等分成14大类目录，每一大类又分成若干子类，层层递进。

3. 搜索引擎信息检索工具

搜索引擎又称WWW检索工具，是WWW上的一种信息检索软件。WWW检索工具的工作原理与传统的信息检索系统类似，都是对信息集合与用户信息需求集合的匹配与选择。

基于搜索工具的检索方法接近我们通常所熟悉的检索方式，即输入检索词以及各检索词之间的逻辑关系，然后检索软件根据输入信息在索引库中搜索，获得检索结果（在互联网上是一系列节点地址）并输出给用户。

搜索引擎实际上是互联网的服务站点，有免费为公众提供服务的，也有进行收费服务的。不同的检索服务可能会有不同界面，不同的侧重内容，但有一点是共同的，就是都有一个庞大的索引数据库。这个索引库是向用户提供检索结果的依据，其中收集了互联网上数百万甚至数千万主页信息，包括该主页的主题、地址，包含于其中的被链接文档主题，以及每个文档中出现的单词的频率、位置等。

4. 关键词信息检索

关键词，是在关键词法语言标引和检索系统中用以表达各种概念的语词。它是从文献的标题（篇名、章节名）摘要和正文中抽出来、能揭示和描述文献的主题内容，它可以是任何中文、英文、数字，或中文英文数字的混合体。在网络检索中主要是指用户输入搜索框中的文字，也就是用户命令搜索引擎寻找的东西。

在进行细节性信息检索时，一般使用关键词检索，其关键在于输入的检索词是否能够最恰当地描述检索内容。不同的搜索引擎对检索词输入的要求不同，可以通过搜索引擎的帮助文件来了解。

在进行关键词检索时，应注意以下几点。①

（1）使用多词检索。搜索引擎的统计表明，如果只输入一个词来进行查询，往往会带来很多不需要的匹配。要进行有效的搜索，最好输入描述所感兴趣的主题的尽可能多而且精确的词或词组。提供的词组越精确，检索结果就越好。

（2）尽可能缩小搜索范围。许多搜索网点允许只在Web中搜索，或只在新闻组中搜索，或只在某个特定地理区域搜索，还允许对关键词进行年代、语种、学科限制。

（3）大多数搜索引擎允许使用逻辑操作符。逻辑操作符提供了一种包括或排除关键词

① 康桂英．网络环境下信息资源检索及毕业论文写作．北京：北京理工大学出版社，2009：239.

的方法，合理使用逻辑操作符可以起到事半功倍的效果。

(4) 灵活运用短语。由于机器的智能限制，我们必须明确地指出哪些是短语，机器一般会把它们作为一个整体进行查询。

(5) 正确使用大小写。若输入的都是小写字母，则对大小写不敏感，而含大写字母的词则是对大小写敏感的。

(6) 利用交叉话题。假如你想知道 clone（克隆）技术会对社会及政治产生什么样的影响，如果只输入“clone”，搜索结果可能会产生大量介绍 clone 技术的学术性文章。而关键词是“Clone and politics”，搜索引擎则可以很快地缩小搜索范围。

(7) 利用进阶检索功能。某些检索工具提供了进阶检索功能，它允许用户在前一次检索结果中，用其他的关键词做进一步的限制检索。当第一步检索结果较多时，可使用该功能缩小检索范围。

(8) 使用 All-in-one 整合型检索。All-in-one 指在统一的标准界面下，同样的检索词可同时在多个搜索引擎中查询。

WWW 上的信息资源非常庞大，没有一种搜索引擎能够搜索全部网页，同时使用多个搜索引擎能弥补整个搜索引擎数据库容量不足的缺陷。如 Net Locator 提供整合检索的功能，它能在 Yahoo、Lycos、AltaVista、Webcrowler 4 个搜索引擎中同时检索，最大限度地满足了用户的信息需求。

5. 分类语言信息检索工具

有的搜索引擎除了提供关键词检索外，还提供分类语言检索，即通过其类目进行浏览检索。这类的搜索引擎有 Infoseek、Lycos、百度、搜狐等。当用户希望获得关于某个问题的广泛性信息，如金融信息时，最好使用分类检索。

第三节 搜索引擎

在互联网发展初期，网站相对较少，查找信息比较容易。随着互联网爆炸式的发展，普通用户想要找到所需的资料变得非常困难。为了解决这一问题，20 世纪 90 年代搜索引擎（Search Engine）应运而生，它是一个庞大的网址数据库。搜索引擎是一种对网络信息资源进行管理和检索的重要工具，它不是靠人工发现和选择信息，而是由一个被称作“蜘蛛”（Spider）的程序在网络中爬行，依据一定的网络协议发现、加工和整理信息。

一、搜索引擎概述

搜索引擎起源于传统的信息全文检索理论，即计算机程序通过扫描每一篇文章中的每一个词，建立以词为单位的排序文件，检索程序根据检索词在每一篇文章中出现的频率和每一个检索词在一篇文章中出现的概率，对包含这些检索词的文章进行排序，最后输出排序的结果。互联网搜索引擎除了需要有全文检索系统之外，还需要有所谓的“蜘蛛”系统，即能够从互联网上自动搜集网页的数据搜集系统。“蜘蛛”将搜集所得的网页内容交给索引和检索系统处理，就形成了我们常见的互联网搜索引擎系统。

搜索引擎指自动从互联网搜集信息，经过一定整理以后，提供给用户进行查询的系统。互联网上的信息浩瀚万千，而且毫无秩序，所有的信息像汪洋上的一个个小岛，网页链接是这些小岛之间纵横交错的桥梁，而搜索引擎则为用户绘制了一幅一目了然的信息地图，供用户随时查阅。搜索引擎既是用于检索的软件又是提供查询、检索的网站。所以搜索引擎也可称为互联网上具有检索功能的网站，只不过该网站专门为用户提供信息检索服务，它使用特有的程序把互联网上的所有信息归类以帮助人们在信息海洋中搜寻到自己所需要的信息。

搜索引擎的数据检索方式主要是关键字的匹配方式，如泛匹配、模糊匹配、正则匹配以及多关键字的处理方式等。能为用户提供全文索引、约束性检索、基于布尔关系的查询方式，并对查询结果根据某种算法和规则评分和排序。其工作原理如图 3－3 所示。

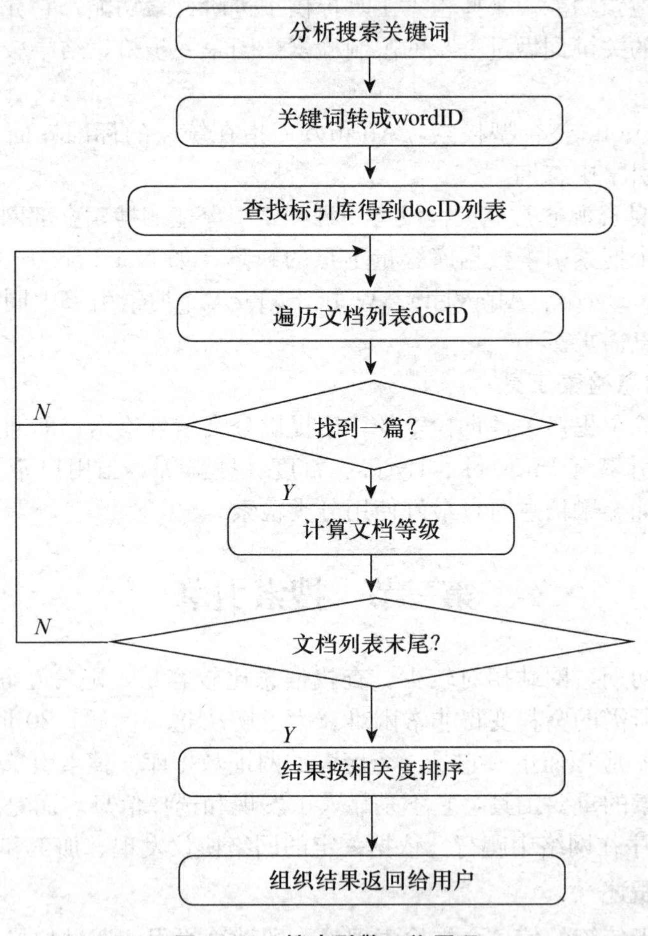

图 3－3　搜索引擎工作原理

引擎系统虽然能在 WWW 信息资源范围内自动发现新的信息，对其所覆盖的资料进行自动更新，并根据检索规则和从其他服务器上得到的数据类型对其进行加工处理，自动建立索引，并通过检索接口为用户提供信息查询服务，根据用户的请求返回相应的结果，但是由于系统需将 HTML 文件传送至本地然后分析，大量占用昂贵的网络带宽和 CPU 资源，资源消耗过大，增加被搜索节点的负担；又由于链路效率太低，对一些连接代价很大的获得索引，难免有不能及时加入的新 WWW 地址。

此外，由于各搜索引擎标引方式没有统一的规范，有的对网页全文进行标引，有的仅标引网页的标题、URL、关键段落的前几个单词或文本的前 100 个词，生成关键词的技术也不一样，有的支持 MetaTags，接受网页制作者自定义关键词和摘要，有的则不支持 MetaTags，仅仅利用网页的前几行字作为摘要。另外，搜索引擎大多采用自然语言标引和检索，没有受控词表，同义词和近义词得不到控制，词间的关系得不到揭示。因此，搜索引擎的信息组织与标引缺乏控制，信息查询的命中率、准确率、查全率差强人意，往往是输入一个检索式，得到一大堆网页地址，但其中大部分是冗余信息。

二、搜索引擎的历史

互联网发展早期，以雅虎为代表的网站分类目录查询非常流行。网站分类目录由人工整理维护，精选互联网上的优秀网站，并简要描述，分类放置到不同目录下。用户查询时，通过一层层的点击来查找自己想找的网站。也有人把这种基于目录的检索服务网站称为搜索引擎，但从严格意义上讲，它并不是搜索引擎。

1990 年，加拿大麦吉尔大学计算机学院的师生开发出 Archie。当时，万维网还没有出现，人们通过 FTP 来共享交流资源。Archie 能定期搜集并分析 FTP 服务器上的文件名信息，提供查找分别在各个 FTP 主机中的文件。用户必须输入精确的文件名进行搜索，Archie 告诉用户哪个 FTP 服务器能下载该文件。虽然 Archie 搜集的信息资源不是网页（HTML 文件），但它和搜索引擎的基本工作方式是一样的：自动搜集信息资源、建立索引、提供检索服务。所以，Archie 被公认为现代搜索引擎的鼻祖。

由于 Archie 深受欢迎，受其启发，内华达大学（University of Nevada）于 1993 年开发了一个 Gopher（Gopher FAQ）搜索工具 Veronica（Veronica FAQ）。此时的搜索工具除了索引文件外，已经可以检索网页。

Robot（机器人）一词在当时对编程者有特殊的意义。Computer Robot（计算机机器人）指某个能以人类无法达到的速度不断重复执行某项任务的自动程序。由于专门用于检索信息的 Robot 程序像蜘蛛（spider）一样在网络间爬来爬去，因此，Robot 程序又被称为 Spider 程序。1993 年，马休·格雷（Matthew Gray）开发了 World Wide Web Wanderer，这是第一个利用 HTML 网页之间的链接关系来检测万维网规模的“机器人”程序。开始时，它仅仅用来统计互联网上的服务器数量，后来也能够捕获网址（URL）。

1994 年初，华盛顿大学（University of Washington）的学生布莱恩·平克顿（Brian Pinkerton）开始了他的小项目 WebCrawler。1994 年 4 月 20 日，WebCrawler 正式亮相时仅包含来自 6 000 个服务器的内容。WebCrawler 是互联网上第一个支持搜索文件全部文字的全文搜索引擎，在它之前，用户只能通过 URL 和摘要搜索，摘要一般来自人工评论或程序自动取正文的前 100 个字。

现代意义上最早的搜索引擎是 1994 年 7 月出现的 Lycos。卡内基·梅隆大学（Carnegie Mellon University）的迈克尔·莫尔丁（Michael Mauldin）将约翰·莱维特（John Leavitt）的 Spider 程序接入其索引程序中，创建了 Lycos。除了相关性排序外，Lycos 还提供了前缀匹配和字符相近限制，Lycos 第一个在搜索结果中使用了网页自动摘要，而最大的优势还是它远胜过其他搜索引擎的数据量。

同年 4 月，斯坦福大学（Stanford University）的两名博士生，美籍华人杨致远（Jerry

Yang）和大卫·费罗（David Filo）共同创办了超级目录索引 Yahoo，并成功地使搜索引擎的概念深入人心。“Yahoo!”几乎成为 20 世纪 90 年代互联网的代名词。从此，搜索引擎进入了高速发展的时期。

今天来看，从搜索技术层面上分析，搜索引擎的发展大致经历了以下 3 个阶段。

第一代搜索引擎是以文档分类导航为特征，是基于文档内容的搜索引擎，以 Yahoo 为代表。它通过人工或自动的方式将筛选过的网络资源信息按一定的顺序放置于预先制定的分类体系目录下，用户通过浏览或检索该目录体系进行网络信息检索。第一代搜索引擎对检索结果的评价往往通过检索结果数量进行衡量，可以说第一代搜索引擎以求全为主要目标。但是，第一代搜索引擎受检索者主观意识影响较大，需要耗费大量的人力进行系统和数据的维护，同时检索全面性和精准性也不够理想。

第二代搜索引擎产生于 20 世纪 90 年代中期，以关键词匹配为特征，并基于超链接分析技术，从而实现网页的自动抓取、排序等。超链接分析技术来源于引文分析法，该原理认为，网络中所有的网页均存在着链接与被链接的关系，同时被链接次数越多的网页或是存在越多高质量网页链接的网页，信息质量越高。超链接分析技术不仅提出了一种新的无须人工干预的排序方法，而且在提高了检索结果的相关性的同时兼顾了检索效率，使得大规模搜索成为可能。这一时期的主要代表为 Google 和百度。但随着网络信息的急速膨胀，第二代搜索引擎也逐渐产生了诸多问题，如检索视频、音频等多媒体信息能力欠缺，自然语言检索能力差，检索结果准确率较低等，人们迫切需要一种能够“理解”用户检索需求的新型搜索引擎，因此开始了对第三代搜索引擎的探索。

第三代搜索引擎目前尚未形成统一的界定标准，开发也处于探索阶段。但总体来说，第三代搜索引擎是一种智能化的搜索引擎，可以实现自然语言的无障碍搜索，可以实现语义匹配，可直接返回检索结果而非链接，提供智能化的检索结果排序，并且可能具备“推理”功能，对复杂的检索问题，也能给出符合使用者需要的更精确和权威的答案。其搜索服务也更注重加强与用户的互动和用户使用的个性化。随着网络的进一步发展，新一代搜索引擎要能用最简洁的方式，使检索用户可以“随时随地”通过各种各样的终端，跨语言、无障碍地从互联网中获取信息。

三、搜索引擎的主要任务

各种搜索引擎的主要任务都包括信息搜集、信息处理和信息查询三个方面，详细介绍如下。

1. 信息搜集

各个搜索引擎都派出绰号为“蜘蛛”或“机器人”的“网页搜索软件”，在各网页中爬行，访问网络中公开区域的每一个站点并记录其网址，将它们带回搜索引擎，从而创建出一个详尽的网络目录。由于网络文档的不断变化，机器人也不断地把以前已经分类组织的目录更新。

2. 信息处理

将“网页搜索软件”带回的信息进行分类整理，建立搜索引擎数据库，并定时更新数据库内容。在进行信息分类整理阶段，不同的搜索引擎会在搜索结果的数量和质量上产生明显的差异。有的搜索引擎把“网页搜索软件”发往每一个站点，记录下每一页的所有文本内容，并收入数据库中从而形成全文搜索引擎；而另一些搜索引擎只记录网页的地址、篇名、有特点的段落和重要的词。故有的搜索引擎数据库很大，而有的则较小。当然，最重要的是数据库的内容必须经常更新、重建，以保持与信息世界的同步发展。

3. 信息查询

每个搜索引擎都必须向用户提供一个良好的信息查询界面，一般包括分类目录及关键词两种信息查询途径。分类目录查询是以资源结构为线索，将网上的信息资源按内容进行层次分类，使用户能依线性结构逐层逐类检索信息。关键词查询是利用建立的网络资源索引数据库向网上用户提供查询“引擎”。用户只要把想要查找的关键词或短语输入查询框中，并按“Search”按钮，搜索引擎就会根据输入的提问，在索引数据库中查找相应的词语，并进行必要的逻辑运算，最后给出查询的命中结果（均为超文本链接形式）。用户只要通过搜索引擎提供的链接，就可以立刻访问到相关信息。

四、搜索引擎的查询技巧

搜索引擎为用户查找信息提供了极大的方便，用户只需输入几个关键词，任何想要的资料都会从世界各个角落汇集到用户的电脑前。然而如果操作不当，搜索效率也是会大打折扣的。比方说本想查询某方面的资料，可搜索引擎返回的却是大量无关的信息。这种情况通常不是搜索引擎导致的，而是因为没有掌握提高搜索精度的技巧。[①]

1. 简单查询

在搜索引擎中输入关键词，然后点击“搜索”就行了，系统很快会返回查询结果，这是最简单的查询方法，使用方便，但是查询的结果却不准确，可能包含着许多无用的信息。

2. 使用双引号（“ ”）

给要查询的关键词加上双引号（半角，以下要加的其他符号同此），可以实现精确的查询，这种方法要求查询结果要精确匹配，不包括演变形式。例如，在搜索引擎的文字框中输入“电传”，它就会返回网页中有“电传”这个关键字的网址，而不会返回诸如“电话传真”之类的网页。

3. 使用加号（＋）

在关键词的前面使用加号，也就等于告诉搜索引擎该单词必须出现在搜索结果中的网页上，例如，在搜索引擎中输入“＋电脑＋电话＋传真”就表示要查找的内容必须要同时包含“电脑、电话、传真”这三个关键词。

4. 使用减号（－）

在关键词的前面使用减号，也就意味着在查询结果中不能出现该关键词，例如，在搜索引擎中输入“电视台－中央电视台”，它就表示最后的查询结果中一定不包含“中央电视台”。

5. 使用通配符（*和?）

通配符包括星号（*）和问号（?），前者表示匹配的数量不受限制，后者表示匹配的

---

① 康会光，段琳琳．计算机网络基础教程与实验指导．北京：清华大学出版社，2013：209-211．

字符数要受到限制，主要用在英文搜索引擎中。例如输入“computer *”，就可以找到“computer、computers、computerised、computerized”等单词，而输“comp? ter”，则只能找到“computer、compater、competer”等单词。

6. 使用布尔检索

所谓布尔检索，指通过标准的布尔逻辑关系来表达关键词与关键词之间逻辑关系的一种查询方法，这种查询方法允许我们输入多个关键词，各个关键词之间的关系可以用逻辑关系词来表示。

and：称为逻辑“与”，用 and 进行连接，表示它所连接的两个词必须同时出现在查询结果中，例如，输入“computer and book”，它要求查询结果中必须同时包含 computer 和 book。

or：称为逻辑“或”，它表示所连接的两个关键词中任意一个出现在查询结果中就可以，例如，输入“computer or book”，就要求查询结果中可以只有 computer，或只有 book，或同时包含 computer 和 book。

not：称为逻辑“非”，它表示所连接的两个关键词中应从第一个关键词概念中排除第二个关键词，例如输入“automobile not car”，就要求查询的结果中包含 automobile（汽车），但同时不能包含 car（小汽车）。

在实际的使用过程中，可以将各种逻辑关系综合运用，灵活搭配，以便进行更加复杂的查询。

7. 使用括号

当两个关键词用另外一种操作符连在一起，而你又想把它们列为一组时，就可以对这两个词加上圆括号。

8. 使用元词检索

大多数搜索引擎都支持“元词”（metawords）功能，依据这类功能用户把元词放在关键词的前面，这样就可以告诉搜索引擎你想要检索的内容具有哪些明确的特征。例如，在搜索引擎中输入“title：清华大学”，就可以查到网页标题中带有清华大学的网页。在键入的关键词后加上“domain：org”，就可以查到所有以 org 为后缀的网站。

其他元词还包括：“image”，用于检索图片；“link”，用于检索链接到某个选定网站的页面；“URL”，用于检索地址中带有某个关键词的网页。

9. 区分大小写

这是检索英文信息时要注意的一个问题，许多英文搜索引擎可以让用户选择是否要求区分关键词的大小写，这一功能对查询专有名词有很大的帮助，例如：Web 专指万维网或环球网，而 web 则表示蜘蛛网。

阅读材料　给网络用户的一些建议

根据对网络的了解以及在网络信息检索过程中积累的一些心得体会，给使用搜索引擎的网络用户们一些建议。

1. 搜索之前先思考

在开始搜索之前，应考虑这样一些问题：所需信息网上是否存在？如果存在，会出现在何处？其表现形式如何？网页中会含有哪些关键词？如此等等。其实，有些信息根本无须在网上搜索，例如，欲查询某单位电话号码，询问 114 可能会比在网上搜索快得多，准确得多。又如有些问题很难选择合适的关键词进行描述，或者不能直接使用搜索引擎搜索，如果尝试请教精通这个问题的老师、同学、同事或朋友，很可能会找到满意的答案；或者上网寻找这方面的专业论坛、讨论组，在那里参与讨论，提出问题，请教精于此类问题的行家里手。有时，最好放弃网络，跑一趟图书馆，或许会立即找到所需信息。

此外，搜索引擎从抓取网页、解析、索引到提供检索是有一个周期的，各搜索引擎的信息滞后周期从一周到一个月不等，所以找最新内容应该去看新闻，用搜索引擎是找不到最新内容的，而只能找到一个星期或一个月以前的内容。另外，搜索引擎对动态内容，如论坛、数据库内容，以及带 frame 结构的网页，检索能力较弱，所以这类信息也不适合用搜索引擎搜索，而应该去相关的网站寻找，当然，寻找相关网站的任务是搜索引擎当仁不让的。

因此，在搜索前先进行周密的思考和分析，确认要找的信息是否适合网上搜寻，这样，获取满意搜索结果的概率就会大得多，也会节约大量的时间。

2. 选择最恰当的搜索引擎

每个搜索引擎都有自己的信息采集原则和不同的特点，只有选择合适的搜索工具才会节约时间，获得最佳的搜索结果。因此，在开始搜索之前，应仔细阅读相关搜索引擎主页上的说明（一般在 Help、Advanced Search、FAQ、查询诀窍等页面中），比较不同搜索引擎的强项和弱点，并根据自己搜索的目的，选择最恰当的搜索引擎，优先考虑专业搜索引擎。例如，想了解“张自忠”这个抗日战争时期的爱国将领的事迹，那肯定选择全文检索型的搜索引擎，利用百度或 Google 的网页搜索，就能达到检索的目的。如果想查找一些专业资料，最好使用专业搜索引擎，如想查找有关中文域名和通用网址的信息，中国互联网络信息中心（CNNIC）就是一个很好的网站。专业搜索引擎比普通搜索引擎有更丰富的专业资源，更完善的组织体系，可以提高检索的查准率。

3. 尝试使用多个搜索引擎

在选择搜索引擎的过程中，还应注意不要专一使用某一个搜索引擎，仅集中于某一家搜索引擎是不明智的，因为再好的搜索引擎也有局限性。合理的方式应该是根据具体要求选择不同的搜索引擎，而且最好使用一个以上的搜索引擎，除非第一个就得到了完美的搜索结果，否则就应该进行第二个和第三个搜索。有证据显示不同搜索引擎的索引数据库具有低交叉重叠性，如果我们不使用一个以上搜索引擎进行搜索，将会错过很多有用的网络资源。有时，即使我们使用第一个搜索引擎找到了很好的答案，也经常会发现第二个搜索引擎提供的答案更准确。因此，要想得到更好的搜索结果，需要养成使用多个搜索引擎进行搜索的习惯。另外，还可以尝试一下元搜索引擎，它可以一次输入检索式，同时输出多个搜索引擎的检索结果，从而大大提高检索的查全率。

4. 使用好搜索的辅助工具

检索不一定每次都要从搜索引擎入手，可以利用平时积累的有用的网址，直接进入相关站点。这就需要注意搜集常用的网址，或者用浏览器的“书签”功能，将经常访问的网站加入“收藏夹”进行保存，再次使用时，直接单击便可进入，省去大量输入网址和利用工具搜索的时间。另外，还可以利用网上书签。在互联网上，有许多网站提供已整理好的书签，有了它，就不必自己去找了。还有一些网站提供存放书签的地方，有了它，就不必担心系统将书签丢失了。网上书签是随时随地的个人书签，无论何时何地，都可以方便地调用自己的书签。将网站的内容加以收藏或保存，既可以节省时间与费用，也省去日后搜索的麻烦，还可以避免有价值信息的消失。

5. 有意识地培养搜索的好习惯

搜索技巧和其他的技术一样，要通过不断的练习和总结才能逐渐成熟起来，并形成自己的一套有效的搜索习惯，这将有助于更快地完成搜索。首先要养成一个利用搜索引擎的好习惯，在日常生活中遇到一些不清楚、不明白的事，都利用搜索引擎好好地搜索一下，一方面可以增长知识，另一方面也可以在实践中学到更多搜索引擎的知识，自己的搜索技能也就可以不断提高。同时真正的搜索者不会一搜到满意的结果就离开搜索引擎，他们会思考，会回顾，会培养自己快速和有效地找到所需内容的搜索习惯。另外，学习搜索除了自己要在不断的搜索实践中摸索经验之外，向搜索高手学习绝对是快速提高搜索技巧的捷径，可以通过订阅搜索杂志，加入搜索论坛，向高手请教等多种方式，让自己不断向搜索高手这个目标迈进。

6. 坚持下去，永不放弃

对于初用搜索引擎的用户来说，检索失败是经常遇上的事，这时很多人会有放弃的念头。遇到这样的情况，自己要好好地思考一下，是不是自己的检索策略出了问题，然后做出适当的调整，也许一个看上去毫无希望的检索，在检索策略调整之后却能获得成功。在搜索过程中，无论何时，当我们得不到或得到意料之外的搜索结果时，一定要记住检查所使用的搜索关键词是否恰当，认真分析和评估所获得的搜索结果，弄清楚什么是自己需要的信息，这样才会避免犯一些不必要的搜索错误。虽然搜索引擎的发展是迅速的，但是它还是没办法覆盖互联网提供的所有信息。这个世界上还有专家问答的模式，如 About. com 等；还有搜索论坛、搜索机器人等一些帮用户解决搜索难题的工具，用户完全可以把问题留给它们，也会得到期望的结果。

资料来源：伍雪梅. 信息检索与利用教程：第 2 版. 北京：清华大学出版社，2014：83-85.

第四节　学术搜索引擎

近年来，针对学术文献的学术搜索引擎应运而生，实现了对电子版学术文献的一站式搜索，这使得检索人员在很大程度上节省了检索所花费的时间和精力。学术搜索引擎具有信息涵盖广、重复率低、相关性好、学术性强等特点。学术搜索引擎能够为用户提供某一特定领域的全面的、快速的、高价值的学术信息，很好地满足检索人员搜索相关文献的需求。

一、学术搜索引擎概述

1. 学术搜索引擎简介

学术搜索引擎是搜索引擎运营商针对学术资源检索而推出的一款特色搜索引擎。其目的是将互联网上的各种免费资源与可获得的学术资源结合起来，更好地为学术研究者提供服务。学术搜索引擎是近年才流行的、以学术资源为索引对象的网络学术文献检索工具，是为增强学术隐蔽网络（Academic Invisible Web，AIW）的存取而出现的。其检索的资源既涵盖互联网上的免费学术资源，也包括以隐蔽网页形式存在的学术资源，通过对这类资源的爬行、抓取、索引，以统一的接口向用户提供服务。学术搜索引擎有不同的种类，按照覆盖范围，有综合性和专业性两类，前者面向各种类型的学术资源，后者则专门针对某类学术资源。

学术搜索引擎致力于提高检索结果的相关性和针对性，一般都与数据库商之间建立了合作伙伴关系，能满足个性化检索需要，具有跨平台工作整合资源、独特的排序功能和先进的设计理念。学术搜索引擎的用途广泛，可帮助读者获取学术文献信息，了解有关研究领域的概况，同时具有学术评价作用，可发挥引文索引的功能，提供友好的学术探讨环境。

为什么要单独推出学术搜索引擎，可引用前 Google 全球副总裁兼中国区总裁李开复的话来解释，这是因为“过去，在互联网上搜索学术资料是比较困难的一件事情，即使找到了，排序也不尽如人意”及“我们认为学术搜索是搜索中很特别的一部分，应当分开来单独处理”[①]。目前推出学术搜索引擎的运营商较多，影响较大的有 Google 的 Google Scholar、微软的 Windows Live Academic Search、国学网站的国学宝典、百度学术等。

2. 学术搜索引擎的特点[②]

学术搜索引擎的特点主要有以下几方面。

（1）先进的设计理念。

学术搜索引擎会用到很多学科领域的理论和技术，如人工智能、分布式处理、数据挖掘、自然语言等，为科学工作者解决了其他搜索引擎长期未能解决的问题，为用户提供了全面、精确的信息资源。

（2）满足个性化检索需要。

学术搜索引擎通过先进的技术，采用选择信息来源、对信息进行过滤、使用书目识别器设置个性化检索等一系列措施强化检索结果的精确性，满足个性化检索的需要。

（3）跨平台整合资源能力。

学术搜索引擎一般以高质量电子期刊为资源主体，将分散在各个系统内的网络资源整合在一个统一的平台上供大家共享，这不仅为用户扩大了查询信息的来源，也节约了检索时间。

（4）独特的排序功能。

普通搜索引擎只支持搜索结果的相关性排序，学术搜索引擎针对学术资源属性提供了很多独特的排序方式，如引用次数、下载次数、相关性、按照时间的引用趋势等；个别学术搜索引擎还有聚类功能，对搜索结果可以进行标记。

3. 学术搜索引擎的作用

学术搜索引擎的作用主要体现为以下几方面。

---

① 伍雪梅. 信息检索与利用教程：第 2 版. 北京：清华大学出版社，2014：88.

② 张玉慧. 网络信息检索与利用. 北京：北京理工大学出版社，2014：165.

（1）获取学术文献。

学术搜索引擎可以根据用户需求提供文献线索，当用户输入某一领域的关键词后，它以超链接方式返回结果供用户获取学术文献，以了解某一领域的研究情况。

（2）提供学术评价参考。

一般的学术搜索引擎都有文献被引用情况的统计，学术文献被引用是判断其学术价值的重要指标，通过被引用次数可以判断研究成果被关注的程度。

（3）提供友好的学术探讨环境。

学术搜索引擎通常不收取费用，除了有引文索引和全文下载功能外，还提供自由的学术探讨环境，如通过讨论社区，可以看到研究人员做出的正式或非正式的评论或提出的相应意见。

二、谷歌学术搜索

1. 谷歌学术搜索（Google Scholar）介绍

Google Scholar 是一个可以免费搜索学术文章的网络搜索引擎，由计算机专家安拉格·阿卡亚（Anurag Acharya）开发。2004 年 11 月，Google 第一次发布了 Google 学术搜索的试用版，该项索引包括了世界上绝大部分已出版的学术期刊。Google Scholar 以“站在巨人的肩膀上”为宗旨，不仅可为用户搜索普通网页中的学术论文，还可以搜索同行评议论文、学位论文、图书、预印本、文摘、技术报告等多种文献。2006 年 1 月，Google 宣布将 Google Scholar 扩展至中文学术文献领域，供中国用户更方便地搜索全球的学术科研信息。它在索引中涵盖了来自多方面的信息，来源包括万方数据资源系统、维普资讯、主要大学设立的学术期刊、公开的学术期刊、中国大学的论文以及网上可以搜索到的各类学术文章。

Google 学术搜索是一项免费服务，它从一个位置搜索众多学科和资料来源，如学术著作出版商、专业性社团、预印本、各大学及其他学术组织的经同行评议的文章、论文、图书、摘要和文章。目前，Google 学术搜索可搜索到用英语、法语、德语、西班牙语、葡萄牙语、中文（简/繁体）、日语、朝鲜语等语言撰写的文章。谷歌学术的搜索界面如图 3-4 所示。

图 3-4 谷歌学术搜索界面

2. Google 学术搜索的特点

Google 学术搜索具有以下几个特点。

(1) 涵盖众多出版社和图书馆的学术资源，为各个学科领域的经同行评论的文章、论文图书、预印本、文摘和技术报告编制索引，帮助用户从一个位置搜索众多学科和资料来源。

(2) 按照相关性对搜索结果进行排序，将最有价值的文献显示在页面顶部，帮助用户在整个学术领域中确定相关性最强的研究。Google 排名技术会考虑每篇文章的完整文本、作者刊登文章的出版物以及文章被其他学术文献引用的频率。

(3) 提供图书馆资源的查询和链接，在可能的情况下，Google 会搜索全文，而不仅仅是摘要部分，给予用户对学术内容最为全面深入的探索，与此同时也加强了搜索结果的相关性。

(4) 提供学术文献的引文统计信息，帮助用户了解某一学术领域的发展动态。Google 学术搜索根据相关性对搜索结果进行排序，最相关的信息显示在页面上方。这一排序同时考虑到每篇文章的全文内容、作者、刊名，以及该文章被其他学术著作引用的次数等要素。

(5) Google 学术搜索同时提供了中文版界面，供中国用户更方便地搜索全球的学术科研信息。目前，Google 学术搜索可搜索到用西欧语言、中文和葡萄牙语等语言撰写的文章。

3. Google 学术搜索检索方法介绍

Google 学术搜索提供两种检索模式：基本检索和高级检索。基本检索页面为图 3－4 的默认页面，使用简单、快捷。高级检索的页面如图 3－5 所示，检索方法如下。

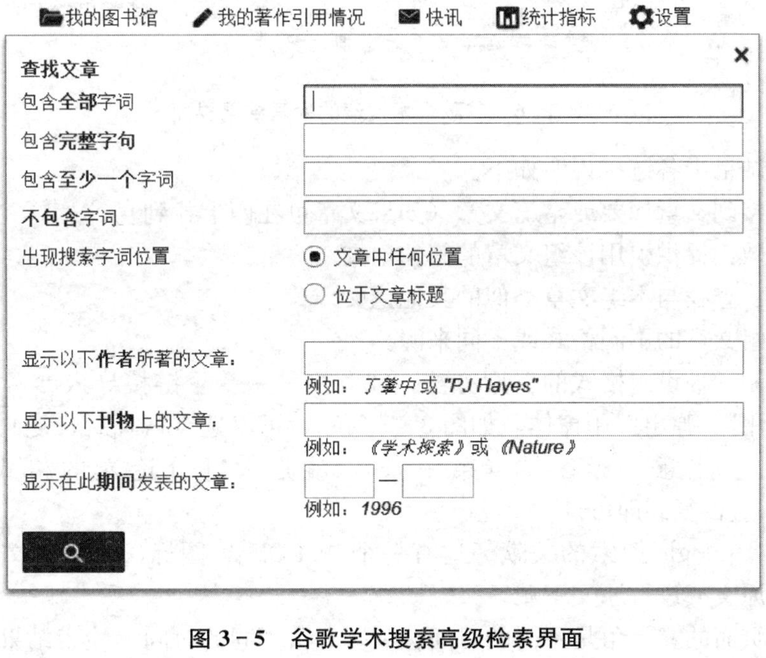

图 3－5 谷歌学术搜索高级检索界面

(1) 通过四个检索框分别限定检索词出现的规律：包含全部字词（相当于逻辑“与”检索）、包含完整字句（相当于短语检索）、包含至少一个字词（相当于逻辑“或”检索）、不包含字词（相当于逻辑“非”检索）。

(2) 限定检索词出现的位置：文章中的任何位置、文章的标题。

(3) 按作者查询：可以准确获得特定学者的文献。

(4) 按出版刊物名称查询：可针对特定出版物检索相关文献。

(5) 按出版日期范围查询：可检索最新或者某个时间段出版的文献。

Google 学术搜索的每一个搜索结果都代表一组学术研究成果，其中可能包含一篇或多篇相关文章甚至是同一篇文章的多个版本。例如，某项搜索结果可以包含与一项研究成果相关的一组文章，其中有文章的预印版本、学术会议上宣读的版本、期刊上发表的版本以及编入选集的版本等。将这些文章组合在一起，可以更为准确地衡量研究工作的影响力，并且更好地展现某一领域内的各项研究成果。

每一搜索结果都提供了文章标题、作者来源、被引用次数、相关文章、版本数量等信息，如图 3-6 所示。

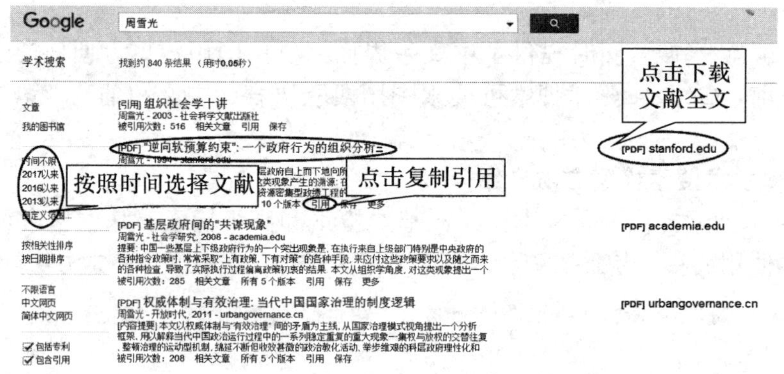

图 3-6 谷歌学术搜索的检索结果界面

上述检索结果中各链接说明如下。

标题：链接到文章摘要或整篇文章（如果文章可在网上找到）。

被引用次数：提供引用该组文章的其他论文。

相关文章：查找与本组文章类似的其他论文。

版本：本组文章的不同格式或不同来源。

引用：复制一种设定格式的引用方法，或利用其中一个链接导入参考书目管理软件中。点击“引用”，弹出引用窗体，如图 3-7 所示，可以选定格式后，复制并粘贴导入参考文献列表中。注意阴影区域（第一条），就是大部分论文的格式要求（国标 GB/T 7714），直接复制即可。

[PDF]：在 google 搜索的文献旁边有一个“[PDF]”图标，表明该文献可以点击链接，直接打开原文或进行原文下载。

检索结果页面的左上角是不同的时间选项。点击不同的时间，检索结果会呈现该时间界限以来的学术文献。例如，点击“2016 以来”选项，检索结果则只呈现 2016 年以来周

×

引用

复制并粘贴一种已设定格式的引用方法，或利用其中一个链接导入参考书目管理软件中。

GB/T 7714 周雪光. "逆向软预算约束": 一个政府行为的组织分析 三[J]. 1994.

MLA 周雪光. ""逆向软预算约束": 一个政府行为的组织分析 三." (1994).

APA 周雪光. (1994). "逆向软预算约束": 一个政府行为的组织分析 三.

BibTeX EndNote RefMan RefWorks

图 3-7 谷歌学术搜索的引用界面

雪光发表的有关学术文献。

使用谷歌学术搜索的好处在于它能搜索到绝大多数文献。有时候看到别人引用的文献，又不知道它属于哪个库，就可以用谷歌学术搜索了，甚至有时候不需要再进入专门的数据库，就可以下载到全文。可以认为谷歌学术搜索是多库综合搜索，省去了 EI 和 SCI 等几个检索工具来回折腾的麻烦，甚至可以通过时间限制，找到某领域最新进展。

三、BASE 学术搜索

1. BASE 学术搜索引擎简介

BASE（Bielefeld Academic Search Engine）是由德国比勒费尔德（Bielefeld）大学图书馆开发的针对网络开放存取资源的多学科学术搜索引擎。可对来自全球的学术出版商、图书馆、开放存取仓储、开放存取期刊等 2 911 种学术机构 6 000 多万条学术记录进行搜索，大部分可以获取全文。BASE 具有德语、英语、中文等不同语种用户界面，支持欧洲诸国 22 种语言，提供基本检索（Basic Search）、高级检索（Advanced Search）、浏览（Browse）与检索历史（Search History）等。

2. BASE 检索方法

（1）基本检索。BASE 的基本检索界面如图 3-8 所示。基本检索是 BASE 默认的检索方式，提供一个检索框，支持文献全文、题名、作者、关键词 4 种检索方式，检索框中可以输入检索词或者检索式，支持布尔逻辑运算，空格代表 AND，减号代表 NOT，圆括号代表 OR，支持精确算符“”、截词运算 *。BASE 对输入的所有检索词，自动搜索其复数与所有格形式，选择精确搜索或者截词检索时，复数与所有格搜索功能自动失效。除此之外，BASE 提供同义词搜索，选择多语言同义词，系统自动执行同义词检索功能。

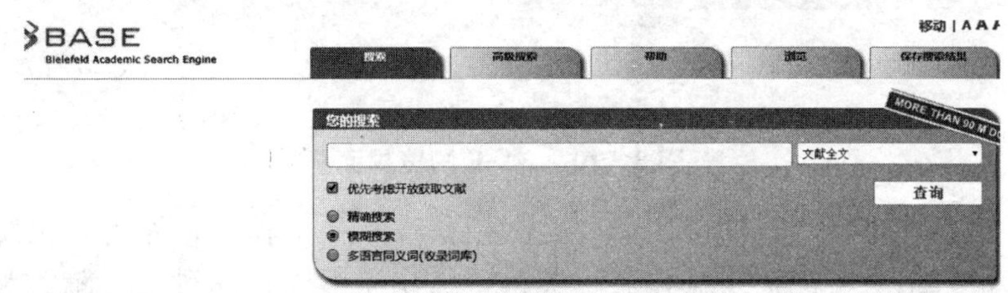

图 3-8 BASE 基本检索界面

（2）高级检索。点击“高级检索”对话框，进入高级检索页面，如图 3-9 所示。高级检索提供 5 个检索框，检索字段包括文献全文、题名、作者、关键词组、URL，不支持同义词搜索，高级检索界面提供更多的限定条件，包括每页显示检索结果条数、文献发表国家与时间范围，还提供文献类型的限定，包括图书、期刊、报告、学位论文、综述、视频、音频、图片、地图、软件、原始数据、音乐等，可以复选。另外，保存检索历史页面，可以保存用户制定的检索策略。

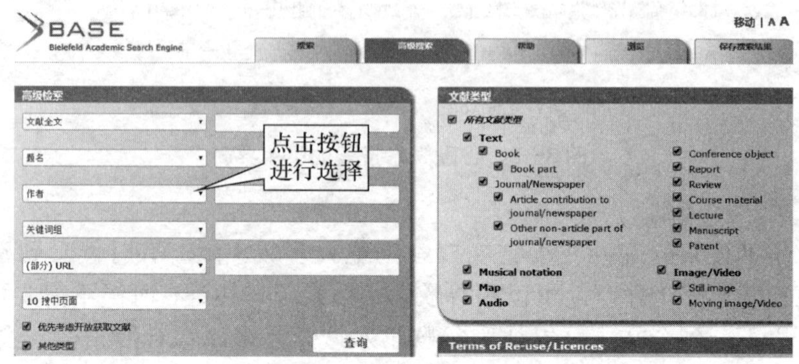

图 3-9　BASE 高级检索界面

（3）浏览。BASE 搜索引擎提供两种浏览方式，浏览界面如图 3-10 所示。用户可根据杜威十进制分类法进行分类，通过逐步细化的方式获取最终感兴趣的文献。另外，可以按文献类型浏览，将收录文献分为期刊论文、图书、报告、会议、学位论文、综述、音频、图片、地图、原始数据、报告、软件等，可以按文献类型的字母顺序或者数量进行展示。

（4）检索结果处理。BASE 的结果处理，有以下几种方式。

第一，检索结果显示。BASE 检索结果，显示记录的篇名、作者、出版社、文献类型、主题、URL 地址、内容提供者等信息。除此之外，点击 URI 或者篇名，链接记录来源页面，部分提供全文下载功能。

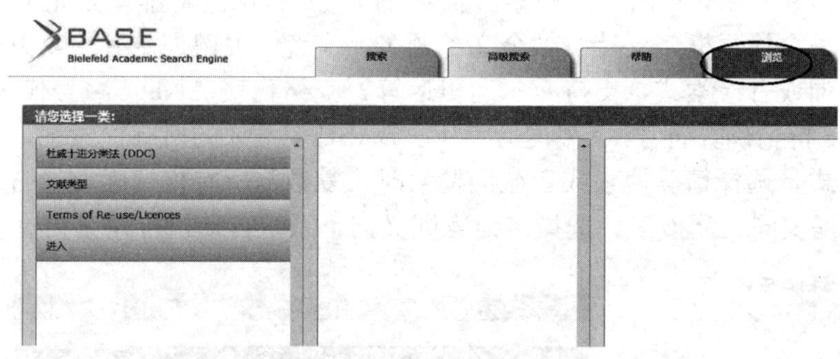

图 3-10　BASE 浏览界面

第二，检索结果排序与过滤。BASE 提供相关度、文章篇名、作者、出版日期 4 种排列方式。并在检索结果右侧提供按作者、关键词、出版日期、语种、文献类型、杜威分类法、内容提供者 7 个方面对检索结果进行过滤。

第三，检索结果的输出及检索策略的保存。在 BASE 检索结果页面，可以将记录发送至邮箱，导出至文献管理软件，也可以将检索策略保存。

四、百度学术搜索

1. 百度学术介绍

2011 年 5 月底，“百度学术搜索”频道上线。百度学术是百度旗下的一个免费的学术资源集成搜索平台，依托百度先进的技术优势，集成了学术期刊、会议论文、学位论文、专利、图书等海量中外文献学术资源。产品集学术检索、学者主页、文献互助、写作助手等特色服务为一体，旨在为海内外学者提供最全面的学术资源检索和最好的科研服务体验。百度学术搜索频道可检索到收费及免费版学术论文，并通过时间筛选、标题、关键词、摘要、作者、出版物、文献类型、被引用次数等细化指标提高检索的精准性。

百度学术整合收录了全世界超过 70 万个学术数据库或站点，基于这些全面索引整合了期刊、学位论文、会议论文等中外文文献元数据 7 亿余条，聚合近 30 亿引文数据，形成文献引证关系网络，对海量文献资源进行大数据计算，提取出研究领域、学者、机构、期刊、会议等知识对象，深度挖掘知识对象的关联，形成强大的知识网络。为客观地评价文献的学术价值，揭示学科的发展脉络提供参考。

百度学术基于海量元数据构建的知识对象发现系统，为图书馆提供全网学术资源搜索服务，且可针对图书馆自有资源做深度检索发现。通过对接图书馆已购和自建数据库信息，为图书馆用户提供全网和馆内资源统一检索入口，优化图书馆资源展现，方便用户进行资源获取。图书馆检索也可进入个性化检索页面，突显图书馆自身特色，提升高校用户对图书馆的价值认可程度。高校用户在搜索结果中可优先看到本馆已购资源，可以更轻松便捷地获取和利用文献资源。

2. 百度学术检索

百度学术搜索频道页面简洁大方，保持了百度搜索一贯的简单风格。百度学术的搜索界面如图 3-11 所示。在百度搜索页面下，有中国知网、万方数据、维普、SpringerLink、ScienceDirect 等数据库资源的链接。在检索中会针对用户搜索学术内容的两类需求——精确查询需求和泛查询需求，呈现最恰当的展现形式。对精确查询需求，百度学术搜索会进行精确匹配，为用户呈现文献发表的期刊名称、期数、文献作者、主要内容甚至包括支付方式等全面信息。而对泛查询需求，用户则可以搜索到相关关键词下的论文标题等信息，直接找到“一类多篇”自己所需的论文资料。可以说精确匹配和模糊匹配的有效配合，全方位满足了用户的不同需求。

图 3-11 百度学术搜索界面

百度学术的检索结果界面与谷歌学术搜索类似，如图 3－12 所示。在检索结果界面中，提供中英文检索变换。默认模式是在中文数据库资源中进行检索，点击“英文”后，则在英文文献中进行检索。用户还可以选择将搜索结果按照“相关性”“被引频次”“发表时间”三个维度分别排序，以满足不同的需求。同时在文献标题下面，提供了文献的来源数据库；右侧下方提供了下载地址、批量引用、引用和收藏等不同功能；在检索界面的左侧，则依据时间、领域、核心等不同分类标准进行了归类，为用户提供不同的体验需要，呈现出百度学术搜索提供的合适结果。用户可以选择查看学术论文的详细信息，也可以选择跳转至百度学术搜索页面查看更多相关论文。

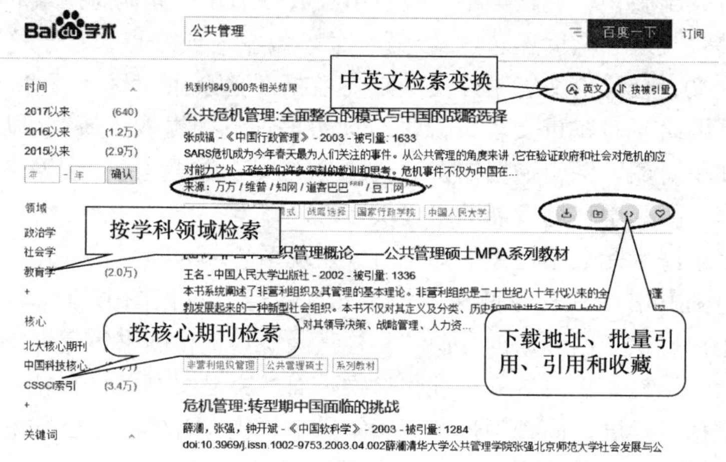

图 3－12 百度学术搜索的检索结果界面

在百度学术搜索中，可以进入高级检索界面。点击搜索界面中“百度一下”旁边的高级检索对话框，进入高级检索界面，如图 3－13 所示。高级检索界面具有更多的检索选项，可以根据用户需要，选择自己所需要的复合检索信息，以获得更为准确的检索结果。

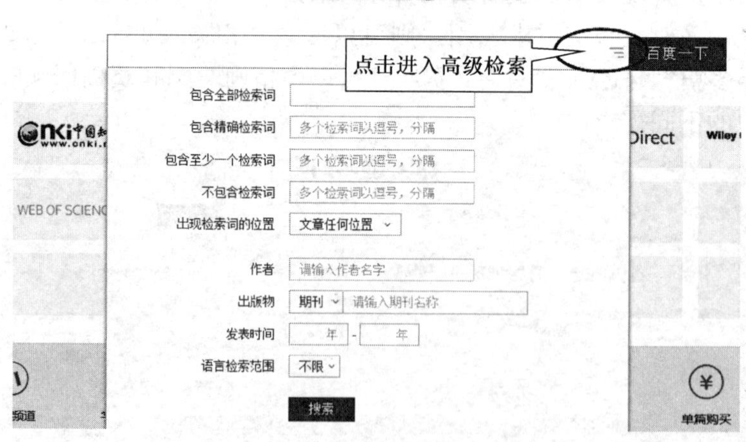

图 3－13 百度学术搜索的高级检索界面

第四章 中文全文数据库

目前中文全文数据库繁多，不同的数据库从界面到内容、从功能到结果输出都会有所不同，而且同一数据库的界面和功能也会不断发展和变化，但用户只要认真总结规律，还是可以找到数据库的一些不变的通用检索技术。

电子文献数据库的检索需要通过具体的检索平台（系统）来实现。目前，国内广泛使用的文献检索平台主要有中国知网平台、万方数据平台、维普信息资源系统等。

第一节　中国知网数据库

中国知识基础设施工程（China National Knowledge Infrastructure，CNKI）是以实现全社会知识资源传播共享与增值利用为目标的信息化建设项目。CNKI 已成为世界上全文信息量规模最大的“CNKI 数字图书馆”，并正式启动建设中国知识资源总库及 CNKI 网络资源共享平台，通过产业化运作，为全社会知识资源高效共享提供最丰富的知识信息资源和最有效的知识传播与数字化学习平台。

一、中国知网简介

1. 中国知网概述

CNKI 工程，是国家信息化重点工程，被国家科学技术部等五部委确定为国家级重点新产品重中之重项目。CNKI 由清华大学、清华同方发起，始建于 1999 年 6 月。CNKI 工程集团经过多年努力，采用自主开发并具有国际领先水平的数字图书馆技术，建成了世界上全文信息量规模最大的“CNKI 数字图书馆”，该馆涵盖了我国自然科学、工程技术、人文与社会科学期刊、博硕士论文、报纸、图书、会议论文等公共知识信息资源。用户遍及全国和欧美、东南亚、大洋洲等各个国家和地区，实现了我国知识信息资源在互联网条件下的社会化共享与国际化传播，使我国各级教育、科研、政府、企业、医院等行业获取与交流知识信息的能力达到了国际先进水平。

在拥有大量资源的基础上，CNKI 工程研究中心组织各学科专家对文献中的知识进行提炼，建成“知识元数据库”，并通过知识元链接、引文链接等技术，将文献间的知识关联起来，使所有知识资源形成了具有内在联系的知识网络整体，再加以先进的数字图书馆管理技术，正在全力以赴建设中国知识资源总库。中国知识资源总库（简称总库）是具有完备知识体系和规范知识管理功能的、由海量知识信息资源构成的学习系统和知识挖掘系统，由同方知网技术产业集团精心打造。同方知网技术产业集团（简称 TTKN Group）是同方股份有限公司全资境外子公司——同方（美国）公司通过其境外全资子公司 KNOWCHINA 在北京设立的全资子公司，由同方知网（北京）技术有限公司（简称 TTKN）、中国学术期刊（光盘版）电子杂志社（简称 CAJPH）与同方光盘股份有限公司（简称 TTOD）组成。TTKN Group 是中国互联网出版与信息服务产业的领导厂商，主要从事各类知识文化信息资源的整合传播、互联网出版与相关技术服务，以向全社会提供高层次知识服务为主要价值取向，依靠自主开发、不断创新的全文数据库管理、知识挖掘与数字出版等先进技术，与社会各界通力合作，坚持打造高度集成、深度利用的总库。

中国知网，又称中国期刊网或 CNKI（http：//www. cnki. net），目前，知网总库是一个大型动态知识库、知识服务平台和数字化学习平台，拥有国内8 200 多种期刊，700 多种报纸，600 多家博士培养单位优秀博硕士学位论文，数百家出版社已出版图书，全国各学会、协会重要会议论文，百科全书，中小学多媒体教学软件，专利，年鉴，标准，科技成果，政府文件，互联网信息汇总，以及国内外上千个各类加盟数据库等知识资源，还拥有国内外 1 100 多个专业数据库。中国知网是全球信息量最大、最具价值的中文网站。据统计，CNKI 的内容数量大于目前全世界所有中文网页内容的数量总和，可谓世界第一中文网。

2. 中国知网数据库

中国知识资源总库深度集成整合了期刊、博硕士论文、会议论文、报纸、年鉴、工具书等各种文献资源，为全社会知识资源高效共享提供了丰富的知识信息资源和有效的知识传播与数字化学习服务。

总库以“三层知识网络”模式建构内容。通过知识元库和引文链接等各种知识链接方法，三个层次的数据库可融为一个具有知识网络结构的整体来使用。

第一层：基本信息库。

基本信息库由各种源信息组成。如期刊、博硕士论文、会议论文、图书、报纸、专利、标准、年鉴、图片、图像、音像制品、数据等。该库按知识分类体系和媒体分类体系建立。

第二层：知识仓库。

知识仓库由专业用途界定知识仓库的知识范畴和层次，由学科知识体系确定知识模块、知识点及其内容。内容可以从基本信息库中选取。

第三层：知识元库。

知识元库由具有独立意义的知识元素构成。它包括理论与方法型、事实型、数值型三类基本知识元。既可独立使用，也可与基本信息库、知识仓库相关联使用。

理论与方法型知识元包括思想、方法论、概念、公理、原理、定律，以及正在探究中的观念、观点、理念、方法与技巧等。事实型知识元包括自然、社会存在和演变的事实信息。数值型知识元包括各种数据类知识和科学数据，具有数值分析和知识推理功能。

作为一个功能异常强大的知识传播共享平台，总库以开放式资源网络系统的形式，将分布在全球互联网上的知识资源集成整合为内容关联的知识网络，通过中国知识门户网站中国知网进行实时网络出版传播，为用户提供在资源高度共享基础上的网上学习、研究、情报和知识管理等综合性知识增值应用服务。它所囊括的资源类型主要有如下几种。

(1) 中国期刊全文数据库。该库是目前世界上最大的连续动态更新的中国期刊全文数据库，截至 2012 年 6 月，收录国内学术期刊 7 900 多种，其中创刊至 1993 年的 4 600 余种，1994 年至今的 7 700 余种，全文文献总量 3 400 多万篇，内容覆盖自然科学、工程技术、农业、哲学、医学、人文社会科学等各个领域，收录年限从 1915 年至今。文献来源覆盖率为 99%，文献收全率为 99.9%，其中核心期刊收录率 96%，特色期刊（如农业、中医药等）收录率 100%，独家或唯一授权期刊共 2 300 余种（约占我国学术期刊总量的 34%）。

(2) 中国博士学位论文全文数据库。该库是目前国内相关资源最完备、高质量、连续动态更新的中国博士学位论文全文数据库，文献来源于全国 420 家博士培养单位的博士学位论文，“211 院校”收录率达 100%。

(3) 中国优秀硕士学位论文全文数据库。该库是目前国内相关资源最完备、高质量、连续动态更新的中国优秀硕士学位论文全文数据库，文献来源于全国 652 家硕士培养单位的优秀硕士学位论文。

(4) 中国重要报纸全文数据库。该库是国内少有的以重要报纸刊载的学术性、资料性文献为收录对象的连续动态更新的数据库。收录 2000 年以来中国国内重要报纸刊载的文献，文献来源于国内公开发行的近 600 种重要报纸。

(5) 中国重要会议论文全文数据库。该库是按照专家指导委员会确定的政府职能部门、高等院校、科研院所、学术机构名单，遵照 CNKI 信息采集范围规定的信息源，全文收录符合收录标准的会议论文集。重点收录 1999 年以来，中国科协，社科联系统，省级以上的学会、协会，高校，科研机构，政府机关等举办的重要会议上发表的文献。其中，全国性会议文献超过总量的 80%，部分连续召开的重要会议论文回溯至 1953 年。

(6) 国际会议论文全文数据库。重点收录 2010 年以来，IEEE、SCIRP、SPIE、IACSIT、中国科协系统及其他国内重要单位等国内外知名组织或学术机构主办或承办的国际会议上投稿的文献。部分重点会议文献回溯至 1981 年。截至 2013 年 4 月，已收录出版国内外学术会议论文集 3 500 多本，累积文献总量 41 万多篇。

(7) 中国年鉴网络出版总库。中国年鉴全文数据库是目前国内最大的连续更新的动态年鉴资源全文数据库。内容覆盖各个领域，收录年限从 1912 年至今。

(8) 中国工具书网络出版总库。该库是权威的工具书汇总，涵盖了科技、社会、文化、法律等领域的专业权威词汇解释，既可多方位查询词汇的中英文释义，也可学习相关学科知识。收录了近 200 家出版社的语文词典、双语词典、专科辞典、百科全书、图录、表谱、传记、语录、手册等共 7 000 多册，含 2 000 万个条目，100 万张图片，其内容涵盖哲学、文学艺术、社会科学、文化教育、自然科学、工程技术、医学等各个领域。

(9) 中国法律知识资源总库法律法规库。由案例库、论文库和法律法规库三大子数据库构成。收录宪法、法律及有关法律问题的决定、行政法规及规范性文件、军事法规及文件、地方性法规及文件、部门规章及文件、地方政府规章及文件、司法解释及文件、行业规定、国际条约、团体规定等内容，所收录文本均来自官方正式文本。截至 2013 年 12 月，收录 75 万篇，年更新 8 万篇。囊括了法律法规、论文、司法案例、案例评析、理论研究、业务经验总结、法律评论、会议报告等涉法知识信息资源，是目前国内整合性最强的法律知识服务系统，具有收录资源完备、整合功能先进等特点。

(10) 中国专利全文数据库（知网版）。收录了 1985 年至今的所有中国专利，包含发明专利、实用新型专利、外观设计专利三个子库，准确地反映中国最新的专利发明。与通常的专利库相比，CNKI 中国专利数据库可以完整地展现专利产生的背景、最新发展动态、相关领域的发展趋势，可以浏览发明人与发明机构更多的论述以及在各种出版物上发表的信息。

(11) 海外专利摘要数据库（知网版）。包含美国、日本、英国、德国、法国、瑞士、俄罗斯、韩国、加拿大、澳大利亚、世界知识产权组织、欧洲专利局十国两组织的专利。可以通过申请号、申请日、公开号、公开日、专利名称、摘要、分类号、申请人、发明人、优先权等检索项进行检索，专利说明书全文链接到欧洲专利局网站。截至 2013 年 6 月，共收录专利 3 200 多万条。

(12) 国内外标准数据库（知网版）。中国标准数据库收录了所有的国家标准（GB）、国家建设标准（GBJ）、中国行业标准的题录信息，国外标准数据库收录了国际标准（ISO）、国际电工标准（IEC）、欧洲标准（EN）、德国标准（DIN）、英国标准（BS）、法国标准（NF）、日本工业标准（JIS）、美国标准（ANSI）、美国部分学协会标准（如 ASTM，IEEE，UL，ASME）等题录信息。

(13) 中国科技项目创新成果鉴定意见数据库（知网版）。收录了 1970 年以来（部分回溯至 1920 年）所有正式登记的中国科技成果，按行业、成果级别、学科领域分类，每条成果信息包含成果概况、立项情况、评价情况、知识产权状况及成果应用情况、成果完成单位情况、成果完成人情况、单位信息等成果基本信息。

(14) 中国图书全文数据库。主要遴选 1949 年以来的国内外部分经典专著，以对科学技术和社会文化进步有重要贡献的原著、经典专著、名家撰写的教材为核心，包括工具书、教科书、理论技术专著、科普作品、古籍善本、经典文学艺术作品、译著、青少年读物等。

(15) 中国统计年鉴数据库。收录我国各级政府职能部门、科研院所、学术机构等单位正式出版的年鉴。其收录了我国 361 种曾经出版的统计年鉴共 2 327 册和我国仍在连续出版的统计年鉴 160 种。中国统计年鉴数据库为统计分析全国各类案件的数量、发案率、区域分布及其与经济发展和科技发展等各领域的关系提供全面、完整、权威的数据来源，是实务研究必不可少的信息源。

(16) 外文文献数据库（知网版）。该数据库是 CNKI 与众多外国知名的数据库商合作，向用户提供几十个数据库产品，并且重点收录外文文献的题录、文摘等元数据信息以及获得相应全文文献的链接（通常为相关外文数据库，需单独购买，CNKI 能够直接提供全文的情况较少）。

中国知识资源总库还包括国家科技成果数据库（知网版）、国学宝典数据库、中国大百科全书数据库、中国高等教育期刊文献总库、中国党建期刊文献总库、中国政报公报期刊文献总库、中国经济信息期刊文献总库、中国精品科普期刊文献库、中国精品文化期刊文献库、中国精品文艺作品期刊文献库、德国 Springer 期刊数据库、英国 Taylor&Francis 期刊数据库、剑桥大学出版社期刊数据库、Wiley 期刊数据库、ISO Press 期刊数据库、Bentham 期刊数据库等数据库资源。

单库检索是对以上某一个数据库进行检索，各数据库的检索功能和方法相似，只是数据库设置的检索项有所不同，表 4－1 给出了主要数据库的检索项列表，从中可看到各数据库的数据资源组成的结构是有所差异的。

表 4－1　　中国知网各主要数据库检索项目列表

数据库	文献（跨库）	期刊	博/硕士	会议	专利	标准	成果	引文	报纸	图片
检索项	全文	全文	全文	全文	全文	全文	全文	被引题名	全文	图片主题
	主题	主题	主题	主题	专利名称	标准名称	成果名称	被引作者	主题	图片标题
	篇名	篇名	题名	题名	申请人	标准号	成果简介	被引第一作者	题名	图片关键词
	作者	作者	作者	作者	发明人	发布单位名称	成果完成人	被引单位	作者	图片说明
	单位	单位	学位授予单位	单位	代理人	出版单位	第一完成单位	被引来源	关键词	
	关键词	关键词	关键词	关键词	关键词	关键词	单位所在省市	被引来源关键词	中图分类号	
	摘要	摘要	摘要	摘要	申请号	摘要	合作完成单位	被引摘要	报纸	
	参考文献	参考文献	参考文献	参考文献	公开号	发布日期	关键词	被引文献分类号		
	中图分类号	中图分类号	中图分类号	中图分类号	分类号	实施日期	中图分类号			
	文献来源	刊名	导师	会议名称	优先权	中国标准分类号	学科分类号			
		ISSN	第一导师	论文集名称	同族专利项	国际标准分类号				
		CN	目录			起草人				
		基金	学科专业名称							

二、检索方法

在中国知网的检索平台上，用户可以在其系列数据库中的任一单独的库内检索，也可同时选择多个数据库的资源进行检索。在同一个检索界面下完成对期刊、学位论文、报纸、会议论文、年鉴等各类型数据库的统一跨库检索，可省去原来需要在不同的数据库中逐一检索的麻烦。CNKI 提供的检索方式主要包括两种类型，即简单检索和高级检索。简单检索即一框式检索，高级检索包括高级检索、专业检索、作者发文检索、科研基金检索、句子检索和文献来源检索几种检索方式。单库检索与跨库检索都设置有简单检索、高级检索和专业检索等界面，用户可根据检索条件与检索技术水平选择其中的一个界面操作。

1. 初级检索（一框式检索）

中国知网提供的初级检索功能可以实现快速方便的查询，适用于不熟悉多条件组合查询的用户。它为用户提供了详细的导航内容以及最大范围的选择空间。对于一些简单查询，建议使用该方式进行检索。初级检索执行效率较高，但查询结果有很大的冗余，会检索出一大批检索者所不期望的结果。这时就需要在检索结果中进行二次检索或配合高级检索，从而提高检索命中率。

在初级检索环境下（如图 4－1 所示），检索者可通过“文献全部分类”选择文献类别实现更精准的查找；或根据检索条件的需求选择不同的文献检索项；或根据检索目标选择某个文献数据库。初级检索是一种简单检索，只需在检索条件输入区域输入检索词，单击“检索”按钮，则系统将在默认的全文检索项内进行检索，任意一项中与检索条件匹配者均为命中记录。

图 4－1　中国知网初级检索界面

一框式检索，用户只需在检索框中直接输入检索词，选择检索字段，即可检索，简单方便。一框式检索默认为检索“文献”；文献检索属于跨库检索，目前包含文献类数据库产品期刊、博士、硕士、国内重要会议、国际会议、报纸和年鉴 7 个库。同时，也可以选择某个数据库进行单库检索。检索框上方只列出几个常用的数据库，可以随意切换。如果想切换其他数据库，单击“更多”按钮。单击“更多”按钮下面的“更多”按钮，则进入产品列表页，选择每一个产品则进入检索界面。

一框式检索除了可以进行单库检索外，还可以进行跨库检索。单击检索框右侧的“跨库选择”按钮，弹出更多数据库，可以勾选多个数据库，实现跨库检索。如图 4－2 所示。

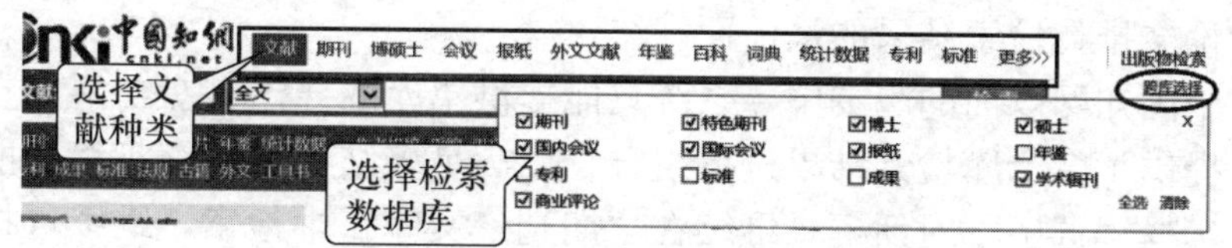

图 4-2　中国知网跨库检索界面

一框式检索界面的左侧为文献分类导航，分为十大专辑，包括基础科学、工程科技Ⅰ、工程科技Ⅱ、农业科技、医药卫生科技、哲学与人文科学、社会科学Ⅰ、社会科学Ⅱ、信息科技和经济与管理科学。每个专辑下面还有更详细的分类。文献分类导航采用鼠标滑动式展现的方式，无须用户进行更多的操作，只需要轻轻滑动鼠标即可找到分类，单击实现快速检索。

下面以检索公共管理专业发表的政府绩效期刊论文为例，看一下检索结果页面及其知识发现网络平台对检索结果的处理方式。输入检索词“政府绩效”，选择“篇名”字段，数据库切换至“期刊”，单击“检索”按钮，即可获得检索结果，如图 4-3 所示，检索结果页面主要分为三大区域，下面介绍两个主要区域。

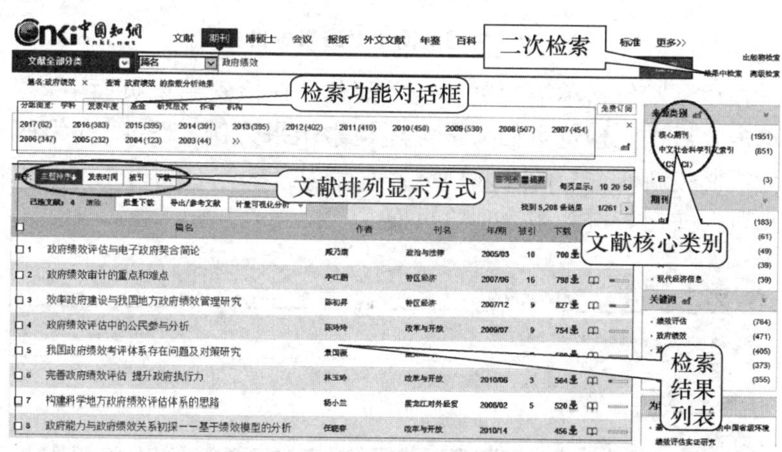

图 4-3　中国知网的“政府绩效”检索结果

（1）检索结果列表区，显示每条记录的篇名、作者、刊名、所在刊年/期、被引频次和下载次数等信息。如果想进一步获得某篇文献更详细的信息内容，可单击“篇名”文字链接。进入“知网节”界面，查看该篇文献的摘要、关键词、参考文献、相似文献等。

（2）检索结果上方的一些功能按钮，即知识发现网络平台提供的对检索结果的分组浏览、排序、导出、在线预览、下载、结果中检索等功能。

分组浏览。根据每个数据库的具体情况提供不同的分组方式，如期刊数据库的分组方式包括按学科、发表年度、基金、研究层次、作者、机构等，并且每一分组后面都显示了该组的文献量。单击某个分组之后，背景色变为红色，下方检索结果则发生相应的变化。

排序。与分组浏览相似，每个数据库提供的排序方式也不一样。如图 4-3 所示，期刊数据库提供的排序方式包括 4 种，即主题排序、发表时间、被引和下载，默认为主题排序。如查看关于信息素质方面最新发表的论文，点击“排序”中的“发表时间”按钮，即把最新发表的论文排在检索结果的最前面。

导出。在中国知网以前的版本中，系统只能提供单库的导出存盘功能。在当前的知网网络平台中，提供了多个库检索结果进行组合，以满足多结果进行存盘等功能。以上述检索结果为例，选择“选中”对话框，继续在“期刊论文库”中检索，继续选择“选中”对话框，则前 20 条记录也被选中。单击“导出/参考文献”按钮，则进入导出检索结果组合页面。选择要导出的文献，单击“导出/参考文献”按钮，则进入存盘页面，如图 4－4 所示。选择上侧的导出方式，即可导出检索结果。导出结果支持写字板、Excel 与 Word 格式。

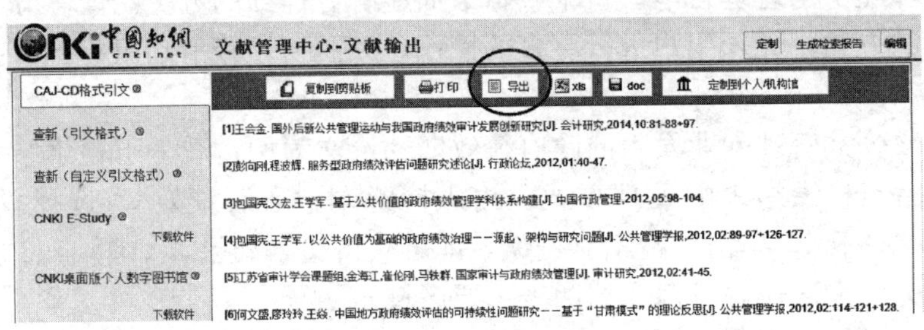

图 4－4　中国知网检索结果导出界面

在线预览。在线预览包括单篇预览和组合预览。在检索结果页面中，“预览”图标表示预览全文，单击之后进入预览页面。以上述检索结果为例，图 4－5 为博士论文《绩效评估与政府责任机制创新研究》的在线预览，左侧为目录，右侧为正文。也可以选择多篇文献，单击“预览”按钮，进入组合预览页面。

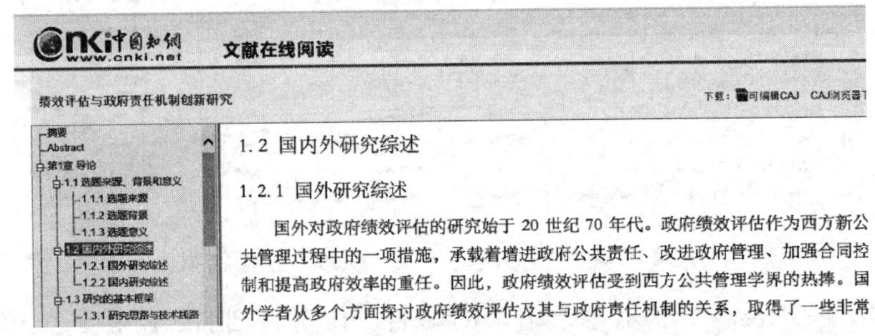

图 4－5　中国知网单篇在线预览界面

下载。在检索结果页中，单击“下载”按钮，可以下载该篇文献。对于机构用户，在授权 IP 范围内，可以直接下载。对于个人用户，正常登录后，进入费用报表页面，再进行下载，如图 4－6 所示。也可以点击文献，在节点文献页面进行下载，如图 4－7 所示。

结果中检索。在获得检索结果后，如果对检索结果不满意，可以单击检索结果上方的“结果中检索”按钮，相当于进行二次检索，从而逐步缩小检索范围，获得更精确的结果。如图 4－3 所示，我们在期刊数据库中以篇名“政府绩效”进行检索，搜查结果为 5 208 条。如果认为这个检索得出的结果过于宽泛，可以用任何检索词在结果中进行二次检索。在上述检索中，我们再以篇名为“地方政府”的检索词在结果中进行检索，检索范围则缩小为775篇，如图4-8所示。同理，如果你认为775篇的检索结果过于宽泛，还可以继续在结果中进行检索。

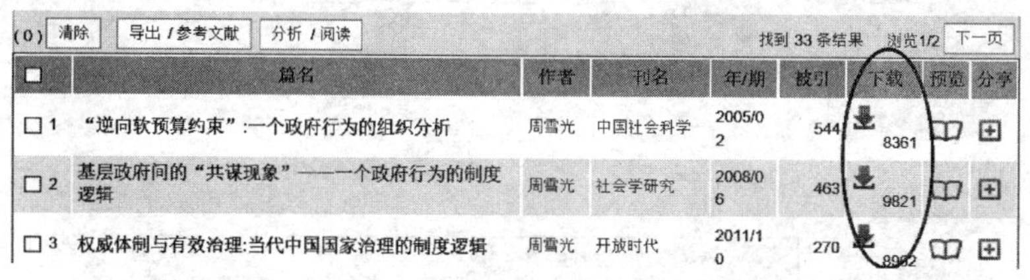

图4-6　中国知网文献检索的下载界面

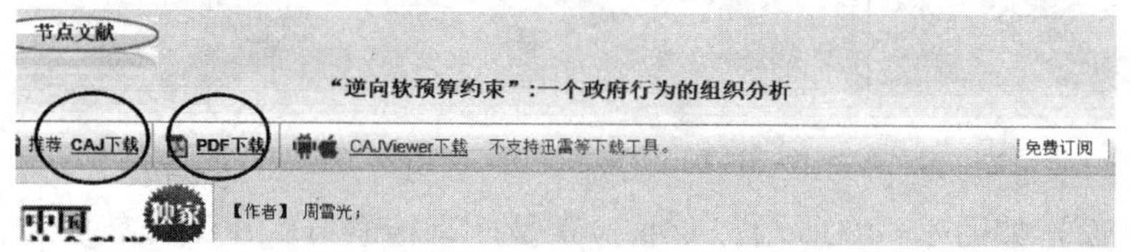

图4-7　中国知网节点文献的下载界面

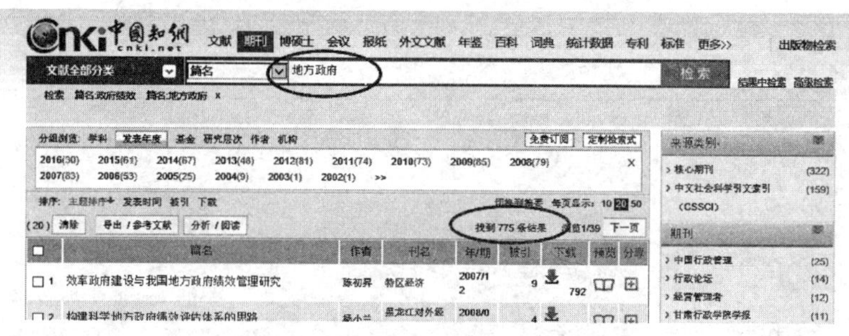

图4-8　中国知网在结果中检索界面

2. 高级检索

在中国知网首页，单击检索框右侧的"高级检索"按钮，即进入高级检索界面，如图4-9所示。高级检索界面分为三个区域，即输入内容检索条件区、输入检索控制条件区和检索结果显示区。在输入内容检索条件区，"+"和"-"按钮用来增加和减少检索条件，"词频"表示检索词出现在检索字段中的频次。在输入检索控制条件区，提供发表时间、文献来源、支持基金、作者和作者单位等组合条件。发表时间：可以手动输入数字格式的时间，如从2010年到2016年，也可以单击检索框，在弹出的日历中选择时间。文献来源：可以直接输入文献来源的期刊、博硕士学位授予点、报纸、辑刊等名称，也可以单击后面的"…"按钮，检索文献来源。支持基金：与文献来源一样，既可以直接输入名称，也可以检索获得。作者和作者单位：可直接输入名称进行检索。在检索结果显示区，包括检索结果列表和一些功能按钮，与一框式检索相同，在此不再赘述。

3. 专业检索

专业检索比高级检索功能更强大，但需要检索人员根据系统的检索语法编制检索式进行检索。专业检索用于图书情报专业人员查新、信息分析等工作，使用逻辑运算符和关键词构造检索式进行检索。在高级检索界面，单击检索区域上方的"专业检索"标签，即进

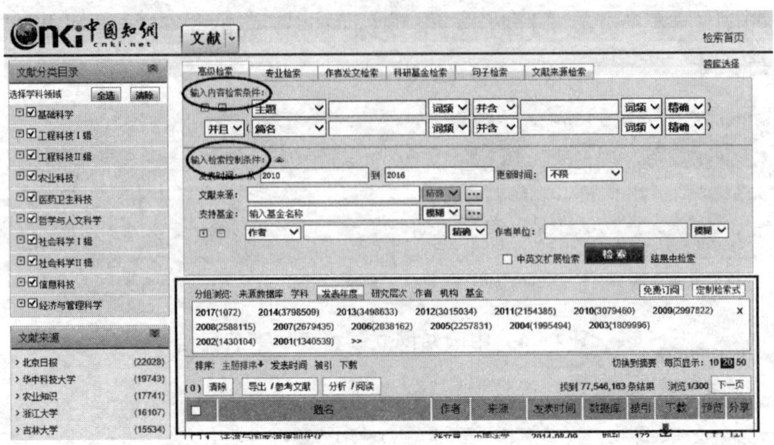

图 4-9　中国知网高级检索界面

入专业检索界面，如图 4-10 所示。专业检索是所有检索方式里面比较复杂的一种检索方法，需要用户自己输入检索式来检索，并且确保所输入的检索式语法正确，这样才能检索到想要的结果。

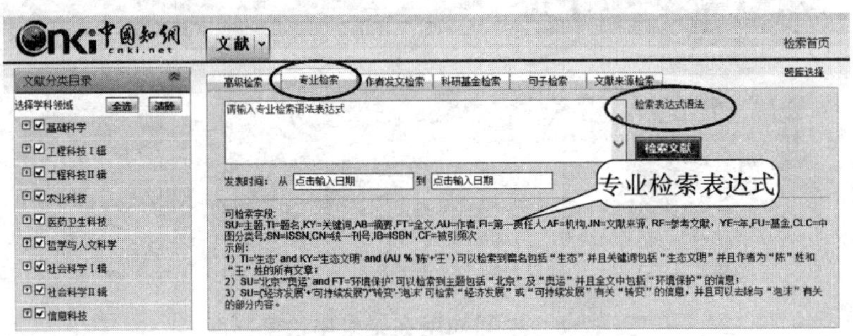

图 4-10　中国知网专业检索界面

例如：在期刊库中，用户首先要明确期刊库的可检索字段有哪些、分别用什么字母来表示。可检索字段：SU＝主题，TI＝题名，KY＝关键词，AB＝摘要，FT＝全文，AU＝作者，FI＝第一作者，AF＝作者单位，JN＝期刊名称，RF＝参考文献，RT＝更新时间，PT＝发表时间，YE＝期刊年，FU＝基金，CLC＝中图分类号，SN＝ISSN，CN＝CN 号，CF＝被引频次，HX＝核心期刊。

使用逻辑算符构造检索式。专业检索支持“and”或“＊”、“or”或“＋”、“not”或“－”等逻辑算符，使用这些算符时前后要空一个字节。另外，所有符号和英文字母都必须用英文半角字符。

例 1：要求检索张艺谋在北京电影学院时发表的文章。

检索式可写为：AU＝张艺谋 and AF＝北京电影学院

例 2：要求检索 2008 年刊发的有关北京奥运环境保护的文献。

检索式可写为：SU＝(北京 ＊ 奥运 ＊ 环境保护) and YE＝2008

每个库的专业检索都有说明，详细语法可以点击右侧“检索表达式语法”链接参看详细的语法说明。

4. 作者发文检索

在高级检索界面，单击检索区域上方的“作者发文检索”标签，即进入作者发文检索界面，作者发文检索用于检索某作者发表的文献，检索非常简单。只要用户输入相应作者的姓名、单位即可。

5. 科研基金检索

在高级检索界面，单击检索区域上方的“科研基金检索”标签，即进入科研基金检索界面，科研基金检索用于检索某基金发表的文献。单击“…”按钮选择基金，然后单击“检索”按钮检索即可。

6. 句子检索

在高级检索界面，单击检索区域上方的“句子检索”标签，即进入句子检索界面。句子检索用来检索文献正文中所包含的某一句话或者某一个词组等文献，可以单击“+”和“-”按钮，在同一句或者同一段中检索。

7. 来源期刊检索

来源期刊数据库主要针对想了解期刊来源的用户，检索某个期刊的文献，包括期刊的来源类别，期刊名称、年限等进行组合检索。在高级检索界面，单击检索区域上方的“文献来源检索”标签，即进入文献来源检索界面。文献来源检索可直接输入文献来源，也可以单击“…”按钮选择文献来源，然后单击“检索”按钮检索即可。

三、文献知网节

提供单篇文献的详细信息和扩展信息浏览的页面被称为“知网节”。它不仅包含了单篇文献的详细信息，还是各种扩展信息的入口汇集点。这些扩展信息通过概念相关、事实相关等方法提示知识之间的关联关系，达到知识扩展的目的，有助于新知识的学习和发现，帮助实现知识获取、知识发现。

在检索结果的页面中，点击文献的题名，则进入知网节页面。下面以硕士论文为例说明节点文献和文献网络图示包括的内容。

1. 节点文献

节点文献信息包括：篇名（中文/英文）、下载阅读方式、作者、导师、作者基本信息、摘要（中文/英文）、关键词（中文/英文）、文内图片、网络出版投稿人、网络出版年/期、分类号、被引频次、下载频次、攻读期成果、节点文献全文快照搜索、知网节下载。不同类型的知网节包含的信息不同。图 4-11 是张文显在《中国法学》发表的《法治与国家治理现代化》一文的节点文献图。

2. 文献网络图示

文献网络图示中包含本文的引文网络和其他相关文献两部分，并以图形形式显示出来。本文的引文网络部分包括：参考文献、二级参考文献、引证文献、二级引证文献、共引文献、同被引文献。张文显《法治与国家治理现代化》一文的文献网络图示，见图 4-12。

其中，各类文献的含义如下。

（1）参考文献：反映本文研究工作的背景和依据。

（2）二级参考文献：本文参考文献的参考文献，进一步反映本文研究工作的背景和依据。

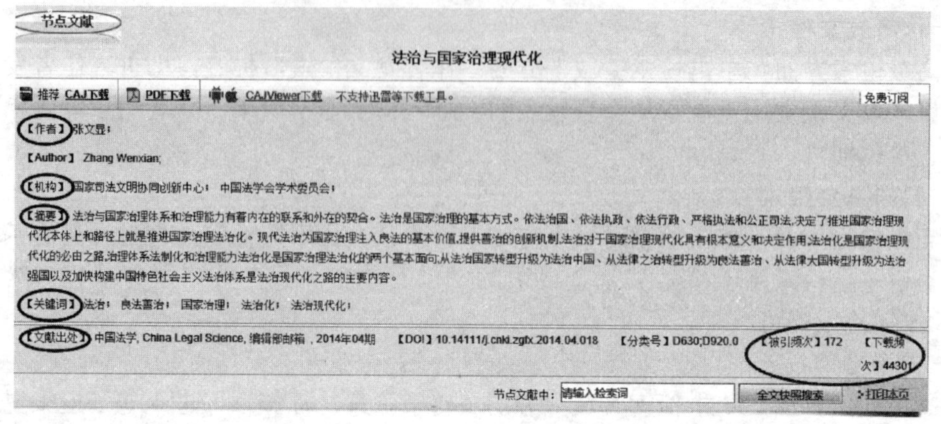

图 4－11　中国知网的节点文献界面

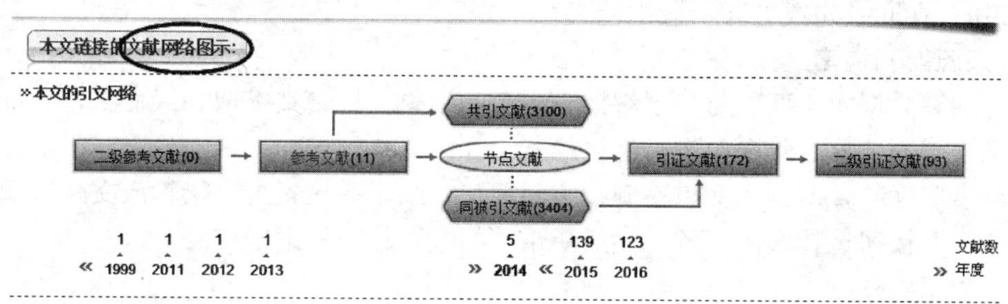

图 4－12　中国知网的文献网络图示

(3) 引证文献：引用本文的文献，可用于本文研究工作的继续、应用、发展或评价。

(4) 二级引证文献：本文引证文献的引证文献，更进一步反映本研究的继续、发展或评价。

(5) 共引文献：与本文有相同参考文献的文献，与本文有共同研究背景或依据。

(6) 同被引文献：与本文同时被作为参考文献引用的文献。

3. 图形形式列表功能

每种文献的数量标示在标题后面，用括号括起来。点击任意类型文献的题名，该类文献将在图表下面显示出来。涉及的数据库有中国学术期刊网络出版总库、中国优秀硕士学位论文全库、Springer 期刊数据库和外文题录数据库等。每个库中的文献在首页显示 10 条。

相同导师文献：与本文作者拥有相同导师的其他博士或硕士研究生的学位论文，默认显示和本篇级别相同的文献，例如文献是博士论文，则列表显示的都是博士论文。

相关作者文献：点击某个作者，显示该作者的论文。

文献分类导航：从导航的最底层可以看到与本文研究领域相同的文献，从上层导航可以浏览更多相关领域的文献。

四、CAJ 阅读器的使用

要查看中国知网中文献的全文内容，必须下载安装相应文件格式的阅读器。CNKI 的所有文献都同时提供 CAJ 和 PDF 两种文件格式的下载和阅读，用户可自行选择。其中 CAJViewer 全文浏览器是中国知网的专用全文格式阅读器，专门用于阅读 CAJ 格式的文档。CAJViewer 全文浏览器是一个具有智能功能的浏览器，它可以用于阅读处理不同格式的文献、行文内检索定位、图文摘录编辑、分类管理常用文献、文档标注、相关文献调用、知识元链接、远程信息传递交流讨论等各种处理，而且速度更快，针对学术文献的各种扩展功能更强。为了扩大数据库的使用范围，CNKI 也支持通用的 PDF 格式。PDF 文件格式是电子发行文档的事实上的标准，Adobe Acrobat Reader 是一个免费查看、阅读和打印 PDF 文件的工具。

CAJ 和 PDF 两种文件格式的阅读器都可以在 CNKI 主页面或镜像站点页面的相关链接处下载。通过链接，进入下载界面，下载 CAJViewer 全文浏览器。下载后的 CAJViewer 全文浏览器文件为压缩文件，其文件名为 CAJViewer. zip，需要通过解压缩软件 Winz 进行解压后，再执行 setup. exe 安装程序，根据安装提示向导，桌面上会自动生成 CAJViewer 全文浏览器的快捷方式，单击它，就打开了 CAJViewer 全文浏览器。

阅读材料 怎样获取中国知网账号?

教师与高校学生的专业发展少不了阅读和写作。进行学术阅读与写作，需要认识一个中文专业文献数据库——中国知网。

做课题研究，一定要做文献综述。在知网里教师与高校学生可检索文献，阅读论文文献，了解、辨析和学习前人做的研究，找到自己研究的切入口。

怎样获取中国知网的使用账号?

既然教师与高校学生在学术进步的路子上，需要学会在专业文献数据库检索文献的方法，那么，教师与高校学生怎样获取中国知网的使用账号？下面提供几种获取使用权限的渠道。

第一种：个人用户在中国知网上注册、登录。非注册个人用户能够在知网上检索文献，能够预览论文的第一页，但不显示下载的图标；注册个人用户能够检索，能够预览论文第一页，能够显示下载的图标，但是提示需要购买知网卡，充值付费，才能够浏览和下载文献。

第二种：高校在读学子用图书馆账号登录。例如，高校的在读学生与高校教师，可以在家通过 VPN（虚拟内网通道）技术软件，进入在读大学的图书馆，登录中国知网获取文献查询的服务，不需要付费（已由高校统一向知网购买了使用权），能够获取中国知网的最新文献。

第三种：有些地方图书馆会购买中国知网的镜像。例如广州图书馆，普通用户办理一个图书证，以图书证号可登录镜像服务器的地址，获取中国知网的镜像文献，但是，文献更新要以年度来计。

资料来源：龙丽嫦，曾祥潘，简子洋. 用技术解决问题：教师信息素养 88 个情景实例. 广州：暨南大学出版社，2014：211-212. 有改动。

第二节　万方数据

一、万方数据简介

1. 概况

万方数据资源系统（http：//www. wanfangdata. com. cn）是万方数据股份有限公司面向互联网推出的网络信息服务网站。万方数据是以科技信息为主，集经济、金融、社会、文化、教育等信息于一体的综合性信息服务系统，是一个以国家信息基础设施为依托，面向国民经济建设主战场的现代化、网络化、覆盖全国的科技信息传播系统。网站自开通以来已经产生广泛的影响。万方数据资源系统的用户群体遍布全球100多个国家和地区，每年新增的注册用户达100多万，万方的用户群体85%以上是从事科研、管理的业务骨干和单位领导。它汇集了11类百余个数据库，包括学位论文类、会议论文类、科技成果类、专利技术类、中外标准类、政策法规类、科技文献类、论文统计类、机构与名人类、数字化期刊类、工具类等数据库和每类下众多的子数据库。其上千万的海量信息资源，可以为广大科研单位、公共图书馆、科技工作者、高校师生提供丰富、权威的科技信息。

万方数据股份有限公司是国内第一家以信息服务为核心的股份制高新技术企业，是在互联网领域，集信息资源产品、信息增值服务和信息处理方案于一体的综合信息服务商。公司目前有六家股东单位：中国科技信息研究所、中国文化产业投资基金、中国科技出版传媒有限公司、北京知金科技投资有限公司、四川省科技信息研究所和科技文献出版社。

公司以客户为导向，依托强大的数据采集能力，应用先进的信息处理技术和检索技术，为科技界、企业界和政府部门提供高质量的信息资源产品。在丰富信息资源的基础上，万方数据还运用先进的分析和咨询方法，为用户提供信息增值服务，并陆续推出万方医学网、万方视频知识服务系统、中小学数字图书馆等一系列信息增值产品，以满足用户对深层次信息和分析的需求，为用户确定技术创新和投资方向提供决策。在为用户提供信息内容服务的同时，作为国内第一批开展互联网服务的企业之一，万方数据坚持以信息资源建设为核心，努力发展成为中国第一的信息服务供应商，开发独具特色的信息处理方案和信息增值产品，为用户提供从数据、信息到知识的全面解决方案，服务于国民经济信息化建设，推动中国全民信息素质的成长。

2. 数据库

（1）数字化期刊数据库是万方数据资源系统的重要组成部分，由万方数据自主建设，基本包括了我国文献计量单位中自然科学类统计源期刊和社会科学类核心源期刊的全文资源，是了解互联网上中文期刊的重要窗口。该库内容采用国际流行的HTML格式和PDF格式制作，并按理、工、农、医、人文排列。根据用户的不同需求和使用习惯，数据库提供了按学科分类查询、按刊名查询、按写作内容查询等多角度、全方位检索方式。

（2）中国学位论文全文数据库收录了自 1980 年以来我国各领域博士、硕士研究生论文，涵盖自然科学、数理化、天文、地球、生物、医药、卫生、工业技术、航空、环境、社会科学、人文地理等各学科领域，其中全文 60 余万篇，每年稳定新增 15 余万篇。是我国收录数量较多的学位论文全文库，充分展示了中国研究生教育的庞大阵容以及中国科学研究的整体水平和巨大的发展潜力。

（3）中文会议论文全文数据库收录了 1998 年到 2004 年国家级学会、协会、研究会组织、各部委、高校召开的 7 000 余个全国性学术会议的 45 万余篇国家级会议的论文全文，每年涉及上千个重要的学术会议，收录会议级别高、数量多、扩容速度快，是目前国内收集学科较为齐全、收集论文数量众多的会议论文数据库之一，便于用户及时掌握科研、生产的最新进展。

（4）中国科技成果数据库是国家科技部指定的新技术、新成果查询数据库。数据主要来源于历年各省、市、部委鉴定后上报国家科技部的科技成果及星火科技成果。其收录范围包括新技术、新产品、新工艺、新材料、新设计，涉及自然科学各个领域。该库已成为我国较具权威性的技术成果宝库。

（5）中国专利技术数据库收录了我国从 1985 年至今受理的全部发明专利、实用新型专利、外观设计专利等数据信息，包含专利公开（公告）日、公开（公告）号、主分类号、分类号、申请（专利）号、申请日、优先权等数据项。

（6）中外标准数据库收录了国内外的大量标准，包括中国国家发布的全部标准、某些行业的行业标准以及电气和电子工程师技术标准。收录了国际标准数据库，美、英、德等国家的标准，以及国际电工标准。还收录了某些国家的行业标准，如美国保险商实验所数据库、美国专业协会标准数据库、美国材料实验协会数据库、日本工业标准数据库等。

（7）中国企业、公司及产品数据库始建于 1988 年，由万方数据联合国内近百家信息机构共同开发。该数据库历经不断更新和扩充，现已收录 96 个行业的近 20 万家企业的详细信息，是国内外工商界了解中国市场的一条捷径。目前，其用户已经遍及北美、西欧、东南亚等地的 50 多个国家与地区，主要客户类型包括公司企业、信息机构、驻华商社、大学图书馆等。国际著名的美国 Dialog 联机系统更将该库定为中国首选的经济信息数据库而收进其系统，向全球数百万用户提供联机检索服务。其信息全年 100%更新，提供多种形式的载体和版本。

（8）国家科技图书文献中心（National Science and Technology Library，NSTL）外文文献数据库，包括外文期刊论文和外文会议论文，均为全文资源。外文期刊论文收录了 1995 年以来世界各国出版的 20 900 种重要学术期刊，部分文献有少量回溯。每年增加论文约百万余篇，每月更新。外文会议论文收录了 1985 年以来世界各主要学协会、出版机构出版的学术会议论文，部分文献有少量回溯。每年增加论文约 20 余万篇，每月更新。

与中国知网各数据库相类似，上述各数据库的检索功能和检索方法比较接近，不同的数据库之间只是设置的检索项有所不同，表 4－2 给出了主要数据库的检索项列表，从中可看到各数据库的数据资源组成的结构是有所差异的。

表 4-2　　万方主要数据库常用检索字段

数据库类型	通用字段	专属字段
期刊论文数据库	主题	来源（刊名）、期
学位论文数据库	题名	专业、学位授予单位、导师、学校
会议论文数据库	创作者	来源（会议录名称）、会议名称、主办单位，会议 ID
外文期刊数据库	作者单位	期刊来源（刊名）、期刊刊期
外文会议数据库	关键词	会议名称
中外专利数据库	摘要	申请专利号，专利权人、公开号、公告号、主权项、优先权、代理人
中外标准数据库	日期	标准编号、发布单位

二、万方数据检索

万方的数据检索与中国知网类似，万方数据知识服务平台首页如图 4-13 所示。有授权使用资源的单位或个人可单击“登录”按钮后，填写账号和密码即可进入使用。

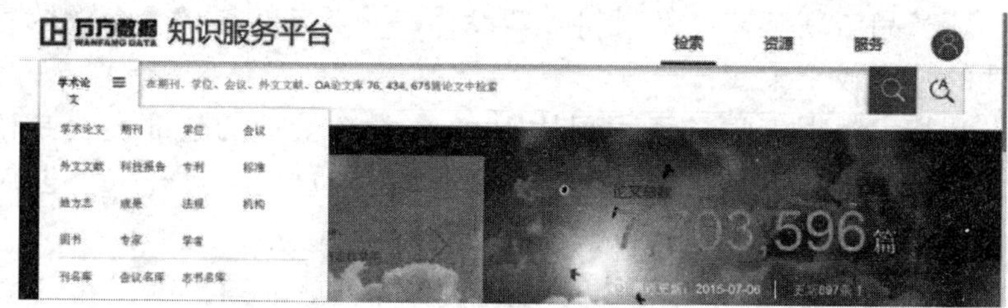

图 4-13　万方数据知识服务平台首页界面

万方数据知识服务平台提供三种检索方式：快速检索、高级检索和专业检索。

1. 快速检索方式

登录万方数据知识服务平台后，系统默认的检索界面为针对学术论文的跨库检索平台的快速检索界面，如图 4-14 所示。平台基于万方数据资源中的全部学术论文资源，为用户提供所需文献。

图 4-14　万方数据知识服务平台快速检索界面

在快速检索界面，通常系统默认的是在“学术论文”中检索，即在检索框中输入检索词可对本馆购买的所有万方学术资源（包括期刊、学位、会议、外文文献、科技报告、专利、标准、地方志、成果、法规、机构、图书、专家、学者等文献资源数据库）进行检索，它事实上就是跨库统一检索。如果这时直接点击“跨库检索”或“高级检索”，则进入的也是跨库检索。

根据特殊需求，用户也可分别选择在“期刊”或者“学位”或者“会议”等单库中进行检索。操作方法：用鼠标左键单击所指定的单库（如“期刊”），则会出现如图 4－15 所示的页面，它表示输入的检索词将只在期刊论文数据库中进行检索。

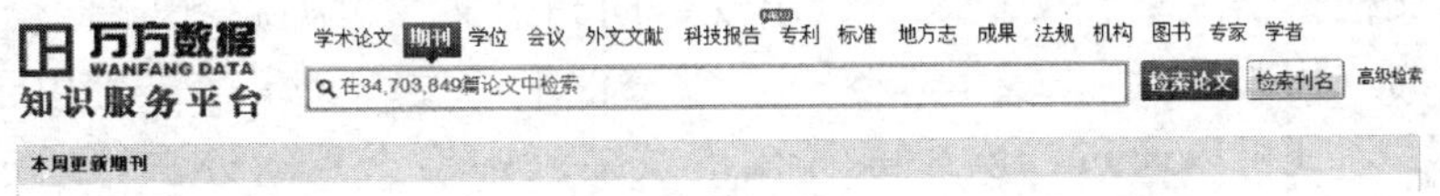

图 4－15　万方数据知识服务平台单库检索界面

在检索框中根据需要输入相关文献信息特征的检索词，例如输入“劳资冲突”，单击“检索”按钮即可获得检索结果，如图 4－16 所示。此结果按与检索词相关度排序，也可按出版时间、被引用次数等排序。页面中还显示了检索到的文献的学科分类、论文类型、出版年代、学科发展趋势、相关学者等信息，有助于读者进一步选择所需资料。

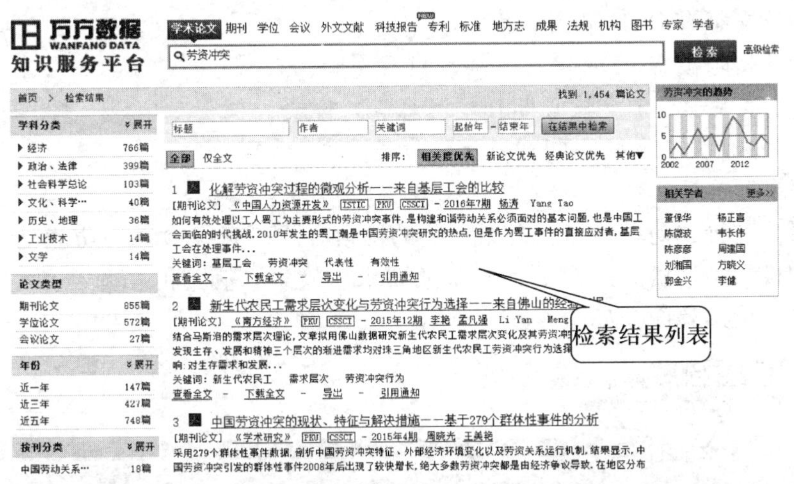

图 4－16　万方数据知识服务平台检索结果界面

在检索结果页面该平台又提供了以下功能。

（1）二次检索。为进一步缩小检索范围，可在输入“标题”“作者”“关键词”“年限”检索途径中输入相关检索词，单击“在结果中检索”实现二次检索的功能。

（2）检索结果的分类。提供了对本次检索结果的不同分类和具体文献数量，有学科分类、文献类型分类、发表时间分类和期刊分类，可直接单击查看相关分类下的检索结果。

（3）检索结果的排序。根据用户需要，提供“相关度优先”“新论文优先”“经典论文优先”，以及“其他”选项中的“仅相关度”“仅出版时间”“仅被引次数”等排序方式对检索结果进行排序显示。经典论文优先指被引用次数比较多，或者文章发表在水平较高的期刊上的、有价值的文献排在前面。相关度优先指与检索词最相关的文献优先排在最前面。新论文优先指的是发表时间最近的文献优先排在前面。

（4）重新检索。用户如果对检索结果不满意，需要重新检索，可在原检索框中清空检索词，重新填写新检索词即可实现。

图 4-16 的检索结果界面中，蓝色的字和绿色的字都可以点击。蓝色的字体表示与本次检索相关的检索结果，绿色的字体表示与该检索结果相关的各种信息（本书的图中看不出颜色，读者可打开电脑试一下，余同）。每篇文献结果下都有“查看全文”“下载全文”“导出”“引用通知”等进一步操作的选择。

在学术论文检索情况下，文章名下会出现“期刊论文”“学位论文”“会议论文”等。图 4-16 右边的“相关学者”，表示在这一检索条件下，发表文章较多。由于初次检索到的文献数量巨大，还可以通过二次检索（在检索结果中检索）的办法，通过对标题、作者、关键词、年代进行限定，减少检索结果输出量。

点击“查看全文”按钮可以在线浏览全文，点击“下载全文”，可以将此文献保存到本地计算机。分库检索就是针对不同文献类型，分别选择检索数据种类，例如要检索期刊论文或某一种期刊如《中国劳动关系学院学报》这种刊物。检索结果即点击期刊名，可以看到按年、期排列的期刊论文目录，可以按日常阅读的习惯去浏览和阅读各年度此期刊的文章。检索结果界面中，还有一些图标，解释如下。

：表明此文献有 PDF 格式下载。

：表明此文献没有 PDF 格式下载，只有文摘。

PKU：被北京大学《中文核心期刊要目总览》收录。

CSSCI：被南京大学《核心期刊目录》收录。

2. 高级检索

高级检索是一种比简单检索要复杂一些的检索方式。高级检索的功能是在指定的范围内，通过增加检索条件满足用户更加复杂的要求，检索到满意的信息。单击“高级检索”按钮，进入高级检索界面，如图 4-17 所示。

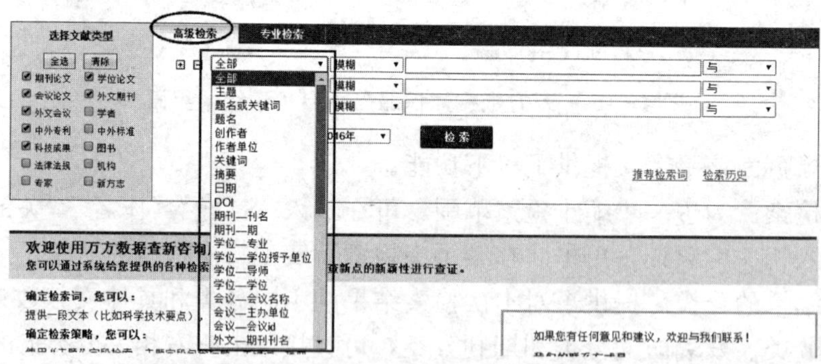

图 4-17　万方数据知识服务平台的高级检索界面

填写检索信息。“高级检索”区域列出了主题、题名或关键词、创作者、作者单位、关键词、摘要、日期、期刊刊名、期刊日期、学位信息、会议信息等检索信息供选择，填写的检索信息越详细，检索到的结果就会越准确，这些检索条件是“并且”的关系。高级检索提供了分栏式检索词、检索式输入方式，输入框默认为三组。可以通过点击“+”或“—”号来添加或删除，最多可以增加到六组。并可选择检索字段（主题字段包含标题，关键词，摘要）、匹配条件（精确匹配表示精确检索，输入的检索词和检出结果一致；模糊匹配表示模糊检索，检出词含有输入的检索词的词素）、逻辑运算（逻辑“与”、逻辑“或”、逻辑“非”），检索年度限定。查看检索历史，检索历史表达式可以拼接，查看检索结果的高频关键词，提供相关检索词。其中，选择显示条数可以选择在检索结果页面每页显示的文章数，有 10、20、50 这 3 个选择。

3. 专业检索

“专业检索”比“高级检索”功能更强大，但需要检索人员根据系统的检索语法编制检索式进行检索，适用于熟练掌握 CQL 检索语言的专业检索人员。CQL 是 Common Query Language 的简写，它是一种正式的检索语言，可以向检索系统发出检索请求，其检索表达式可以映射到具体的检索系统中去。CQL 是一种非常直观的检索语言，其设计目的是使人易读、易写。单击“专业检索”按钮，进入“专业检索”界面，如图 4-18 所示。

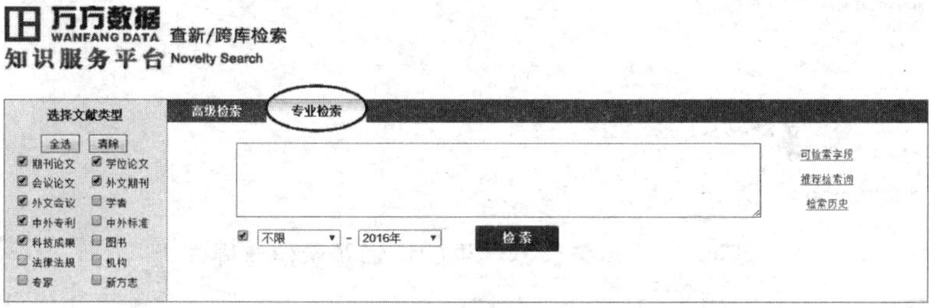

图 4-18　万方数据知识服务平台专业检索界面

在检索表达式框中直接输入检索式，然后单击“检索”按钮，执行检索。检索表达式使用 CQL 检索语言，多个检索词之间根据逻辑关系使用 and（逻辑“与”）、or（逻辑“或”）和 not（逻辑“非”）连接，具体的语法规则可查看“帮助”文件。

在专业检索中，尽管选择了相应数据库，但是系统会自动调整检索全部学术论文。因此，如果想进行指定数据库检索，必须加上 DBID 语法，如 DBID=WF XW，则表示在万方的学位论文数据库进行相应条件的检索。系统默认 3 种逻辑运算符的优先级相同，无括号时依次顺序执行，有括号时先括号内后括号外。所有符号和英文字母应使用英文半角字符。

三、检索结果管理

无论是快速检索还是高级检索，首先得到的都是关于检索结果主要的题录信息（标识信息），包括检索文献的总记录条数，每条记录的篇名、作者、刊名等，如图 4-16 所示。用户可以根据具体需求对检索结果进行下面几种处理。

（1）进一步缩小检索范围。通过对标题、作者、关键词或年份检索项加以适当的限定，并单击“在结果中检索”按钮，即可进一步缩小检索范围。

（2）对检索结果进行分类排序和浏览。检索结果界面左侧列出了对检索结果按学科、论文类型、年份、期刊和出版状态进行分类的结果；用户也可通过“相关度优先”、“新论文优先”和“经典论文优先”3 种查看方式浏览检索结果。

（3）查看单条记录的详细题录信息。在检索结果界面点击文献标题，进入期刊论文详细信息界面，可获得文献的详细内容和相关文献信息链接。它包含文献的详细信息，如题名、作者、作者单位、关键词、刊名、摘要和基金项目等（如图 4－19 所示），还有参考文献相似文献、相关博文、引证分析、相关专家、相关机构等链接。

（4）查看或下载某篇论文的全文。有三种方式供选择：在检索结果界面（如图 4－16 所示），直接单击所选论文序号左边的▣图标，选择“打开”或“保存”；在检索结果界面，单击所选论文摘要下方的“查看全文”或“下载全文”；在所选论文的详细题录信息界面（如图 4－19 所示），单击题名下方的“查看全文”或“下载全文”按钮。

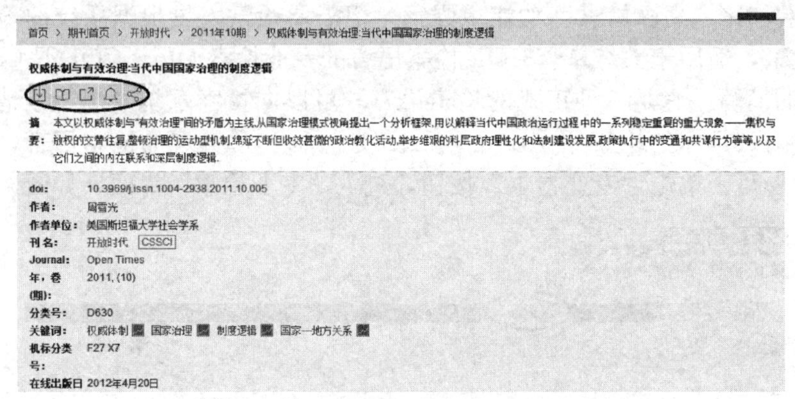

图 4－19　单条检索结果的详细题录信息界面

四、检索结果的统计数据

万方数据检索结果的统计数据也是非常有价值的。这一统计主要是针对用户在特定检索条件下所获得的检索结果。

下面，我们以“公共治理”为检索关键词，以此为例，介绍这些统计数据的特点。

1. 检索结果的学科分类统计

该统计给出当前检索结果的具体学科分布，检索结果给出几个学科分类。统计显示，共有 3 789 条记录，学科分布情况按照从多到少显示如下：

政治、法律 1 724 篇
经济 751 篇
文化、教育、科学、体育 78 篇
社会科学总论 399 篇
工业技术 82 篇
环境科学、安全科学 74 篇
医药、卫生 50 篇

点击前面的学科，就会展示各学科内的具体文献。例如，点击“社会科学总论”，检索结果会显示出 399 篇文献的情况。在社会科学总论中，又细分了社会科学总论下的具体学科。其中，“社会科学现状与发展”显示 2 篇，点击“社会科学现状与发展”，则会呈现出这两篇文献的具体信息，如图 4－20 所示。

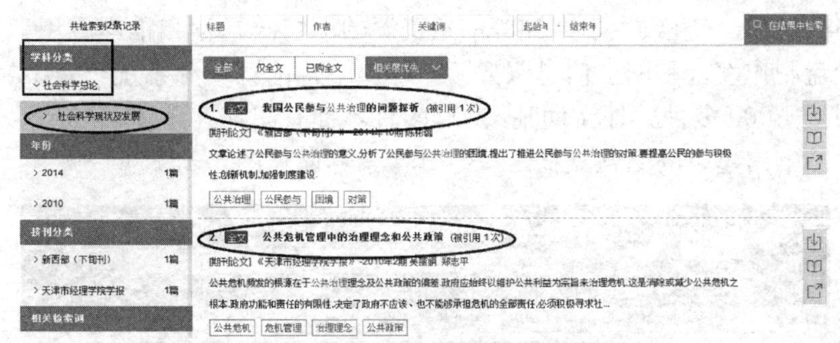

图 4-20　万方数据检索平台学科分布统计显示

2. 检索结果的论文类型统计

这一统计数据，仅在选择“学术论文”情况下出现。如果选择具体分类，则无此统计数据。这一统计数据的具体分类是期刊论文、学位论文、会议论文和外文期刊。

在我们前述进行的检索中，期刊论文有 2 406 篇，学位论文有 1 190 篇，会议论文有 185 篇，外文期刊 8 篇。点击“期刊论文”“学位论文”“会议论文”和“外文期刊”，就会展示那些后列篇数的具体文献。

3. 检索结果的年份统计

没有展开的情况下，该统计显示的是“近一年”“近三年”“近五年”的统计数据。点击“展开”，则显示每年文献的发表数，这对于判别某课题研究是不是呈上升趋势非常重要。

4. 检索结果的按刊统计

这一统计，主要显示各刊发表特定检索课题的文献数量，并给出排名。就我们上述检索词“公共治理”的检索课题来看，其结果如下：

中国行政管理 88 篇
行政论坛 26 篇
法制与社会 20 篇
国家行政学院学报 20 篇
云南行政学院学报 19 篇
甘肃行政学院学报 17 篇
人民论坛 17 篇

点击“展开”，能看到更多的期刊发表数量。这个统计，对于撰写同类文章的人，选择自己投稿的刊物有参考价值。如果该研究方向不是今年新出现的，某刊物从来没有发过同类的文献，很难期望该刊物发表与之相关的文章；反之，如果发表同类文章非常多的刊物，我们有理由相信，与该检索课题相关的主题，是该刊物喜欢的主题。

第三节　维普信息资源系统

一、维普概况

重庆维普资讯有限公司是科学技术部西南信息中心下属的一家大型的专业化数据公

司。自 1989 年以来，一直致力于期刊等信息资源的深层次开发和推广应用，集数据采集、数据加工、光盘制作发行和网上信息服务于一体。维普信息资源系统收录中文期刊 12 000 多种，中文报纸 1 000 多种，外文期刊 4 000 多种，拥有固定客户 2 900 余家。目前已成为推动我国数字图书馆建设的坚强支柱之一。其检索界面见图 4－21。

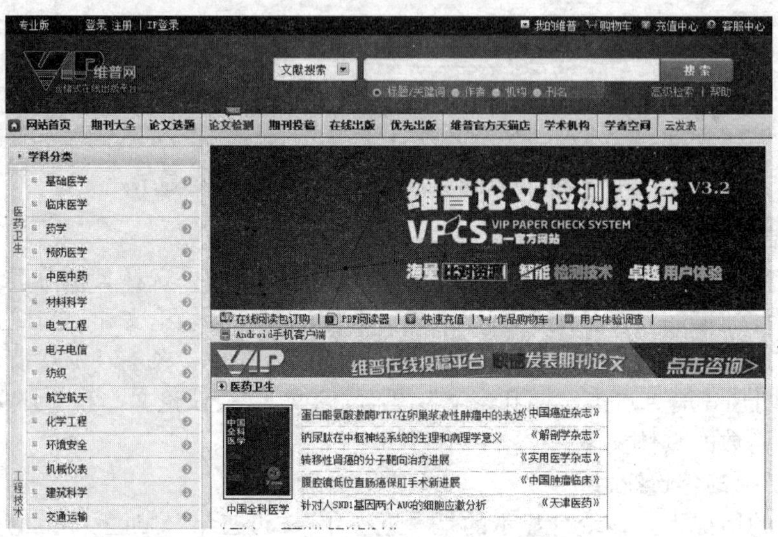

图 4－21　维普网检索首页界面

该公司旗下系列产品丰富多样，从中文期刊、外文期刊到中文报纸，覆盖自然科学、社会科学、工程技术、医药卫生、教育研究、农业科学等各个科研领域。在近 15 年的应用中，维普数据库已成为我国科技查新、高等教育、科学研究等单位重要的基本工具和资料来源。

1989 年，重庆维普资讯有限公司研制建成了中文科技期刊数据库，收录期刊 2 000 余种，以软盘形式开始向全国用户发行，开创了中国信息产业数据库建设的先河；1992 年，研制开发出我国第一张中文数据库光盘；1992 年，成功开发中国科技经济新闻数据库；1994 年，中文科技期刊数据库光盘由题录版改为文摘版，收录期刊 5 338 多种，年数据加工量达 30 万条；1996 年，中文科技期刊数据库推出第 6 版检索系统，增加了同义词检索功能，查全、查准率大幅度提高，累积数据突破 200 万条；1997 年，推出 Windows 单机版及 Novell、Windows NT 网络版检索系统；1999 年，推出外文科技期刊数据库，汇集了 1990 年至今 290 万条外文数据，涵盖理、工、农、医及部分社科专业；2000 年正式推出中文科技期刊数据库（引文版），选择了核心和重要期刊近 4 000 种；2003 年，数据量突破 800 万。与重庆尚唯信息技术有限公司合作，分别为医药卫生行业、基础教育行业开发了医用信息资源系统和中国基础教育信息资源系统。

重庆维普资讯有限公司营运网站——维普资讯网于 2000 年建立，经过多年的商业运营，已经成为全球著名的中文信息服务网站，以及中国最大的综合性文献服务网站。2005 年，维普资讯网和全球最大的搜索引擎提供商 Google 进行战略合作，成为 Google 在中国的重要合作伙伴，并且成为“Google 学术搜索”网站最大的中文内容提供商，目前维普资讯网的注册用户数超过 300 万，累计为读者提供了超过 5 亿篇次的文章阅读服务，在国内同行中处于领先地位。2007 年，全新改版的维普资讯网以打造“全球最大的中文知识社区”为网站目标，一改专业数据库网站面向用户群狭窄的形象，以更倾向大众阅读的方式为广大用户提供服务。现在，用户可以直接浏览经过分析整理的最有价值的内容，包括 2006 年以来的中国科学家影响力排名、中国科研机构影响力排名、期刊影响力排名、学科前沿问题导读等，精品导读结合数据库搜索使读者通过网络获取知识信息。

二、数据库资源

1. 数据库资源介绍

(1) 中文科技期刊数据库（全文版）。

该数据库源于 1989 年创建的中文科技期刊篇名数据库，其全文和题录文摘版一一对应，经过十几年的推广使用和完善，全面解决了文摘版收录量巨大但索取原文烦琐的问题。全文版的推出在国外受到广泛赞誉，同时成为国内各省市高校文献保障系统的重要组成部分。收录了国内公开出版的 12 000 余种期刊，期刊收录年限自 1989 年起，数据库包含全文 2 300 余万篇，并以每年 200 多万篇的速度递增，内容覆盖社会科学、自然科学、工程技术、农业、医药卫生、经济、教育和图书情报等学科；所有文献按照《中国图书馆分类法》进行分类，分为 8 个专辑：社会科学、自然科学、工程技术、农业科学、医药卫生、经济管理、教育科学和图书情报。

(2) 中文科技期刊数据库（文摘版）。

该数据库源自中文科技期刊篇名数据库，是国内最大的综合性文献数据库，由重庆维普资讯有限公司从 1989 年开始建设，1992 年推出了世界上第一张中文光盘，同年获得国家科委科技进步二等奖，1993 年获得国家科技进步三等奖。数据库包含 1989 年以来的自然科学、工程技术、农业科学、医药卫生、经济管理、教育科学和图书情报等学科8 000 余种期刊的 500 余万篇文献，并以每年 100 万篇的速度递增。文摘版还是中文科技期刊数据库（全文版）的索引，能独立工作也可建立本地或远程全文下载链接。该库的时间跨度、收录期刊种类及文献量在国内同类产品中都是首屈一指的。

(3) 中文科技期刊数据库（引文版）。

该数据库是由重庆维普资讯有限公司在十几年的专业化数据库生产经验的基础上，开发的又一新产品。该库可查询论著引用与被引用情况、机构发文量、国家重点实验室和部门开放实验室发文量、科技期刊被引情况等，是进行科技文献检索、文献计量研究和科学活动定量分析评价的有力工具。中文科技期刊数据库（引文版）引进了中文科技期刊数据库（文摘版）的检索系统，同时还针对此数据库的特点专门设计开发了多种功能。整个检索系统平台包括两个检索界面：源文献检索界面、被引文献检索界面。两个检索界面的切换可通过检索系统平台左角的切换按键来实现。

(4) 外文科技期刊数据库（文摘版）。

维普资讯有限公司联合国内数十家著名图书馆，以各自订购和收藏的外文期刊为依托，于 1999 年成功开发出外文科技期刊数据库（文摘版）。该库的推出满足了国内科研人员对国外科技文献的检索需求，同时还提供文献的全文服务，让用户轻轻松松获得第一手的外文原始文献资源。其内容涵盖理、工、农、医及部分社科专业资源，包括 1992 年至今约 30 个国家的 11 300 余种外文期刊，800 余万条外文期刊数据，并按照《中国图书馆分类法》进行分类。文献语种以英语为主，数据量以每年超过 80 万条的速度递增。

（5）中国科技经济新闻数据库。

该数据库是由重庆维普资讯有限公司在 1992 年开发成功的又一大型科技类数据库，它是国内第一家电子全文剪报。综合了传统文字传媒（报纸和期刊）新闻性强、信息量大、信息面广的优点，同时弥补了传统传媒系统性和累积性差的不足，集系统性、新闻性、实用性和情报检索的专业性于一体，从而使传媒的信息资源得到充分的利用。

中国科技经济新闻数据库以其快捷、高效的专业检索系统，全面、准确的信息资源，成为课题查新、科研教学、企业决策和获取竞争信息的重要工具。它提供最新的行业动态和科研动态以及发展历程，使用户能有效地掌握现在、展望未来。其信息来源于 1992 年至今的 400 种重要报纸和 5 000 多种科技期刊，包括工业、农业、医药、商业、经济等各行业科研动态、企业动态、发展趋势、政策法规等方面的信息资源。累积数据量达 230 多万条，并以每年 5 万条的速度递增，使传统的传媒信息资源得到了充分的利用和再利用。

（6）中国企业及产品广告数据库。

该数据库报道国内市场上最新推出的新产品信息以及其生产、销售企业的基本信息和产品广告。现有产品信息 8 万余条，企业信息 4 万余条，每周增加 4 000 余条，是企业寻求合作伙伴和供求信息、追踪产品动态、获取发展思路的重要信息源。

2. 数据库的特点

（1）由专业质检人员对题录文摘数据进行质检（包括标引和录入错误），确保原始文本数据的质量。考虑到在期刊收录过程中存在缺期情况，维普公司定期进行刊期统计并做增补，数据完整率达 99%以上。在主题标引用词基础上，编制了同义词库、同名作者库并定期修订，有助于提高文献检全率。

（2）具有检索入口多、辅助手段丰富、查全查准率高和人工标引准确的传统优点，系统内核采用国内最先进的全文检索技术。

（3）配备了功能强大的全文浏览器；内嵌北京汉王 OCR 识别技术，能直接把图像文件转换成文本格式进行编辑；对于无法转换成文字的图形、表格、公式等部分，可通过“区域识别”和“复制”功能把图像粘贴到 Word 或其他文档中；设置了“题录下载”的输出选项，解决了 Web 检索方式下用户不能自行选择输出字段的问题。

三、检索方法

维普资讯网供广大读者检索使用的是中文科技期刊数据库（全文版），任何用户均可免费访问该数据库中的题录和文摘信息，但如需下载全文则要按页付费或授权使用。网站提供镜像安装、网上包库和网上计费下载等多种使用方式。其他数据库在主网站上没有链接入口，只能通过镜像安装方式才能使用。

维普的各种数据库的检索方法基本相似，这里以中文科技期刊数据库（全文版）为例介绍其使用方法，进入维普资讯网主页，输入相应的用户名和密码登录后，即可进行检索并下载全文。在网站首页上就能看到数据库的两种检索入口，适用于大众用户的简单检索入口和适用于专业检索用户的高级检索入口，如图 4－22 所示。

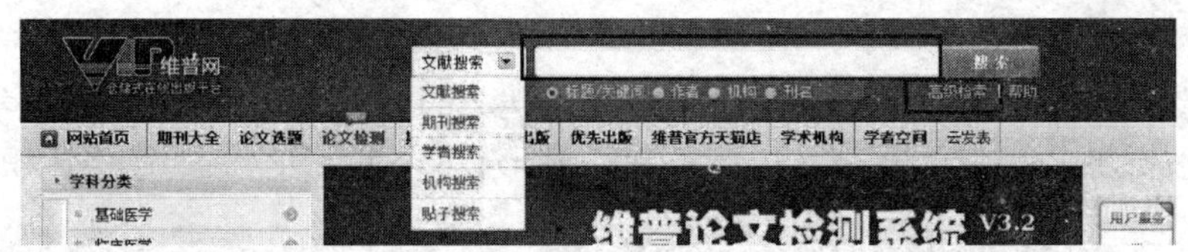

图 4－22　维普网简单检索入口与高级检索入口界面

1. 简单检索

读者登录维普网（http：//www. cqvip. com）首页，在数据库检索区，输入需要查找的检索词，点击“搜索”按钮即实现简单检索，如图 4－22 所示。在首页的简单检索界面，可以看到简单检索有多个对象：“文献搜索”“期刊搜索”“学者搜索”“机构搜索”“贴子搜索”（正确写法应为“帖子搜索”）等。默认为“文献搜索”字段。读者可对不同检索对象选定不同的特征属性进行检索。

多个检索词之间用空格或者“＊”代表“与”，“＋”代表“或”，“－”代表“非”。检索过程中，如果检索词中带有括号或逻辑运算符＊、＋、－、《》等特殊字符，必须在该检索词上用双引号括起来，以免与检索逻辑规则冲突。双引号外出现的＊、＋、－，系统会当成逻辑运算符（与、或、非）进行检索。

在检索结果展示区，提供了文章的标题、文摘、作者、刊名、出版年/期等信息供浏览。如果想浏览更详细的文章信息或者下载全文，可点击文章的标题，进入单篇文章的详细信息展示页面进行阅读。图 4－23 是周雪光的《从“官吏分途”到“层级分流”：帝国逻辑下的中国官僚人事制度》一文的详细信息，发表于 2016 年《社会》第 1 期。其中带蓝色下画线的字被点击后，维普自动进行相应的检索。

您的位置：网站首页 ＞《中文科技期刊数据库》＞ 人文社科 ＞ 政治 ＞ 中国政治 ＞ 摘要

从“官吏分途”到“层级分流”：帝国逻辑下的中国官僚人事制度

《社会》2016年 第1月 | 周雪光　美国斯坦福大学社会学系 上海高校社会学E-研究院

下载全文　论文服务　购物车 | ★ 收藏 | 分享

摘　要：魏晋南北朝以来的"官吏分途"是中国官僚体制的重大制度变迁，本文从这一角度出发，审视当代中国官员的空间流动状况，提出以"官吏相对谱系"为特点的"层级分流"模式。文章从周雪光的"帝国逻辑"分析框架出发，借用史学研究和社会科学理论来认识和解释人事制度安排与帝国治理逻辑之间的关系。文章认为，从"官吏分途"到"层级分流"，这一人事制度造成了官僚体制的二元结构及其迥然不同的职业生涯、激励设置和利益群体，为中国官僚体制的运作打上了鲜明烙印。本文充实和扩展了"帝国逻辑"的理论思路。

【分　类】【政治、法律】＞ 中国政治 ＞ 国家行政管理 ＞ 国家机关工作与人事管理 ＞ 人事管理

【关键词】官吏分途 层级分流 官吏相对谱系 国家治理 帝国逻辑

【出　处】《社会》2016年 第1月 1-33页　共33页

【收　录】中文科技期刊数据库

图 4－23　维普网检索文献的详细信息界面

2. 高级检索

从维普网首页，点击“高级检索”对话框，进入专业版检索界面，可以看到该数据库提供的4种检索方式：基本检索、传统检索、高级检索和期刊导航。如图4-24所示。

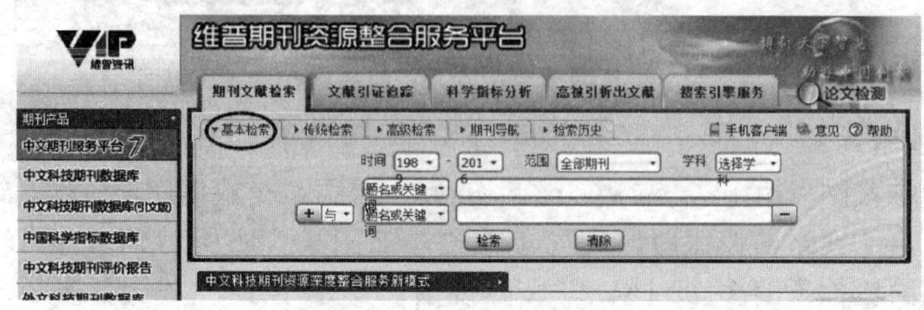

图4-24 维普网高级检索界面

(1) 基本检索。

基本检索就是检索者不需要限定过多的检索条件，只需输入检索词即可得到检索结果的检索方式，操作过程简单实用，是系统默认的检索方式。

具体操作步骤如下。

1) 选择检索入口。检索输入框前有系统提供的不同检索入口，包括题名、关键词、题名或关键词、作者、第一作者、刊名、机构、文摘、分类号、作者简介、基金资助、任意字段、参考文献和栏目信息等。在基本检索中，不同检索方式，检索字段有所不同，系统默认在“题名或关键词”字段进行检索。字段名前的英文字母为检索途径代码，在复合检索式中可使用这些代码进行相应字段的限定，如M代表题名或关键词、K代表关键词、J代表刊名、A代表作者等。还可以进行模式的选择，分为模糊匹配和精确匹配。不同检索字段，对于匹配的设置也不相同，如果模式处为灰色表示不可选，只能用系统设置。

2) 限定检索范围。在检索输入框上方，还可根据用户的需要对检索范围做进一步限定，包括期刊范围、年限、学科等。

期刊范围限定：分为全部期刊、重要期刊、核心期刊、EI来源期刊、SCI来源期刊、CAS来源期刊、CSCD来源期刊、CSSCI来源期刊，系统默认为全部期刊。

年限范围限定：默认为1989年至今，也可以在任意年度之间限定。

学科范围限定：包括管理学、经济学、图书情报学等45个学科，勾选复选框可进行多个学科的限定。默认为全部学科，也可以根据需要选择任一或多个学科。

逻辑组配：检索框默认为两行，点“+”“-”可增加或减少检索框，进行任意检索入口“与”“或”“非”的逻辑组配检索期刊范围限定。

3) 输入检索词。系统提供两种输入方式，简单输入式和复合检索式。

简单输入式：直接输入检索词，限定检索范围进行检索。

复合检索式：在清楚检索条件并能熟练组织检索表达式的基础上，可通过直接输入检索式的方式进行检索，构造的复合检索式等同于简单输入式与二次检索方式的搭配使用。

4) 检索结果。在检索结果页面中显示检索到的文章列表。例如，在检索框内输入“劳工政治”后单击“检索”，结果如图4-25所示。在检索界面中，可以根据用户的需要进行选择，对检索结果筛选。通过这些方式对检索结果进行进一步处理。

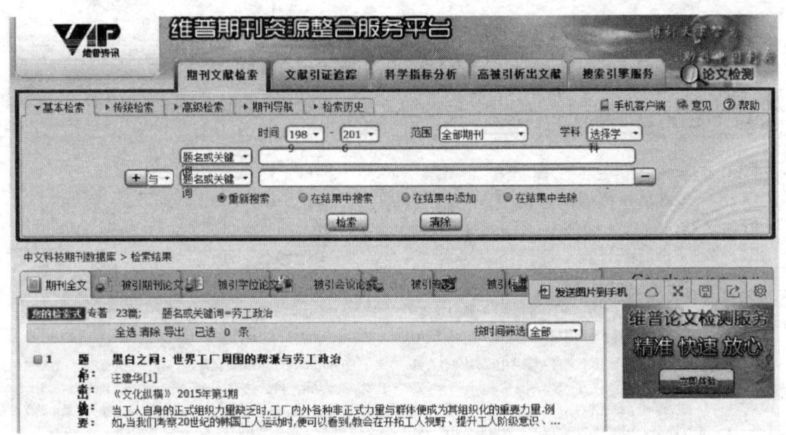

图 4-25　维普期刊资源整合服务平台的检索结果

维普检索结果的处理主要包括以下几种。

按时间筛选。包括全部数据、一个月内、三个月内、半年内、一年内、当年内，系统默认为全部数据。

继续检索。可以利用系统提供的重新搜索、在结果中检索（逻辑“与”）、在结果中添加（逻辑“或”）、在结果中去除（逻辑“非”），从而更加准确地锁定用户所需要的数据。

题录信息。如果想保存题录信息，可勾选相应记录前的复选框（表示选择对应文献）或相应页面序号上方的“全选”（表示选择当前页面的所有记录），然后单击“导出”按钮，即可打开题录导出对话框，如图 4-26 所示。从而按需要导出题录的各种格式，如文本、参考文献、XML、NoteExpress、Refworks、EndNote、自定义导出等。

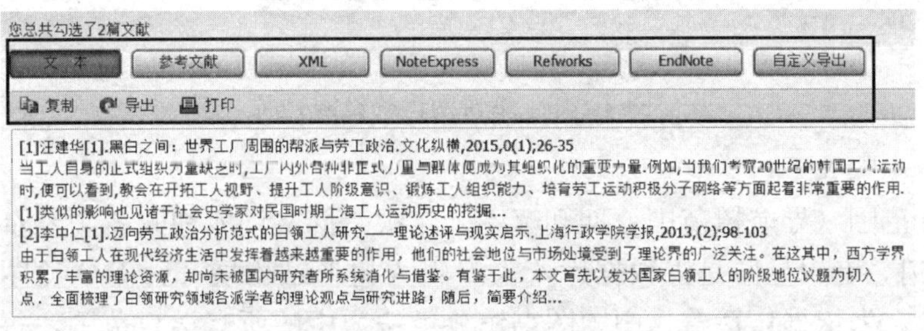

图 4-26　维普期刊资源整合服务平台的题录信息

全文信息。在检索结果区中，单击“在线阅读”或“全文下载”按钮，可以打开相应文献的阅览页面或下载链接，进行 PDF 格式的全文下载。单击某篇文章的标题链接，可进一步查看该文章的详细信息，如图 4-27 所示。

（2）传统检索。

传统检索是维普资讯中文科技期刊数据库老用户习惯的专业检索风格：在中文科技期刊数据库检索主页面或其他检索界面中单击“传统检索”标签，即进入传统检索界面，该界面布局紧凑、功能集中，如图 4-28 所示。界面上部为检索功能区域，左边为导航区域，包括专辑导航和分类导航两种，单击“专辑导航”或“分类导航”，就能展开具体专辑或分类（甚至更细的分类）。右边为概览区和细览区，该界面布局与 CNKI 有相似之处。

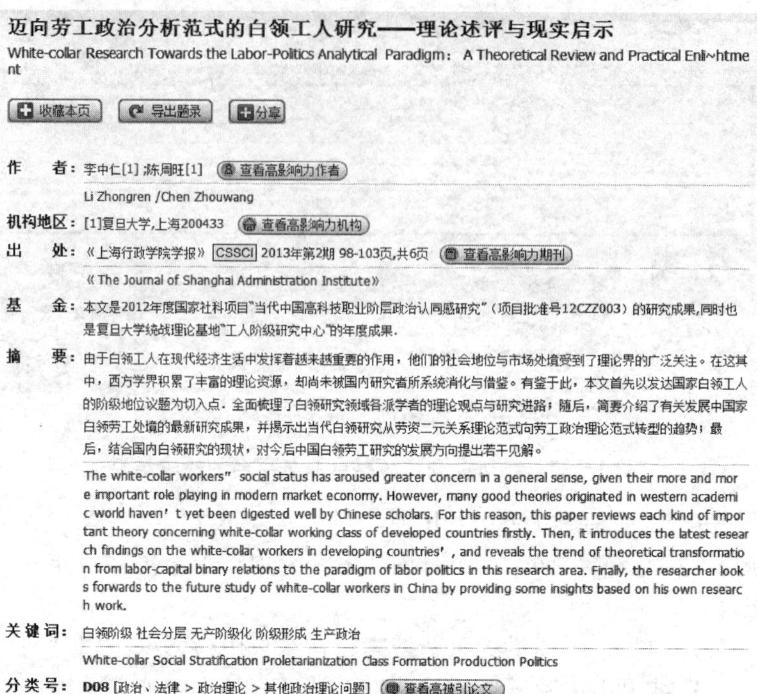

迈向劳工政治分析范式的白领工人研究——理论述评与现实启示

White-collar Research Towards the Labor-Politics Analytical Paradigm: A Theoretical Review and Practical Enl~htment

收藏本页 导出题录 分享

作　者：李中仁[1] ;陈周旺[1] 查看高影响力作者

Li Zhongren /Chen Zhouwang

机构地区：[1]复旦大学,上海200433 查看高影响力机构

出　处：《上海行政学院学报》 CSSCI 2013年第2期 98-103页,共6页 查看高影响力期刊

《The Journal of Shanghai Administration Institute》

基　金：本文是2012年度国家社科项目"当代中国高科技职业阶层政治认同感研究"（项目批准号12CZZ003）的研究成果,同时也是复旦大学统战理论基地"工人阶级研究中心"的年度成果.

摘　要：由于白领工人在现代经济生活中发挥着越来越重要的作用，他们的社会地位与市场处境受到了理论界的广泛关注。在这其中，西方学界积累了丰富的理论资源，却尚未被国内研究者所系统消化与借鉴。有鉴于此，本文首先以发达国家白领工人的阶级地位议题为切入点，全面梳理了白领研究领域各派学者的理论观点与研究进路；随后，简要介绍了有关发展中国家白领劳工处境的最新研究成果，并揭示出当代白领研究从劳资二元关系理论范式向劳工政治理论范式转型的趋势；最后，结合国内白领研究的现状，对今后中国白领劳工研究的发展方向提出若干见解。

The white-collar workers" social status has aroused greater concern in a general sense, given their more and more important role playing in modern market economy. However, many good theories originated in western academic world haven' t yet been digested well by Chinese scholars. For this reason, this paper reviews each kind of important theory concerning white-collar working class of developed countries firstly. Then, it introduces the latest research findings on the white-collar workers in developing countries' , and reveals the trend of theoretical transformation from labor-capital binary relations to the paradigm of labor politics in this research area. Finally, the researcher looks forwards to the future study of white-collar workers in China by providing some insights based on his own research work.

关键词：白领阶级 社会分层 无产阶级化 阶级形成 生产政治

White-collar Social Stratification Proletarianization Class Formation Production Politics

分类号：D08 [政治、法律 > 政治理论 > 其他政治理论问题] 查看高被引论文

图 4-27　维普期刊资源整合服务平台检索结果的详细信息

图 4-28　维普网传统检索界面

具体操作步骤如下。

限定检索范围（导航树范围、期刊范围、年限、同义词库和同名作者库）。

1）导航树。专辑导航是以数据库八大专辑为树形结构展开，而分类导航是以《中国图书馆分类法》为依据，覆盖《中国图书馆分类法》中的所有学科范围，每一个学科分类也都可以按树形结构展开，因此用户可根据需要将检索范围限定在某一特定专辑或学科分类。利用导航树，可缩小检索范围，进而提高查准率和查询速度。

直接单击最底层节点就可以在输出区域中直接输出该类别的全部记录。选中某类别后，保持检索式输入框空白。直接单击"检索"按钮，则为浏览该类别的所有记录。

2）同义词。同义词库功能默认关闭，选中即打开（只有在检索入口中选择了"题名或关键词""关键词""题名"时才生效）。如选中页面左上角的"同义词"复选框，在"检索入口"下拉列表框中选择"关键词"选项，在检索框内输入关键词"电脑"，检索时会提示"电子计算机""微电脑"等是否同时选中作为检索条件，就可以有选择地调整检索的命中范围。

3）同名作者。同名作者库功能默认关闭，选中即打开（只有在检索入口中选择了

“作者”“第一作者”时才生效)。例如，选中页面左上角的“同名作者”复选框，选择检索入口为“作者”，输入检索式为“马骏”，单击“检索”按钮，系统提示“发现不同单位‘同名作者’，请选择以下作者单位”，在相应单位前选中复选框，表示检索某一特定单位的作者的文章。单击页底的“确定”按钮即可进行精确检索。

进行检索。选择检索入口，输入检索词。单击“检索”按钮，系统将结果返回至右侧上部的窗口中。

检索结果处理。传统检索与快速检索的结果页面显示方式有所不同。

1) 二次检索。打开“检索”按钮后的下拉列表框，可进行逻辑关系“与”“或”“非”的选择，然后单击“二次检索”按钮，即可在当前检索结果的范围内进行相应设置的检索。

2) 全文。单击文献的题名链接，即可在细览区显示其详细信息。单击细览区右侧的PDF全文下载链接，即可进行全文下载。

3) 题录保存。首先要选择待保存文献，然后单击“下载题录”按钮，即可进行题录保存。

(3) 高级检索。

高级检索是布尔逻辑式检索的直观表现形式，提供多重检索方式，可以设计多个检索条件限制和同时检索多个字段，使检索变得更准确快捷。在中文科技期刊数据库检索主界面或其他检索界面中单击“高级检索”标签，即可进入高级检索界面。高级检索是一种比较专业的检索方式，检索功能非常丰富。它能实现复杂的逻辑组配检索，限定各种检索条件，以达到精确检索的目的。高级检索适用于对自己的检索请求非常明确，对查准率和查全率要求相当高的检索者。高级检索除可选择逻辑运算、检索项、匹配度外，还可以进行相应字段扩展信息的限定，可定义非常复杂和精准的检索请求，最大限度地提高了检准率。高级检索提供两种方式供用户选择使用：向导式检索和直接输入检索式检索。

1) 向导式检索。

向导式检索为用户提供分栏式检索词输入方法，如图4-29所示。用户除了可以选择逻辑运算、检索项、匹配度外，还可以进行相应字段扩展信息的限定，最大限度地提高了查找的准确率。

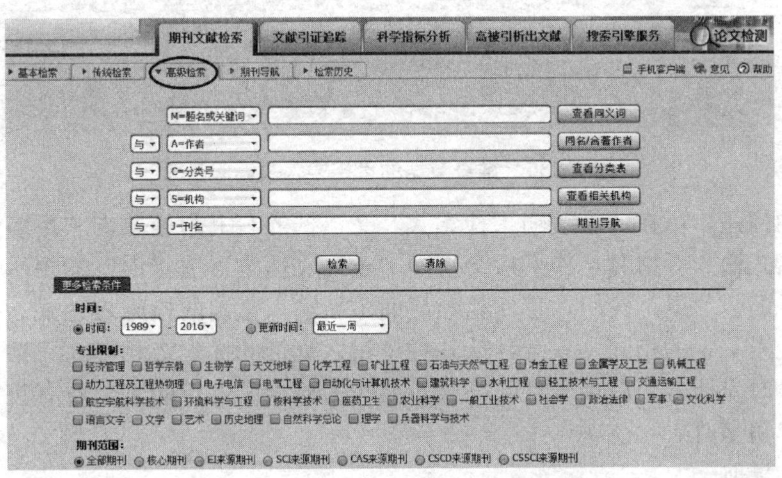

图4-29 维普数据的向导式高级检索

用户在“检索词”文本框输入检索词，通过“检索项”下拉列表框进行字段限定，通过“逻辑”下拉列表框限定各检索词之间的逻辑关系，一次最多可进行5个字段的逻辑组配，同时在匹配度一栏选择“模糊”或“精确”选项。

在向导式检索中，文本框后有相应的扩展功能，可进行同义词、同名作者、分类表、相关机构和期刊的扩展功能查询。单击“查看同义词”按钮，即可显示该检索词的同义词，以扩大搜索范围。单击“同名/合著作者”按钮，即可以列表形式显示不同单位同名作者，用户可以选择作者单位来限制同名作者范围，勾选数据最多不超过5个。单击“查看分类表”按钮，会弹出分类表选项。单击“查看相关机构”按钮，即可显示以该机构为主办（管）机构的所属期刊社列表，勾选数据最多不超过5个。单击“期刊导航”按钮，可以查看该期刊的详细信息（如曾用刊名等），使用户获得更多信息。在进行这些信息的查询时，必须在前面输入相应的检索词，否则不能进行操作。按钮为灰色时，表示该功能不可用。用户还可以单击“扩展检索条件”按钮，以进一步缩小搜索范围，获得符合检索需求的检索结果。在“扩展检索条件”中，用户可以根据需要以时间条件、专业限制、期刊范围进一步限定检索范围。

2）直接输入检索式检索。

用户可在检索条件框中直接输入由逻辑运算符、字段标识等组成的检索式，单击“扩展检索条件”按钮并对相关检索条件进行限制后，再单击“检索”按钮即可，如图4－30所示。

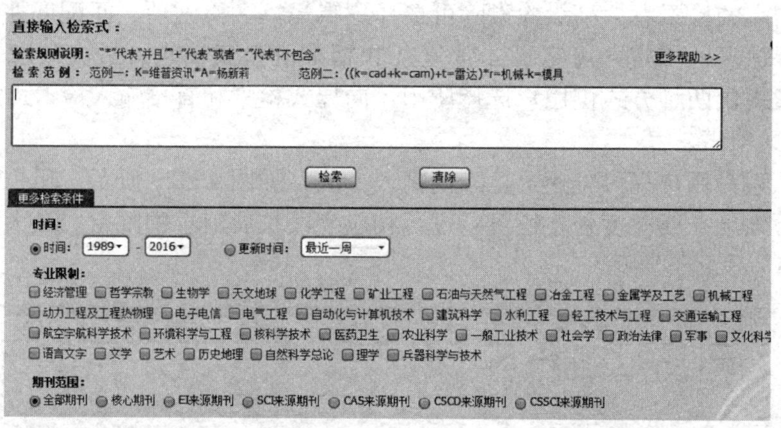

图4－30 维普数据的直接输入式高级检索

检索式的构建，可在“直接输入检索式”文本框的右上角处单击“更多帮助”链接进行查看。检索式输入有错时，检索后会返回“查询表达式语法错误”的提示，看到此提示后单击浏览器的“后退”按钮，返回检索界面重新输入正确的检索表达式。扩展检索条件与“向导式检索”中的相同。系统默认几种逻辑运算符的优先级相同，无括号时依次顺序执行，有括号时先括号内后括号外。括号不能作为检索词进行检索，所有符号和英文字母应使用英文半角字符。

（4）期刊导航。

在中文科技期刊数据库检索主界面或其他检索界面中单击“期刊导航”标签，即可进入期刊导航检索界面，如图 4－31 所示。

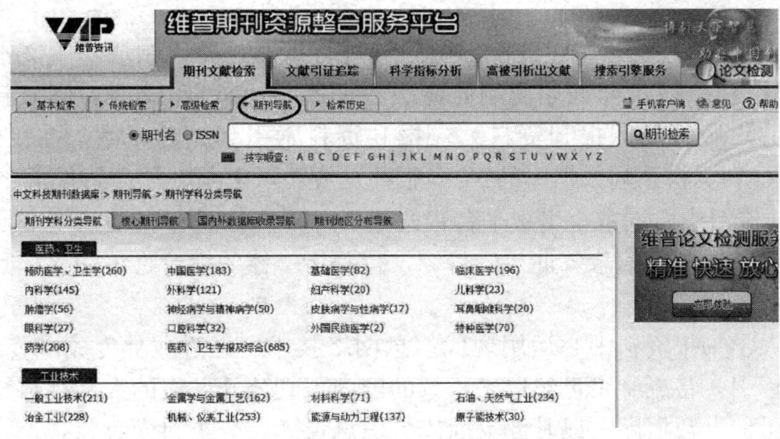

图 4－31　维普数据的期刊导航界面

在期刊导航页中通过如下三种搜索方式查看所需期刊。

1）期刊搜索。提供刊名和 ISSN 的检索入口，ISSN 检索必须是精确检索，刊名字段的检索是模糊检索，期刊搜索提供二次检索功能，在文本框中输入刊名或 ISSN，单击“查询”按钮，即可进入期刊列表页。

2）按字顺查找。用户单击某字母，即可列出以该字母为拼音首字母的所有期刊。

3）按学科查找。用户可以根据学科分类来查找需要的期刊。单击下面的学科分类，即可列出该学科分类下所有期刊的刊名。

单击期刊名称，即进入期刊封面页。在期刊封面页上可浏览期刊的基本信息，包括期刊简介、期刊主办信息、编辑部联系方式、订刊信息、国外数据库收录情况期刊获奖情况、国家图书馆馆藏、上海图书馆馆藏等信息。在期刊封面页上直接进行本刊检索（如果此处显示“检索记录为 0 条”时，表示该刊尚未购买），将显示所选期刊中符合检索要求的文献。选择某年某期，则将进入指定期数的整刊浏览页面，整刊浏览页面除了显示相应检索结果外，还进一步提供跨年检索和某年内按期检索两种方式，同时还提供二次检索功能。

第四节　人大复印报刊资料数据库

一、基本概况

中国人民大学书报资料中心成立于 1958 年，是我国收集、整理、存储、发布人文科学、社会科学、经济和管理科学信息资源的权威机构。人大《复印报刊资料》作为一套大型社会科学精选论文汇编，所选用的文章均源于国内公开发行的 4 500 多种报刊，各专题下设全文复印内容和题录索引内容，分索引、文摘、全文分别出版，所荟萃的内容基本覆盖了社会科学的主要领域，是国内最有影响的社会科学专题文献资料库。在高校图书馆的馆藏资料中，人大《复印报刊资料》的借阅率居各期刊借阅率之首。其印刷版主要产品为《复印报刊资料》系列刊物和《报刊资料索引》系列刊物，是查考当前报刊论文资料的基本检索工具。此外，我国社会科学二次文献出版物有影响的还有《新华文摘》《高等学校文科学报文摘》。

早在1994年该中心就开始在数字出版领域进行探索，并研制成功中文报刊社科资料索引数据库（软盘）。1995年开始研制光盘版数据库。1996年12月，国家新闻出版署批准书报资料中心出版《复印报刊资料》《报刊资料索引》光盘产品，并授予正式版号。2000年，复印报刊资料系列数据库的Web版开发成功，中心电子产品开始支持网络服务。2008年10月，资料中心网数字出版平台正式建成并投入运营。目前该中心已发展成集期刊出版、网络电子出版、信息咨询、广告、发行等于一体的综合性、跨媒体现代信息资料出版机构。

中国人民大学书报资料中心运用现代信息网络技术，经过业界专家和专业编辑精选、分类、编辑、标引，将近半个世纪以来积累的国内报刊公开发表的人文社科学术研究成果汇编成人文社科信息数据库，以其涵盖面广、信息量大、分类科学、筛选严谨、结构合理完备，成为国内最有权威的具有大型、集中、系统、连续和灵活五大特点的社会科学、人文科学专题文献资料宝库。从1995年开始，100多个专题，每年分马列、哲学、社科总论、政治、法律、经济、文化、教育、体育、语言、文学、艺术、历史、地理及其他等类。

中国人民大学书报资料中心不断更新其数据信息，逐渐形成了4个平台：人文社科信息资料编辑出版平台、人文社科期刊交流评价平台、报刊信息咨询平台、教学科研服务平台，为用户提供及时完善、方便快捷的信息产品服务。

书报资料中心所编辑出版的期刊，广泛选材于国内公开出版的人文社科报刊，经过科学分类、精编细选以及严格的审稿遴选，确保了入编稿件的高品位、高质量。

人文社科信息系列数据库包含《复印报刊资料》全文数据库、《复印报刊资料》专题目录索引数据库、中文报刊资料索引数据库、中文报刊资料摘要数据库、专题研究数据库、数字期刊库六大产品。该系列数据库内容丰富，既有经过专家、学者遴选，浓缩而成的学术精品全文库，也有提供人文社会科学各学科全部研究信息的索引库，此外，还有针对学术热点和读者需求研发的专题研究库等。"精选"与"全面"完美结合，形成了涵盖面广、分类精当、兼收并蓄的完备的社科信息数据库体系。

《复印报刊资料》系列期刊有118种，共分五大类，即哲学、政法类39种，经济、管理类30种，教育类24种，文史类23种，综合文萃类2种。其中与人文社会科学有关学科直接对应的学术专题期刊91种。

二、数据库简介

1. 人大《复印报刊资料》全文数据库

人大《复印报刊资料》全文数据库囊括了中国人民大学书报资料中心编辑出版的百余种《复印报刊资料》系列刊物的电子版，收录1995年以来《复印报刊资料》系列刊物的全部全文，论文选自人文科学和社会科学领域国内公开出版的3 000多种核心期刊和报刊，包括哲学类、政治学与社会学类、法律类、经济学与经济管理类、教育类、文学与艺术类、历史学类、文化信息传播类以及其他类。每个类别分别涵盖了相关专题的期刊文章，对学术信息进行整理、加工、分类、编辑，提供高质量的学术信息产品。该库分哲学、政治社会、法学、文艺、教育等九大子库，包含148个专题期刊，目前收录全文文献30余万篇。逐期更新。

该数据库现有两种呈现方式，即学术论文型和数字期刊型。学术论文型呈现方式基于学科类别展现篇目内容；数字期刊型则以整刊形式展现，具有直观、便捷的特点。该数据库收录年限为 1995 年至今。其中，很多专题已回溯至创刊年。

2. 人大《复印报刊资料》专题目录索引数据库

人大《复印报刊资料》专题目录索引数据库是题录型数据库。汇集了自 1978 年至今的复印报刊资料系列期刊的全部目录，按专题和学科体系分类编排而成，累计数据达 90 多万条。每条数据均包含多项信息，包括：专题代号、类目、篇名、著者、原载报刊名称和刊期，以及选印在人大《复印报刊资料》上的刊期和页次等。既可单独使用，又可作为检索纸本人大《复印报刊资料》的最佳检索工具。用户只需点击几个按键就能获取准确的信息，为科研工作提供了详尽的资料，其功能大大超过传统人工索引，可以从中归纳出该专题的历史研究规律和趋势，是《复印报刊资料》整体数据收藏和应用的重要向导。

3. 人大中文报刊资料索引数据库

人大中文报刊资料索引数据库是对 1978 年以来国内人文社会科学学术研究成果的累积和汇总的题录型数据库。它按学科和年份形成若干子库，包括：法律类、经济学与经济管理类、教育类、历史类、文学与艺术类、文化信息传播类、哲学类、政治学与社会学类和其他类，各大类之下设置四级类目，个别类目已深入揭示到七级。数据量 470 多万条，对全部学术文献索引进行编辑加工、科学分类。同时，通过不断更新数据，展示中国学术发展的最新研究成果。每个数据条目均包括文章的标题、作者、原发期刊名称与刊期、页码、学科归属、引文、关键词等多项信息内容，形成不同的检索点，能够实现文献数据的科学定位，具有学科齐全、信息量大、检索方便、界面友好、速度快捷等特点。

该数据库在报刊文献从无序到有序的转化以及促进报刊文献资源的开发与利用方面发挥着关键性的作用。由于各学科之间的相关性，学科间相互渗透和交叉的现象正在加强，许多学科有很多论文散落在相关学科的刊物上。另外，从一次文献到二次文献（索引产品）的出版都有时间差，需要几个月的时间，中文报刊资料索引数据库则可以让用户及时了解本专业的研究状况和热点问题。该数据库被称为“全国四大索引”之一。

4. 人大中文报刊资料摘要数据库

人大中文报刊资料摘要数据库是人文社科文献要点摘编形式的数据库。该数据库收集了 1995 年至今人大资料中心出版的 14 种专题文摘上刊载的经过浓缩的学术资料，累积 5 万余条数据。该数据库简明扼要地摘写文章的论点、论据和重要材料，记录科研成果、反映学术动态、积累有关数据，数据量大、涵盖范围广，便于用户了解与自己的课题相关的研究状况，把握本领域的研究动态。数据库既能通过任意词等常见字段辅助社会科学领域入门者快速获取文献信息，同时又以丰富的字段逻辑组合满足专家级的准确检索需求。

5. 专题研究数据库

专题研究数据库包括在线版专题研究数据库和光盘版专题研究数据库两类。

在线版专题研究数据库于 2008 年 10 月建成，是根据特色选题，通过分类整理、合理组合，从人大《复印报刊资料》全文数据库中整理生成各类专题研究资料，从而形成的新的数据库产品，该数据库包括 25 个专题子库。光盘版专题研究数据库包括 6 种产品。专题研究数据库选题遵循专题原则、实用性原则和需求原则，秉承“精选千家报刊，荟萃中华学术”的宗旨，选取学术精品、人文精品，内容涵盖人文社会科学领域中的理论前沿和社会热点问题，体现了“特色”与“精选”的结合。该数据库选题独具特色，分类科学精当，内容丰富全面，便于用户了解与课题相关的研究状况，把握本领域的研究动态，为社会各界人士进行学术探讨和理论研究提供更加全面的服务。

6. 数字期刊库

本库资源以整刊形式面向读者，读者可以查看期刊封面、期号等信息。同时提供按期刊学科、期刊拼音首字母、期刊分类号、期刊属性查询等不同形式的查询方式，以方便读者进行资源检索。按刊物类别，数字期刊库分为复印报刊资料系列、原发刊系列。收录年限为 1995 年至今。

三、数据库的特点

1. 具有查全功能

该数据库精选中央和地方报刊、高校学报等文献资料，既收载独立成篇的论文，也编制未选印文章索引，篇名、目录并举，涵盖了社会科学的众多领域。

2. 具有学术性和权威性

该系列偏重选取各种学术理论方面的信息，对不同观点的争鸣兼收并蓄，特别关注人文科学领域中的热点问题。每个专题既有专家名流富于启迪性的权威论文，又有学术界新秀就敏感、热点问题提出的争鸣意见和新颖见解。该系列出版物的转载率已成为当前全国期刊界和学术界评定期刊质量和学术论文质量的主要指标之一。

3. 具有新颖性、创新性

人大《复印报刊资料》每一期都选入人文社科领域中最新的专题文献。这些文章能及时反映新理论、新动向，不仅密切关注信息时代科学发展的动向，同时还努力追踪社会科学、人文科学的新发展。

四、检索方法

1. 登录数据库

方式一：在校园网内，直接输入以下地址后可以进行检索。

http：//ipub. exuezhe. com/index. html

方式二：在校园网内，登录图书馆主页-电子资源-中文数据库-人大复印报刊资料数据库。

通过以上两种方式，均可到达人大《复印报刊资料》数据库主页。

该数据库按专题分类编辑，在每一个专题下又分为许多子专题，可点击具体的专辑浏览其收录的文献。数据库的界面由资源列表区、检索区、检索结果显示区、检索命令生成区四部分组成。

人大《复印报刊资料》数据库的六大系列产品中，除了“数字化期刊库”以外，其他五个数据库的检索方法基本一致。下面仅以人大《复印报刊资料》全文数据库进行介绍。

2. 简单检索

(1) 选择检索范围。在资源列表区中选择合适的检索范围，在要选择的库前方框内点击“√”。该数据库按专题分类编辑，分为政治学与社会学类、法律类、哲学类、经济学与经济管理类、文学与艺术类、教育类、历史类、文化信息传播类、其他类九大专题，在每一个专题下又分出许多子专题，如图 4 - 32 所示。在进行检索之前，可以先选择资源，在资源目录中显示的每一项资源前面都有一个空白框供选择。

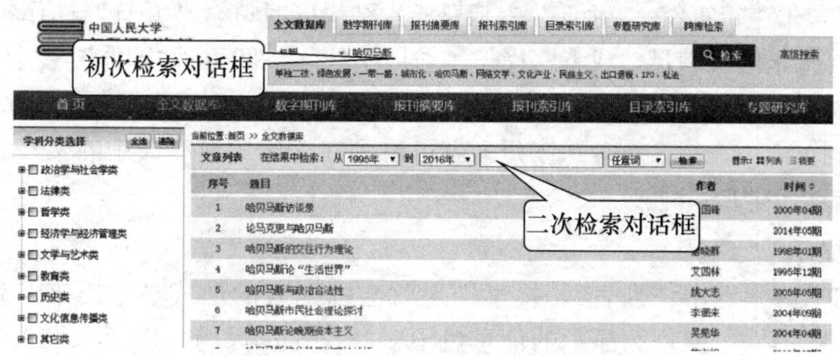

图 4 - 32　人大复印报刊资料简单检索界面

（2）选择检索字段。在检索字段的下拉框中选择要检索的字段，包括“任意词”“标题”“正文”“作者”“作者单位”“摘要”“分类名”“分类号”“关键词”“参考文献”“原文出处”等字段，用户可根据需要进行选择。

（3）输入检索词。在文本框中输入检索词。

（4）进行检索。点击“检索”，即在库命中结果区列出检索结果，点击其中任一资源库，就可看到该库中所有命中的文章。

（5）二次检索。系统为了缩小检索范围，可以在“在结果中检索”后的文本框中输入想要继续查询的词，即在当前这次检索结果文献范围内，再给出检索条件进行检索。经过多次的二次检索，可逐渐缩小文献范围，达到检索目标。因此，二次检索有时也称“渐进检索”。选择检索字段，在检索框内输入检索词，然后单击“二次检索”按钮进行检索。

3. 高级检索

（1）选择检索范围。同简单检索。

（2）选择检索方法。点击“高级查询”，进入图 4 - 33 所示的检索界面。

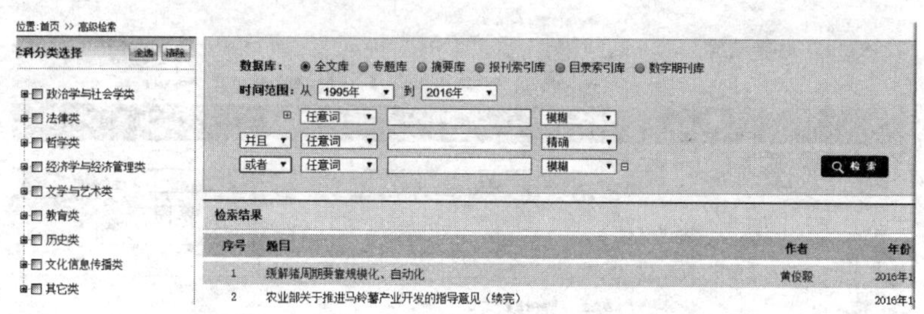

图 4 - 33　人大复印报刊资料高级检索界面

（3）选择检索字段。在检索字段的下拉框中选择要检索的字段，包括“任意词”“标题”“正文”“作者”“分类名”“分类号”“关键词”“原文出处”等字段，可根据需要进行选择。

（4）输入检索词。在检索框中输入检索词。检索框默认为两行，点击“+”“-”可分别增加或减少检索框，最多可以增加至 7 个检索框，进行任意检索入口“与”“或”“非”的逻辑组配检索期刊范围限定。

（5）选择布尔逻辑算符。“并且”表示要检索结果同时符合“并且”操作符前后的条件；“或者”表示要检索结果满足“或者”操作符前后条件之一即可；“除非”表示检索结果不符合该符号后面的条件。在检索框后点击“模糊”或“精确”，选择模糊条件或精确条件。

（6）进行检索。单击“检索”按钮，就可看到在该库中所有命中的文章。

五、检索结果处理

1. 列表显示

在检索结果区中点击“列表”，检索结果就会以列表的形式显示出来。列表形式能显示出较多的检索结果。但每篇显示的信息量不多，仅显示标题、作者、发表时间等简单信息。列表显示如图 4-34 所示。

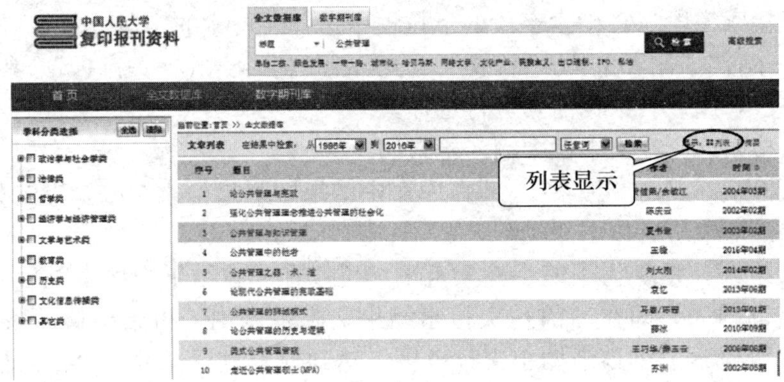

图 4-34　检索结果的列表显示界面

2. 摘要显示

在结果显示区中如想要查看每篇文章的详细信息，可以点击显示结果中的“摘要”选择。检索结果会以更为详尽的摘要信息显示出来。摘要显示如图 4-35 所示。

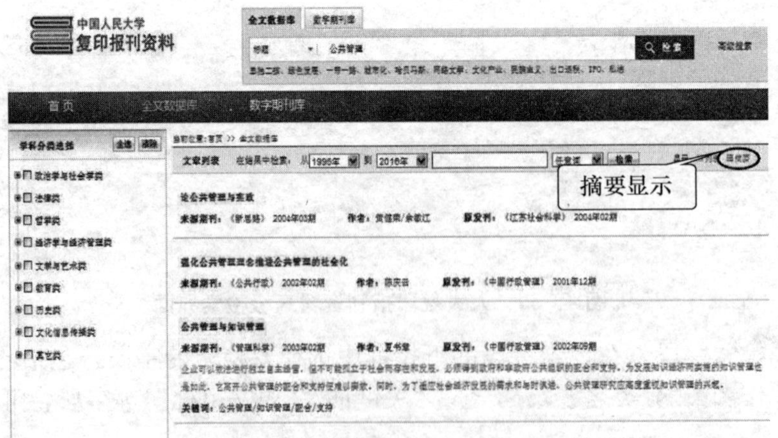

如图 4-35　检索结果的摘要显示界面

3. 用户定制

（1）标题定制。一般系统默认只显示检索结果的标题，如果想要让检索区中显示更详细的内容，可在结果显示区的用户定制下拉列表中点击标题定制，选择想要添加的字段并在其末端单击添加按钮，此时在右边的显示字段列表中就会显示出刚才添加的字段，再单击确定即可。如需帮助可点击检索界面的“帮助”。

（2）全文定制。对检索出的每一篇文章，系统默认显示全部的字段名及内容，如果感到内容烦琐，想去掉一些不必要的字段名和内容，点击“用户定制”中的“全文定制”或“控制面板”中的“定制”，可以在右边显示字段列表中选择要删除的字段并点击“删除”。如果仅仅想删除字段的名称，而不想删除该字段的内容，可以在第一栏中的字段名称中进行选择后去掉后面的“√”即可。

4. 排序

可以对检索出来的结果进行排序，也可以对查看的记录进行排序。点击结果显示区上的“排序”，则排序对话框打开，不同的数据库可以进行排序的字段是不同的，可以根据当前库中提供的字段对记录进行排序，选择任意一个字段可以进行上升或下降的排序。

第五章 电子图书

随着电子出版、互联网以及现代通信电子技术的发展，电子图书应运而生。电子图书是一种新的图书形式，采用二进制的数字化形式将文字、图像、声音等信息存储在光、磁等介质上，在计算机软件的支持下阅读的一种新型图书。常用的电子图书信息资源有以下三种：第一种是电子图书数据库，如超星电子图书等，电子图书数据库的图书阅读通常需要专用阅读器，机构团体购买或读者个人付费后才能使用；第二种是开放获取的电子图书，可以免费使用，如古腾堡项目等；第三种是便携式电子图书，可使用电子书阅读器、手机等方式进行阅读。本章主要介绍电子图书信息资源的主要内容，并以部分数据库为例介绍电子图书的检索方法。

第一节　电子图书概述

一、电子图书的概念

电子图书（electronic book），又称数字图书，是随着电子出版、互联网以及现代通信电子技术的发展应运而生的一种新的图书形式，是以数字化电子文件形式存储在各种磁性或电子介质中的图书，需使用联网计算机或便携式阅读终端进行下载或在线阅读。

电子图书可以避免买书消费的经济负担，储存方便。与传统图书相比，电子图书是无形的，以电子文件的形式存在，阅读时需要计算机设备和特定的应用软件；电子图书可以包含图片、声音、电影、动画等内容，而且支持超文本链接，信息量更加丰富，阅读更加方便；便于传播和扩散，适合大家共享。

二、电子图书的格式

现有的电子图书格式有很多种，下面介绍几种电子图书格式。

(1) EXE 格式的可以直接打开阅读。

（2）CHM 格式一般用于软件的帮助文档，在 Windows 环境下可直接打开阅读。CHM Reader 是 Pocket PC 上专门用来阅读 CHM 文档的工具。

（3）PDF 是 Portable Document Format 的缩写，译为可移植文件格式，PDF 阅读器 Adobe Reader 专门用于打开后缀为“.pdf”格式的文档。

（4）PDG 格式是超星图书网的一种存储格式，一般用超星阅览器 SSReader 来阅读。

（5）WDL 格式是北京华康信息技术有限公司开发研制的一种电子读物文件格式，需要该公司专门的阅读器 DynaDoc Free Reader 来阅读。

（6）NLC 是中国国家家图书馆的电子图书格式，用 Book Reader for NLC 阅读器来阅读。

（7）方正 Apabi Reader 是一个为中文电子书环境设计的阅览软件，可阅读 CEB、PDF、XEB、HTML、TXT 和 OEB 多种格式的电子书籍或文件。

（8）CAJViewer 全文浏览器是中国知网的专用全文格式阅读器，它支持中国知网的 CAJ、NH、KDH 和 PDF 格式文件。

（9）手机支持的常用电子书格式有 TXT、JAR、UMD 等。

TXT 格式最为常见，也就是纯文本格式，很多数码产品支持 TXT 文本阅读，也可以下载阅读器安装到手机上阅读，常用的阅读器主要是 MicroReader、Qreader、MOTO-TXT、掌上书院等。

JAR 格式在支持 Java 格式的手机上可以直接打开阅读。

UMD 格式电子书需要下载阅读器“掌上书院”或“百阅”来阅读，UMD 格式支持图片和音频，可以看漫画，阅读时配有背景音乐。

三、电子图书的特点

与传统纸质图书相比，电子图书具有以下优势。

（1）读者不受时空、地域的限制，阅读空间大，成本更低，更具性价比，可携带，更方便。

（2）电子图书制作出版方便，更新速度快，与传统纸本资源相比，电子图书的内容更丰富，具备图文声像结合的优点。

（3）电子图书信息量大、发行渠道更多样，存储密度高且便于携带，更具系统性，方便信息检索，可以最大限度地节省物理空间。

（4）电子图书可以任意复制，有方便快捷的查找功能，可以迅速找到相关的内容，便于传播和扩散，适合资源共享，大大提高了资料的检索效率。

电子图书发展到今天，已经成为一种不可替代的出版形式，但也存在一些不容忽视的弊端。主要表现为以下几点。

（1）阅读电子图书必须通过电子计算机设备读取并通过屏幕显示出来，要求读者具备计算机、网络和信息检索方面的知识，对设备和读者素质要求较高。目前，信息化的普及率需进一步提高，适合电子图书发展的外部环境仍需完善。

（2）因缺乏统一管理机制，版权保护，信息的权威性、准确性、深度性及数据的安全问题仍需引起重视。

第二节 读秀学术搜索

一、读秀学术搜索简介

读秀（http：//www. duxiu. com），全称读秀学术搜索或读秀知识库。读秀学术搜索系统是由北京世纪读秀科技有限公司自主产权、自行研发的，是全球最大的中文图书搜索及全文文献传递系统。读秀学术搜索后台是一个海量全文数据及元数据组成的超大型数据库。它能够为读者提供图书、期刊、报纸、人物简介、词条解释等资源。同时，通过读秀学术搜索，还能一站式检索馆藏纸质图书、电子图书、期刊等各种异构资源，读秀几乎囊括了图书馆内的所有信息资源。不论是学习、研究，还是写论文、做课题，读秀都能够为读者提供最全面、最准确的学术资料。读秀是对传统检索方式的重大变革，它将把读者对图书的使用引入一个新的阶段。

读秀文献信息资源收录丰富，内容几乎涵盖所有中文出版图书，可以对文献资源及其全文内容进行深度检索，并且提供文献传递服务。读秀学术搜索是一个由海量全文数据和元数据组成后台的超大型数据库，有 100 多万种中文数字化电子图书。目前收录 260 多万种书目数据、6 亿多页文献资料，提供全文检索、图书搜索和多面搜索等功能，并以此为基础，为用户提供深入内容的章节和全文检索，部分文献的原文试读，以及参考咨询服务。宗旨是让读者“找到得到”，目标是“集天下之书为一书”。通过读秀学术搜索，还能一站式检索馆藏纸质图书、电子图书、期刊等各种资源，它几乎囊括了图书馆内的所有信息源，是一个真正意义上的知识性搜索引擎。读秀学术搜索的主页如图 5－1 所示。

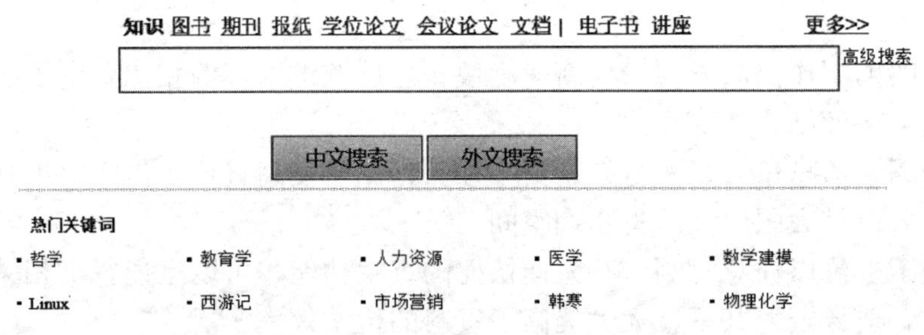

图 5－1 读秀学术搜索检索首页界面

读秀知识库是由海量全文数据及元数据组成的超大型数据库，其研发基于元数据整合的多面检索技术，实现了对图书馆传统资源和网络数据库的一站式检索。读秀提供知识（全文检索）、图书、期刊、报纸、学位论义、会议论文、文档等多个搜索频道，所涵盖的学术资料比传统的数据库都要全面。不论是学习、研究、写论文、做课题，读秀都能够提供较全面、准确的学术资料。目前读秀已经与超过100家出版社、网上书店和图书馆合作，并取得了30多万名作者的独家授权，是目前全世界最完整的中文图书书目数据库。

二、读秀学术搜索的特点

1. 海量学术资源

读秀涵盖了几乎所有已出版中文图书，并以至少每年10万种的更新速度增长，占1949年以来已出版中文图书的95%以上，国内著名大学图书馆的藏书量为60万～80万种，而读秀达400万种。读秀提供对图书、期刊、报纸、学位论文、会议论文、标准、专利、视频等多种资源的搜索，读者通过读秀中文学术搜索，能够获得关于检索点的较全面的学术资料，避免了反复检索和收集的困扰。

2. 全面深度检索

读秀检索突破了一般检索模式，实现目录和全文的垂直方向检索。读秀学术搜索将检索结果与馆藏各种资源库对接。读者检索任何一个知识点，都可以直接获取图书馆内与之相关的纸质图书、电子图书、期刊、论文等，而不需要再对各种资源逐一登录检索查找。除了传统的元数据检索外，读秀实现中文图书数据与全文的检索，使用户在最短时间内就可以获得最深入、最准确、最全面的文献信息。

3. 简洁的全文显示

读秀全面显示图书的封面页、书名页、前言页、目录页、版权页、正文部分试读页。对于用户来说，读秀除了提供每种图书的目录信息，在不用下载浏览器的情况下，还全面显示图书的封面页、书名页、前言页、目录页、版权页，甚至还包括17～30页不等的正文试读页。

4. 快捷的参考咨询

读秀提供图书的各馆馆藏纸本书借阅、电子书阅读、馆际互借、文献传递。

资源对接。读秀将其资源的元数据与图书馆自有数据库中的内容对应，实现了将检索结果与馆藏各种资源库对接，读者检索任何一个知识点，都可以直接获取图书馆内与其相关的纸质图书信息、电子图书全文、期刊全文、论文内容等，不需要再对各种资源逐一登录检索。

文献传递。读秀资源的获取方式也不同于一般数据库，读秀的文献传递功能可以实现海量文献资源版权范围内的合理使用，用户可以根据需求，使用E-mail的方式在最短时间内向读秀索取任意文献信息的局部资料，使用户零距离获取珍稀学术资源。

参考咨询。读秀以图书馆的参考咨询专家资源和纸质、电子馆藏资源为基础。采用实时和非实时信息交互，构建一个分布式的联合参考咨询平台，为用户提供了一个非常专业的网上参考咨询服务系统。

三、检索方法

1. 登录

读秀有多种登录方式，每个人可以根据自己的实际情况进行选择。

IP自动登录。适合对象是具有固定IP的单位，如高等院校。具体开通方法是核对本单位的公网出口IP范围，并提供给读秀销售人员准确的IP范围，在IP范围内访问读秀时无须登录。需要注意的是本单位如果使用了代理，请务必告知。

账号登录。适合对象是使用人数不多或开通期限较短的单位。具体开通方法是联系读秀销售人员开通。登录时输入账号密码和校验码，登录访问读秀。需要注意的是账号有并发数和使用时间的限制，要合理利用。

单位认证。适合对象是无固定 IP 或用户分布范围广泛的单位，如公共图书馆、情报所等。开通方法是在读秀技术部门的协助下，在本单位网站设置一个访问的入口，用户通过该数据库入口进行注册、登录。登录时在本单位管理员审核后，获得访问权限，而后用户就可以访问读秀。

读秀卡登录。适合对象是个人短期内使用。登录时输入验证码和校验码，单击“登录”按钮即可。如采用该方式登录，需要注意的是读秀卡暂不针对个人用户销售，有此需求的单位用户可以从销售人员处获取。

假期漫游（实名认证）。这种登录方式的适合对象是寒暑假期内不在校的学生或老师。具体开通方法是在寒暑假来临之际，用户登录读秀首页后，在页面右下角会看到读秀提供的校外（IP 外）漫游服务，用户单击“注册临时账户”按钮，填写提交相关信息，就可以获取登录验证码。其登录方法同读秀卡登录。但注意的是读秀假期漫游服务仅在寒暑假期内有效。

2. 检索方式

读秀为用户提供了 4 种主要检索方式，分别是普通检索、高级检索、专业检索和分类检索。除此之外，还提供二次检索、聚类检索和排序检索这 3 种辅助检索方式。一般情况下，系统默认的是基本检索。在不同的检索频道，根据其检索文献类型的特点，设置相应的检索方式，即不是所有检索频道都有这 7 种检索方式。

（1）基本检索。

1）普通检索。普通检索是读秀主页默认的检索方式，在搜索文本框直接输入关键词。读者可以在知识、图书、期刊、报纸、学位论文、会议论文等分类数据库中进行选择，单击检索框右边的“更多”按钮，可以在视频、图片、人物、电影、新闻、音乐等更多选择中进行选择。然后单击“中文搜索”或“外文搜索”按钮，即可在读秀提供的多维检索频道中检索，如图 5－2 所示。

读秀
www.duxiu.com

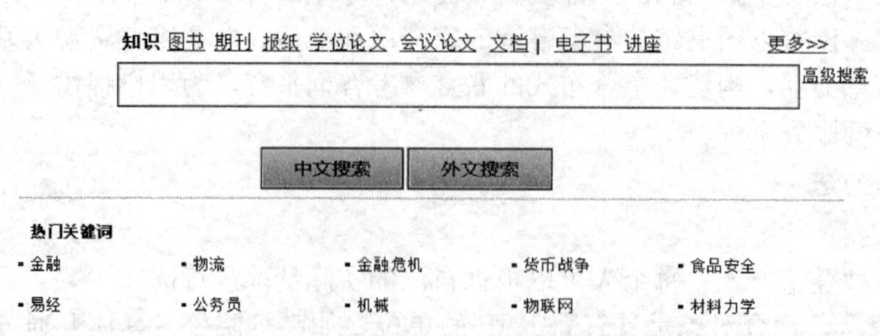

图 5－2 读秀学术搜索的普通检索界面

读秀的知识检索是把所有图书打碎，以章节为基础重新整合在一起的海量数据库。所有的图书变成了一本书，一部最大的百科全书，一部 9 亿多页的图书，任何一句诗或词、一句古文、一句名言、一张图片、一张表格、一组数据，都可以在读秀找到出处和前后语。

2）高级检索。单击“高级搜索”，进入读秀高级搜索界面，包含书名、作者、主题词、出版社、ISBN 等多个检索字段，进行更加准确的检索，如图 5－3 所示。读秀的高级检索功能不是所有检索频道都有的检索方式，从图 5－3 可以看出，主要是图书、期刊、报纸、学位论文、会议论文、中文专利、中文标准等检索频道。

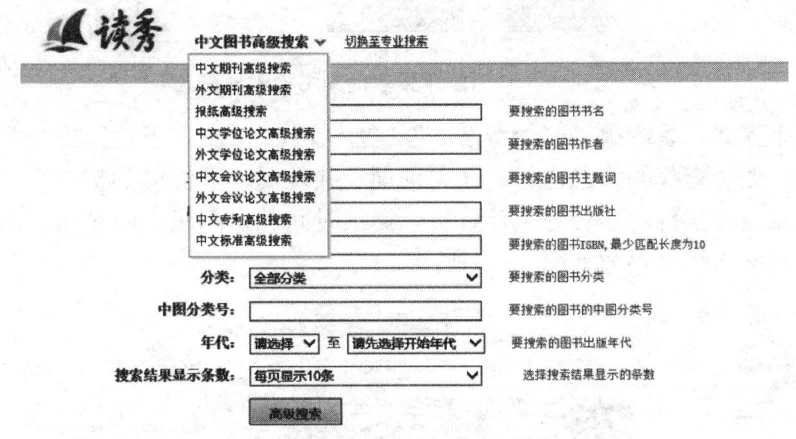

图 5－3　读秀学术搜索的高级检索界面

3）专业检索。单击“专业检索”，进入读秀专业检索界面，在文本框中输入要查找的任意词的任意组合，使搜索到的范围更加精确，如图 5－4 所示。

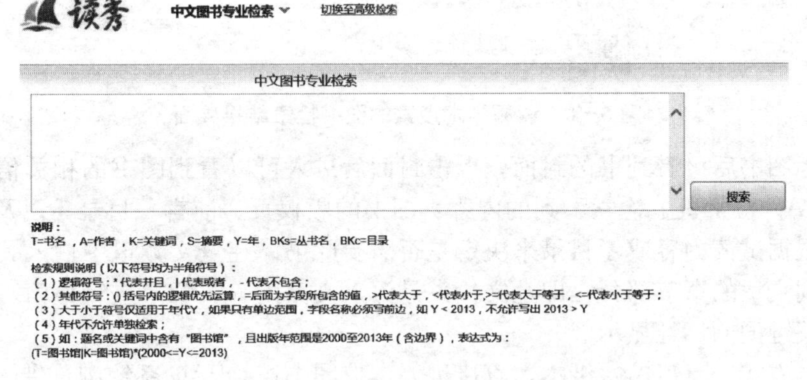

图 5－4　读秀学术搜索的专业检索界面

4）分类检索。单击“分类导航”，可以按学科类别及子类别通过列表逐级对文献进行浏览。需要注意的是，分类检索也不是所有检索频道都有的检索方式，主要应用于图书、文档等检索频道。

5）图书检索。读秀默认的检索选项是“知识”，可以选定“图书”，在图书中进行专门检索。进入读秀首页，选择“图书”链接标签。默认为基本检索的方式。系统提供全部字段、书名、作者等六种检索途径，支持精确、模糊两种匹配模式，提供中文与外文搜索方式。选定检索途径后，输入检索词直接检索相关信息。如图 5－5 所示。

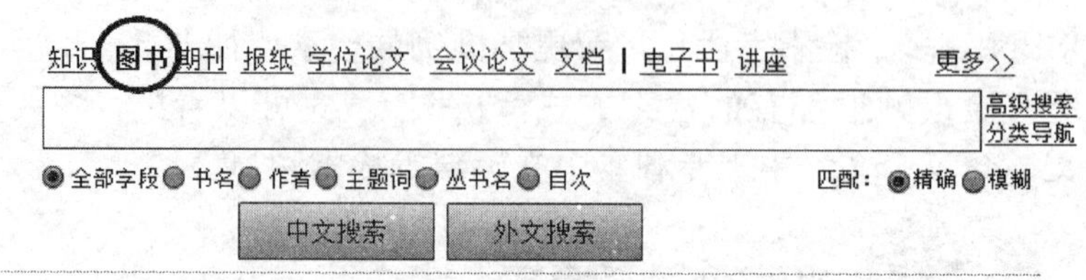

图 5－5 读秀学术搜索的图书检索界面

在检索结果界面，系统提供“馆藏纸本”“包库全文”“图书下载”三种类型。提供多渠道聚类功能，能对查找的信息进行外文关键词、共现词、下位词的扩展，对检索结果进行文献类型、年代、学科、作者等统计解析。提供时间、访问量、收藏量、引用量、馆藏等排序功能。其检索结果界面如图 5－6 所示。

图 5－6 读秀学术搜索的图书检索结果界面

点击目标图书后可看到书的封面，点击封面后进入可以看到图书的相关信息，并可以看到传统 OPAC 检索机上检索不到的内容：图书的版权页、前言、目录，以及部分页的试读。读者可根据试读内容或者目录来决定是否需要此书。在全文频道中输入关键词进行检索后可以看到文章的章节部分，即全文检索是深入文章内容、章节进行检索。点击进入后可看到所有关键词的标红显示。

获取图书方式：点击馆藏纸本，直接进入本校图书馆 OPAC 系统浏览借阅信息；点击包库全文，直接阅读电子书或下载；点击图书馆文献传递，申请传递所需文献部分内容。图 5－7 为校图书馆中的 OPAC 系统界面截图。

在点击“图书馆文献传递”按钮时，进入咨询界面后，需要输入所需的页数及有效的邮箱地址。目前读秀系统每本图书单次咨询不超过 50 页，同一图书每周的咨询量不能超过全书的 20%。所有咨询内容有效期为 20 天。文献传递界面如图 5－8 所示，按照页面提示内容进行填写，就可以获得所需检索图书的文献传递内容。

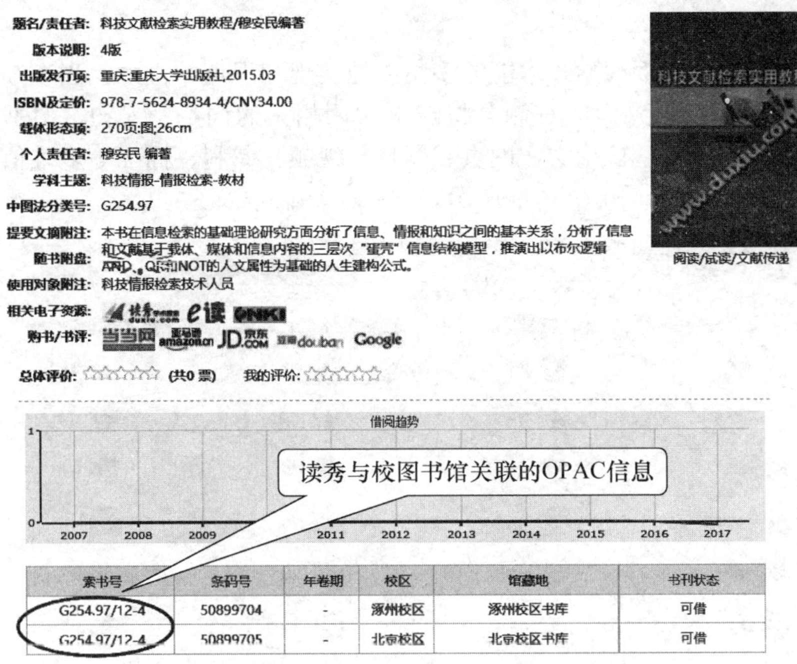

图 5-7　读秀与校图书馆关联的 OPAC 检索界面

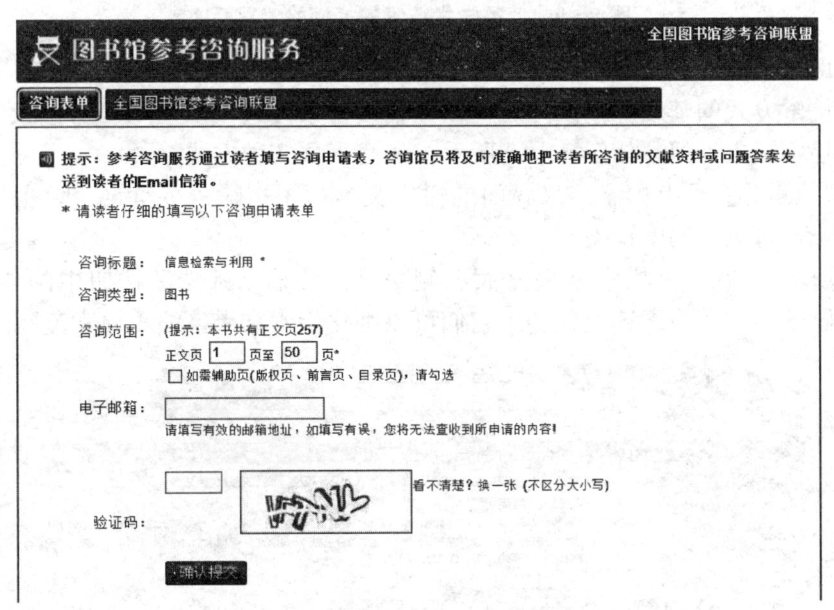

图 5-8　读秀文献传递提交界面

（2）其他检索。

以期刊为例，在期刊检索频道中，可以通过全部字段、标题、作者、刊名和关键词等字段对读秀的期刊资源进行检索，在期刊检索结果页面中，读秀把与检索词相关的期刊全部列出。单击刊名可进入期刊文献详细信息页面，关于该文献的题名、作者、刊名、出版日期、期号等详细信息将一一被罗列。

（3）多面检索。

基于元数据整合的多面检索技术能够多角度地实现知识点的检索，当在知识、图书等频道检索时，在检索结果界面的右侧会将与检索词相关的词条、人物、图书、期刊、报纸、工具书、会议论文、学位论文、网页、图片、视频、专利、标准等多维信息展现，实现多面多角度的搜索功能，如图 5-9 所示。

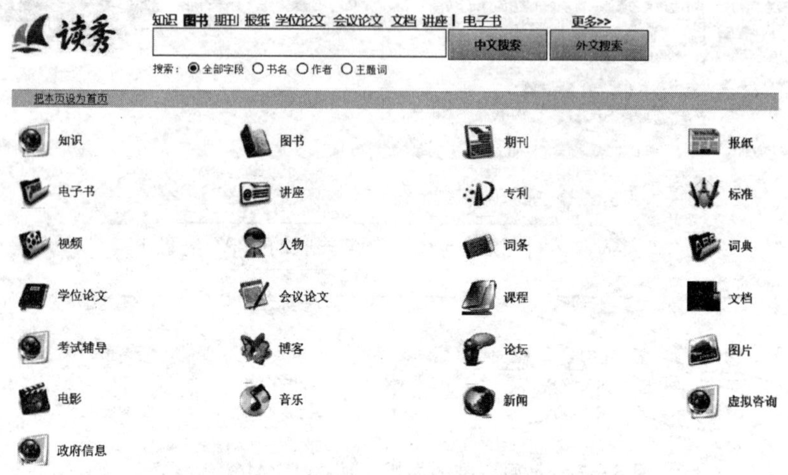

图 5-9　读秀学术搜索的多面检索界面

（4）辅助检索。

在基本检索方式的基础上，读秀还提供了辅助检索方式，以便用户对检索结果进行筛选，在已有检索结果界面，如图 5-10 所示，集合了这 2 种方式。

1）二次检索。在已有检索结果界面的输入文本框中再输入关键词，单击“在结果中搜索”按钮，便可进行精度检索。

2）聚类检索。在已有检索结果界面上侧，单击“辅助筛选”按钮中的“+”，列出“年代”“专题聚类”等检索选项，利用它们可以细化检索结果，缩小检索范围。

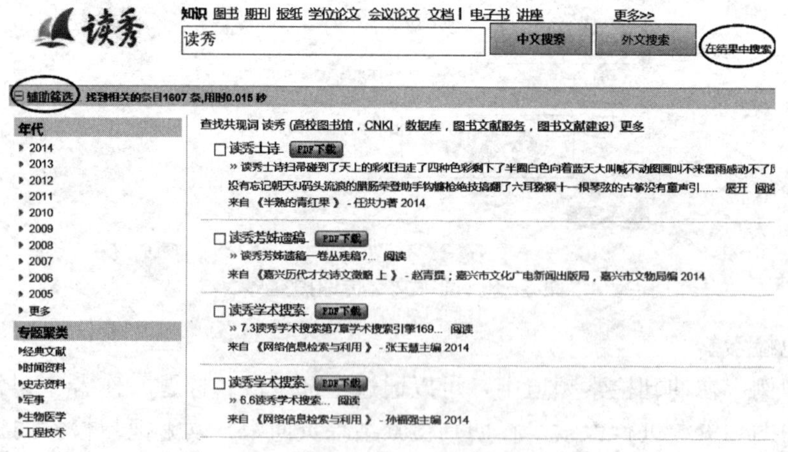

图 5-10　读秀学术搜索的辅助检索界面

阅读材料 读秀学术搜索检索技巧

在利用读秀进行检索时，我们可以充分利用读秀的各种使用技巧，以提高检索效果。具体来说，读秀的使用技巧有以下几种。

1. 关键词技巧

为方便、快速地找到所需的结果，建议使用多个关键词或较长的关键词进行检索。

2. 聚类技巧

读秀搜索结果页面，左侧一般都有聚类，例如类型聚类、年代聚类、学科聚类，单击特定聚类，可精准定位，在搜索结果过多的情况下，可以使用筛选的功能。

3. 一站式检索技巧

读秀针对用户输入的关键词，同时检索了所有的文献类型。一站式检索可以扩大搜索范围。在搜索结果很少的情况下，具有拓展搜索范围的功能。

4. 除去特定词搜索

以知识频道为例，如果想查找“数字图书馆”，但不希望关于“主要特征”的结果出现，可以输入关键词“数字图书馆 —主要特征”，还可以同时去除多个关键词。需要注意的是，前一个关键词和减号之间必须有空格，否则，减号会被当成连字符处理，而失去减号语法功能。

5. 特定年份内搜索

在知识频道下搜索时，在关键词后加上“time：时间”，用于命中某一年出版的资料。例如，“数字图书馆 time：2010”，搜索结果为2010年的资料。

6. 提示查找外文文献

在读秀任意搜索频道中，当进行中文搜索时，在结果列表上方会给出相关外文关键词，以便用户查找外文文献。例如，搜索“图书馆”，结果列表上方会列出“library”“atheneum”“athenaeum”。

7. 提示近义词搜索

在读秀任意搜索频道进行搜索，在结果列表上方会给出与检索词相关的近义词，以便用户扩大查找范围。例如，搜索“图书馆”，结果列表上方会列出“芸署”“芸阁”“天文馆”“展览馆”“芸台”“体育馆”“藏书楼”“图书室”“藏书室”“册”。

8. 提示相关词搜索

在读秀任意搜索频道进行搜索，在结果列表下方会给出与检索结果相关的其他检索词的搜索链接，给用户提供更多的查找方向。例如，搜索“图书馆”，结果列表下方会列出“数字图书馆”“图书馆学”“图书馆管理”“图书馆学概论”“图书馆建设”等。

9. 提示划词搜索

在读秀任意搜索频道进行搜索，会将结果列表中可以作为检索词的文字做出超链接，并用红色字体标出，以方便用户直接跳转查找。例如，搜索“数字图书馆”，在其中一条题录信息中，会有多个划词链接。

资料来源：孙福强. 网络信息检索与利用. 北京：北京理工大学出版社，2014：164-165.

第三节　超星电子图书

一、超星电子图书概况

超星电子图书开通于1999年，属国家“863计划”中的中国数字图书馆示范工程项目，由北京世纪超星信息技术发展有限责任公司研制。超星数字图书馆向互联网用户提供丰富的电子图书阅读，包括文学、经济、计算机等几十大类，并且每天仍在不断增加与更新，为目前世界最大的中文在线数字图书馆。同时，专门为非会员构建开放免费阅览室，并向所有用户、作者免费提供原创作品发布平台、读书社区、博客等服务。数百万的注册用户遍布世界各地，涉及全国各省区、行业、高校、科研机构的各界人士。电子图书不仅可以直接在线阅读，还提供下载（借阅）和打印。通过多种图书浏览方式、强大的检索功能以及在线找书专家的共同引导，帮助用户及时准确地查找到所需书籍。先进、成熟的超星数字图书馆技术平台和“超星阅览器”给用户提供读书所需的各种功能。

超星公司拥有自主知识产权的图文资料数字化技术（PDG）、专用阅读软件——超星阅览器（Superstar Reader），形成了数字图书馆的整套解决方案，并已成功应用于中央档案馆、中山图书馆、美国加利福尼亚州大学圣地亚哥分校图书馆等多家图书馆。PDG电子图书格式是专为数字图书馆建设而设计的，具有很好的显示效果，尤其适于在互联网上使用。用户下载安装了超星阅览器（SSReader）后，即可通过互联网阅读馆内的免费图书资料。注册登录后，凭超星读书卡可阅读付费全文或将馆内图书下载到用户本地计算机上进行离线阅读。专用阅读软件超星图书阅览器是阅读超星数字图书馆馆藏图书的必备工具，可从超星数字图书馆网站免费下载，也可以从世纪超星公司发行的任何一张数字图书光盘上获得。

超星数字图书馆还与各专业图书情报和出版单位合作，创建了一大批特色馆藏，其中不少属于价值极高的独家垄断性数字资源。例如，与国家专利局合作，将6万件专利说明书全文数字化；与国家质量技术检验检疫总局合作，将国家标准全文数字化；与人民画报社合作，将1950—2000年50年间的《人民画报》全部数字化；还与中国近百家著名出版社和知名人士合作建立特色馆藏，如钱学森、贾兰坡、王之玺院士纪念馆等。与其他中文电子图书系统相比，超星电子图书在教材、工具书、文史资料类图书的收藏方面较具实力。

二、超星电子图书的特点

超星电子图书主页界面内容庞杂，分类不够科学，稍显冗杂。只需下载超星阅览器，便可免费阅读部分电子图书。提供独特的热门关键词搜索、图书馆专题搜索、出版社专卖店图书分类等，方便读者利用；读书社区方便读者交流，其资源共享板块提供BBS公告服务；以超星数字图书馆、重庆维普资讯、万方数据库、书生数字图书馆、百度为信息源提供网上参考咨询。超星电子图书具有以下两个明显特点。

1. 海量电子图书资源

拥有丰富的电子图书资源提供阅读，其中包括文学、经济、计算机等50余大类，数十万册电子图书，300万篇论文，全文总量4亿余页，数据总量30 000GB。拥有大量免费电子图书，并且每天仍在不断增加与更新，网上读者可以按书名、作者、分类、关键词等途径检索这里的所有图书。

2. 先进的技术依托

先进、成熟的超星数字图书馆技术平台和“超星阅览器”，为读者提供各种读书所需功能。专为数字图书馆设计的 PDG 电子图书格式，具有很好的显示效果、适合在互联网上使用等优点。“超星阅览器”是国内目前技术较为成熟、创新点最多的专业阅览器，具有电子图书阅读、资源整理、网页采集、电子图书制作等一系列功能。

三、超星电子图书的检索

目前，超星电子图书的站点有通过 IP 限定的“超星电子图书”包库站（http：//www.sslibrary.com）和“超星发现”网（http：//www.ssreader.com 或 http：//www.chaoxing.com/）两种。超星包库站点提供分类浏览和检索两种图书查询方式。单位购买超星数字图书后，在限定的 IP 地址范围内，个人用户只需通过镜像方式即可进入超星主页。超星数字图书馆提供 3 种检索方式。

1. 快速检索

进入主页后，系统默认的就是快速检索方式，如图 5-11 所示。该检索方式提供了 4 种检索途径：书名，作者，目录，全文检索。读者可先在“图书检索”文本框下方选择其中一种检索途径，然后在“检索”文本框中输入检索词，并打开其后的下拉菜单选择检索范围。最后单击“检索”按钮，查找所需图书。系统默认为“书名”检索途径和全部分类。

图 5-11 超星电子图书快速检索界面

2. 分类检索

超星电子图书的分类是多层次多级别的，按《中国图书馆分类法》的 22 大类采用多级类目的分类标准，共设了 51 类，51 类之下还有二级、三级类目，浏览图书时可根据要查询图书的学科内容一级一级地单击，到最后一级就可看到具体的书名、作者、页数等信息，单击书名即可阅读或下载该本图书，如图 5-12 所示。

3. 高级检索

单击“高级检索”标签，其检索界面如图 5-13 所示，是将快速检索的 4 种检索途径进行逻辑组配，从而实现多条件检索，各检索项之间有两种逻辑关系可供选择。检索时运算顺序按逻辑运算符的优先级顺序执行。同时还提供出版年代的范围选择，以及排序结果的选择。检索结果可选择按出版日期或书名，降序或升序排列，每页显示的记录数可选择 10、15 或 20。在分类选项中，提供了《中国图书馆分类法》22 大类的分类选择，默认为“全部”。设置好所有的检索条件后，单击“检索”按钮即可进行检索。单击“普通检索”按钮，高级检索的界面将恢复至快速检索界面，两种检索可以相互变换。

图 5-12 超星电子图书分类检索界面

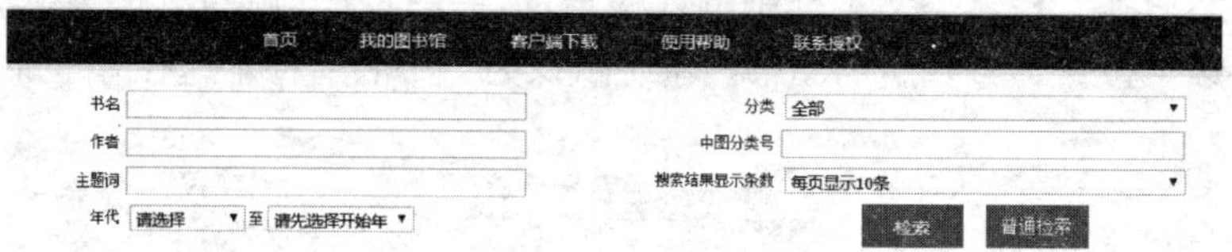

图 5-13 超星电子图书高级检索界面

四、检索结果显示

检索结果显示页面提供的信息有结果条数、检索用时以及图书封面、书名、作者、页数、出版日期、主题词等图书信息。检索结果还可按“书名”“出版日期”的升序或降序排列。针对每本图书，有网页阅读、阅读器阅读及下载全文等处理方法，还可以对每本图书进行收藏、纠错和评论。点击某一条结果的图书书名或封面，就会显示该图书的分类号、图书简介及评论等内容。

点击网页阅读即可进入网页阅读页面，系统提供“显示目录阅读”“隐藏目录阅读”和全屏连页阅读模式，可对文字进行放大或缩小，也可以根据个人需要进行文字摘录，点击“阅读器阅读”进入超星阅读器阅读模式。

超星阅读器（SSReader）是超星公司拥有自主知识产权的图书阅读器，是专门针对数字图书的阅览、下载、打印、版权保护而研究开发的。超星阅读器界面主要包括以下几部分。

（1）主菜单。包括超星阅读器所有功能命令，其中“注册”菜单是提供给用户注册使用的，“设置”菜单是给用户提供相关功能的设置选项。

（2）功能部分。包括“资源”“历史”“交流”“搜索”“制作”。“资源”指资源列表，是提供给用户的数字图书及互联网资源；“历史”指历史记录，是用户通过阅读器访问资源的历史记录；“交流”指超星社区的读书交流、问题咨询、找书帮助；“搜索”指在线搜索书籍；"制作"指可以通过制作窗口来编辑制作超星 PDG 格式电子书。

(3) 工具栏。包括：快捷功能按钮采集图标，用户可以拖动文字图片到采集图标，方便收集资源；翻页工具，阅读书籍时，可以快速翻页。

(4) 阅读窗口。阅读超星 PDG 及其他格式图书的窗口。

(5) 下载本书。在检索结果页面点击"下载本书"或在网页阅读模式点击"下载"，页面会提示安装超星阅读器，安装后即可将电子全文保存在当前计算机。如需帮助，可点击"帮助"获取帮助信息；如需将电子全文拷贝到其他机器上阅读，则需要进入注册中心，登录超星数字图书馆（没有注册过的用户需要注册后登录），记录机器码，在另外一台可以上网的电脑上，访问站点，输入用户名、密码、机器码，点击"用户登录"，获取离线证书，下载离线证书后，读者在其他离线机器上登录，安装离线证书，即可阅读拷贝的电子图书全文（PDG 格式）。

下面我们以检索张成福编写的《公共管理学概论》一书为例，选择高级检索，在书名处输入"公共管理学"，作者处输入"张成福"，图书分类选择"全部"，点击检索。检索结果如图 5-14 所示。

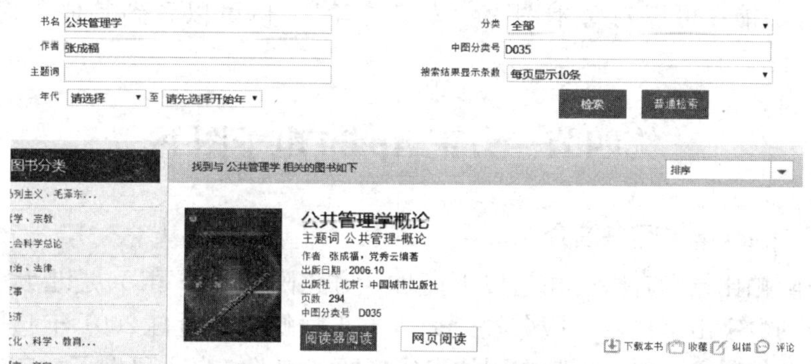

图 5-14 超星电子图书检索结果界面

超星图书采用 PDG 格式，单击"网页阅读"直接进入在线阅读模式；也可以单击"阅读器阅读"，使用超星阅读器阅读；还可以直接下载该书。后两种方式都需要下载并安装最新的超星阅读器。启动超星阅读器进入书籍阅读窗口后，系统默认以静止方式显示一页内容，如图 5-15 所示。

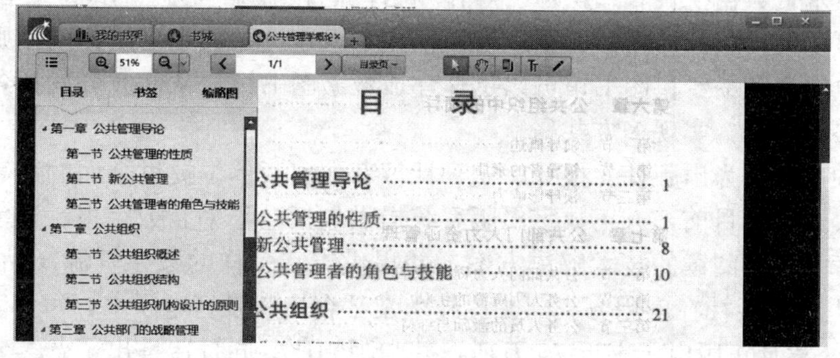

图 5-15 超星阅读器阅读界面

为了方便用户自由地阅读，“超星阅读器”提供了多种功能，其主要功能如下。

（1）图书下载：可以对整本图书下载，保存到本地磁盘。

（2）文字识别：超星图书全文为PDF格式，可以通过“文字识别”功能，将识别结果保存为TXT文本文件。

（3）剪切图像：选择“剪切图像”功能，可以直接复制、修改书中的某一部分内容。

（4）书签：使用“个人书签”功能，对整册书添加书签或者对书中某一页添加书签。对使用频率较高的书，可以直接阅读，免去每次检索的麻烦。

（5）自动滚屏：在阅读书籍时，可以使用滚屏功能阅读。

（6）更换阅读底色：使用“更换阅读底色”功能来改变书籍阅读效果。

（7）导入文件夹：通过此功能可以将所需资料导入“我的图书馆”文件夹，从而更好地管理自己的文件。

（8）标注：在阅读图书时可以对书中的内容做标记。标注有6种工具：批注、铅笔、直线、圈、高亮、链接。

（9）历史记录：记录用户通过超星阅览器访问过的所有资源。

（10）书评功能：可以对每本图书“发表评论”，也可以看到其他人对此书发表的评论。

第四节　方正Apabi电子图书

一、方正Apabi电子图书简介

北京方正阿帕比技术有限公司（以下简称“方正阿帕比公司”）是北大方正信息产业集团旗下专业的数字出版技术及服务提供商。方正阿帕比公司自2001年起进入数字出版领域，在继承并发展方正传统出版印刷技术优势的基础上，自主研发了数字出版技术及整体解决方案，已发展成为全球领先的数字出版技术提供商。

Apabi分别代表着Author（作者）、Publisher（出版者）、Artery（流通渠道）、Buyer（读者，即购买者）以及Internet（网络）。作者、出版社、发行商和读者是传统出版产业链的有机组成部分，也就是说，Apabi是以互联网为纽带，将传统出版的供应链有机地联结起来，实现完全数字化的出版。Apabi技术用原版式和流式结合的阅读体验和安全稳妥的版权保护技术，数据挖掘和知识标引等作为自己的核心竞争力。Apabi在网络上还原了出版流程，可以使出版社、报社、杂志社以低成本迅速进入数字出版；网站则可以迅速建立数字阅读电子商务平台；图书馆可以迅速建成数字图书馆，从而充分发挥各个角色在产业链中的优势和特点，实现多方共赢。

方正阿帕比公司为出版社、报社、期刊社等新闻出版单位提供全面的数字出版和发行综合服务解决方案。目前，方正数字出版系统提供包括电子书、数字报、数字博物馆、各类专业数据库及移动阅读的技术解决方案，并提供丰富多样的数字资源产品的运营服务。中国90%以上的出版社在应用方正阿帕比技术及平台出版发行电子书，每年新出版电子书超过12万种，累计正版电子书近70万册，并与阿帕比共同打造推出了各类专业数据库产品；中国90%的报业集团、800多种报刊正在采用方正数字报刊系统同步出版数字报纸。

此外，全球 8 000 多家学校、公共图书馆、教育城域网、政府、企事业单位等机构用户应用方正阿帕比数字资源及数字图书馆软件为读者提供网络阅读及专业知识检索服务。主要合作伙伴及客户机构：人民日报报业集团、经济日报报业集团、北京日报报业集团；上海世纪出版集团、中国科学出版集团、北京出版社出版集团、江苏凤凰出版传媒集团；国家图书馆、上海市图书馆、北京大学图书馆、清华大学图书馆、美国皇后区图书馆、德国柏林图书馆、英国牛津大学图书馆；中国中央电视台、中华人民共和国最高人民检察院、中共中央文献研究室、国家外汇管理局等。

目前电子书库有 220 余万册可供阅读的电子图书，共计 2.2 亿章节。其中可全文下载的共 68.9 万册，可试读本数 183 万册，支持移动阅读 17 万册（目前正在替换书苑的 CEB 文件，全部完成后有 38 万本可适用于移动阅读）。外文图书 5 000 多种，民国期刊 20 000 多期，中医古籍 2 000 余册，国学要览 80 000 余册。线下书包主要有：企鹅英文原版书、Apabi 经典套装、经典文学、法典、师联、原创文学第二批、四库全书、北京周报、中医古籍、国学要览、民国期刊、阅读中国、微软教学资源库、国家民委民族问题五种丛书、《钦定古今图书集成》特色资源包。

二、特色资源介绍

1. 教参全文数据库

方正 Apabi 教参全文数据库，是方正于 2003 年 5 月与 CALIS 管理中心全面开始合作，针对高校对数字内容的需求，搜集和整理的收录高校经典教材的数据库。

2. 中国中小学学·教精品电子书库

中国中小学学·教精品电子书库是方正 Apabi 与有关教育专家、中小学校共同研究开发的。它面向中小学教育，结合课程设置，为教师进行备课、评价教学，为学生开展自主学习、提高综合素质，为家长充分参与学生学习提供了强有力的支撑。

3. 企鹅外文电子书库

北京方正阿帕比公司是企鹅集团在中国境内制作和发行电子书的唯一合作伙伴。企鹅集团诞生于 1935 年，是世界上最大的大众图书出版商之一，出版的图书包括各类文学奖得主的图书等。

4. 《北京周刊-中国英文新闻周刊》50 年回溯资源库

《北京周刊-中国英文新闻周刊》是中央级重点宣传刊物，也是中国唯一的英文新闻周刊。该周刊浓缩了半个世纪中外重要交往的精华，对于完整了解近 50 年的中国与世界间的重大变化发挥着无可替代的作用。具有德、法、日、西班牙、英文 5 种语言版本，江泽民同志曾为《北京周刊》题词“中国之窗，世界之友”。

5. 国学要览古籍库

该库收录了包括义理之学、考据之学、辞章之学、经世之学、科学之学在内的，承载着中国传统文明精髓的古籍图书。收录古籍数量大、价格低、原版扫描。

三、检索方法

在阅读全文之前首先需要到方正阿帕比主页（http：//www.apabi.cn/）或镜像站下载安装最新的 Apabi Reader。在主页上方点击“方正 Apabi Reader 下载”，下载并安装。在安装 Apabi Reader 过程中需要注意，一是安装程序前要关闭所有的 IE 窗口，这样安装完成后不用重新启动计算机。二是安装完成后，如果提示“重新启动”，请选择重新启动。用户登录后，可选择电子资源在线或下载阅读。登录方式有“有用户名密码”和“无用户名密码”两种，如果有用户名密码，输入用户名和密码，点击“登录”；如果无用户名密码，点击“IP 用户登录”，如果其 IP 地址属于无用户名密码，会提示登录成功。

1. 快速检索

进入阿帕比数字资源平台，快速检索提供电子图书、Apabi、科技情报等快速检索入口。输入检索词，单击“检索”按钮，迅速查到要找的书目，检索界面如图 5－16 所示。检索结果可选择按照相关度排序和按出版时间排序。

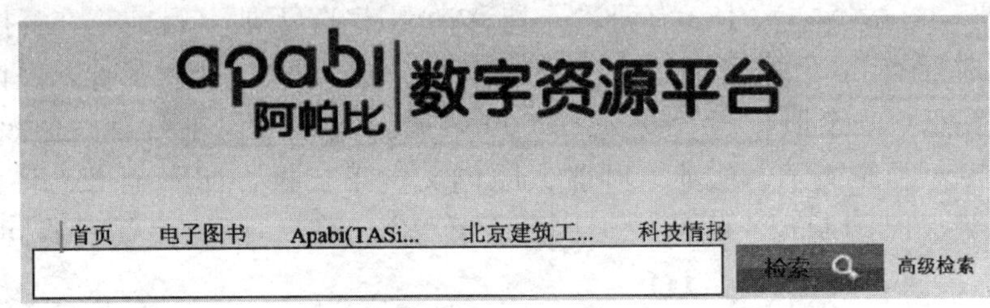

图 5－16 阿帕比数字资源平台快速检索界面

在检索结果中，资源库默认为全部图书。检索范围也默认为全部，其范围选项有书名、作者、出版社、ISBN、目录、正文等多个选项。例如，我们以“文献检索”为检索词，检索出结果如图 5－17 所示。在检索结果的左边是分类显示，分为所有结果、中图法、学科导航分类法、学报分类法等方式。

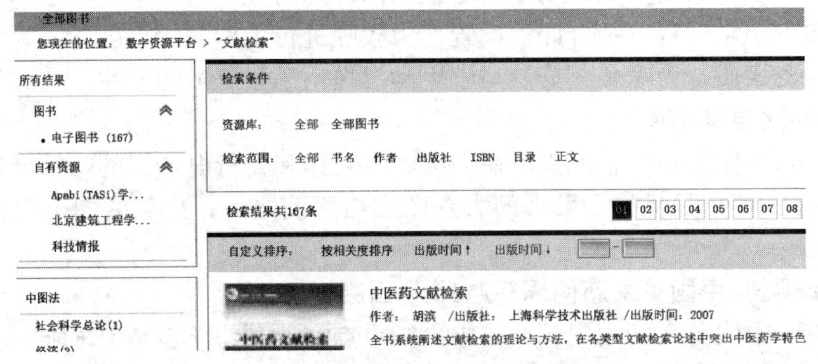

图 5－17 阿帕比数字资源平台快速检索结果界面

2. 分类检索

读者根据检索需要，在检索界面进行电子图书、Apabi、科技情报等分类检索。用户可以根据显示的分类，方便地查找到所有该类别的资源。我们在阿帕比数字资源平台中选择电子图书，如图 5－18 所示。可以查看常用分类和中国图书馆图书分类法。单击类别名，页面会显示当前库该分类的所有资源的检索结果。

方正 Apabi 阅读器是用于阅读电子书、电子公文等各式电子文档的阅读软件，支持 CEB、XEB、PDF、HTML、TXT 等多种文件格式。Apabi 阅读器的界面友好，最大限度地保留了传统图书阅读的习惯，可以实现任意翻页，灵活设置书签、添加标注等。读者可以在网站页面单击下载。安装程序下载完成后，双击安装程序将进入安装向导，根据向导提示完成安装。

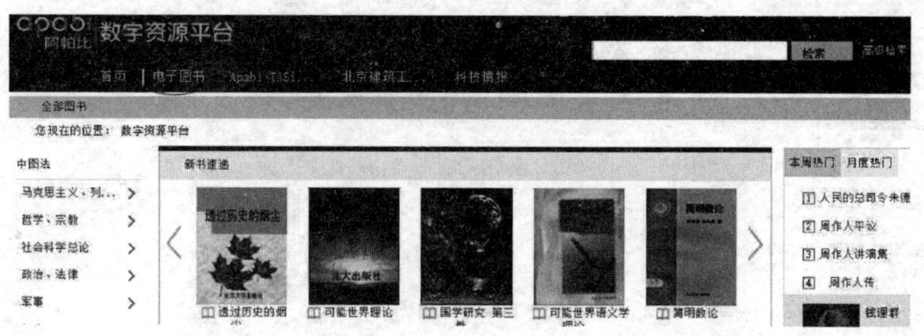

图 5-18　阿帕比数字资源平台分类检索界面

3. 高级检索

点击高级检索选项，进入阿帕比数字资源平台高级检索界面，如图 5-19 所示。使用高级检索可以输入比较复杂的检索条件，能够在“电子图书”和“出版时间”中输入检索条件，在一个或多个资源库中进行查找。“电子图书”条件选项中提供书名、作者、出版社、ISBN、目录等检索途径。“出版时间”可以设置出版物的时间范围。

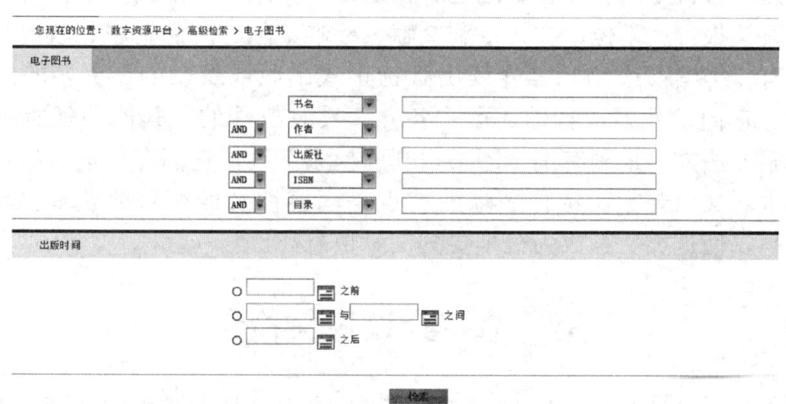

图 5-19　阿帕比数字资源平台高级检索界面

第六章
特种文献检索

特种文献是指有特定内容、特定用途、特定读者范围、特定出版发行方式的文献，包括会议文献、科技报告、学位论文、专利文献、标准文献、产品资料、政府出版物、档案资料等。其中有作为图书或期刊等连续出版物正式出版或发表的，更多的则是非正式出版、内部发行。它们发行渠道特殊、形式各异，具有特殊的、其他文献所不能取代的价值，在信息检索方法方面也稍有别于图书报刊的检索工具，它们在传递科技信息方面发挥的作用往往比常规文献要大。特种文献的特点是内容涉及面广、种类多、数量大、报道快、参考价值高，使这类文献成为很重要的文献信息源。

第一节　会议论文检索

会议文献是指在各种学术会议上交流的学术论文。其特点是内容新颖、专业性和针对性强，传递信息迅速，能及时反映科学技术中的新发现、新成果、新成就以及学科发展趋向，是了解有关学科发展动向的重要信息源。由于许多科学领域的新进展、新发现、新成就以及新设想都是最先在学术会议上披露的，因此学术会议本身就是获取学术信息的重要渠道。

一、会议论文概述

会议论文是指在各类学术会议上形成的资料和出版物，按出版时间的先后可分为会前、会中和会后。会前文献指在会议召开之前产生的有关会议的各类资料，包括会议通知、会议日程安排、供交流的论文手稿和论文预印稿、论文摘要；会中文献指在会议过程中产生的资料，包括会议的开幕词、闭幕词、讲话稿、会议讨论纪要、决议、备忘录，以及在会议交流中产生的课题计划书、项目合作协议书、意向书；会后文献指在会议结束后总结会议情况而产生的资料，包括会议纪要、会议总结和会议论文集。会后文献的名称形形色色，常见的如下：会议录（proceeding）、会议论文集（symposium）、学术讲座论文集

(colloquium papers)、会议论文汇编（transactions)、会议记录（records)、会议报告集(reports)、会议文集（papers)、会议出版物（publications)、会议纪要（digest）等。

会议论文是在会议上宣读或公开的论文，是最主要的会议文献。许多学科中的新发现、新进展、新成就以及新设想等，都是以会议论文的形式公之于众的，它是利用率非常高的一种文献信息源。

二、会议文献的出版形式

会议文献的出版形式很多，按传统的出版形式可以划分为以下几种。

1. 图书

以图书形式出版的会议文献，大多称为会议录（proceeding)，会后文献一般采用该种形式出版。会议文献著录的主要特征是会名、会址和会期。

2. 期刊

会议文献还常常以专刊、特辑的形式发表在期刊上，多数刊载于主办学术会议的学会和协会的会刊中，如美国电气与电子工程师学会（EEE)、国际商业机器公司（IBM）主办的各种会刊等。

3. 科技报告

有些会议文献还会以科技报告的形式出版，如在著名的美国四大科技报告中就有会议文献的踪影。

实际上，随着社会的发展，人们对信息的需求日新月异，因此会议文献的出版形式也灵活多样，不再仅仅限于印刷版，还有相应的光盘版、网络版及会议录音、录像等视听资料。

传统的会议文献通常以印刷形式出版，出版时间长。互联网上存在着丰富的会议信息资源，可方便地检索正式出版的会议文献，可及时和动态地发布会议信息，因而成为发布会议文献的重要渠道。互联网上还有专门提供会议文献及其相关服务的网站，这类网站提供的会议信息非常丰富，不仅介绍会议日程等基本情况，大多数还提供会议论文目录，有的还提供会议论文的全文，甚至提供会议过程的视频点播。通过相关数据库检索是查找正式出版的会议文献最有效的途径。数据库中收集的会议文献比较系统和全面，一般说来论文质量也比较高。收录会议文献的数据库很多。例如，万方数据资源系统中国学术会议论文库、CNKI 的中国重要会议论文全文数据库等。在此，我们主要介绍中国重要会议论文全文数据库检索方法。

三、中国重要会议论文全文数据库

中国重要会议论文全文数据库（CPCD）是收录我国各级政府职能部门、高等院校、科研院所、学术机构等单位的会议论文数据库。按照专家指导委员会确定的机构名单，遵照 CNKI 信息采集范围规定的信息源，中国重要会议论文全文数据库全文收录不涉及国家机密、不涉及重大技术机密、不存在党和政府已有定论的政治性错误的会议论文集。目前已经收录 2000 年以来我国 300 多个一级学会、协会和数量相当多的学术机构或团体主持召开的国际性和全国性会议的会议论文集，包括正式出版物和非正式出版物，累积文献量 37 万篇，年更新 15 万篇，内容覆盖数理科学、化学化工、能源与材料、工业技术、农业、医药卫生、文史哲、经济政治与法律、教育与社会科学、电子技术与信息科学等领域。

中国重要会议论文全文数据库针对会议论文的知识特点，采用了 CNKI 知识仓库分类与会议论文集两种导航方式。CNKI 知识仓库分类导航以“专题数据库”的形式设计 CNKI 知识仓库分类导航体系，将各学科、各门类的知识分为 120 个专题，兼顾各学科之间的内在联系、交叉渗透，分层次对知识按其属性及相互从属关系进行并行或树状排列，逐级展开到最小知识单元，根据各篇论文所涉及的学科知识属性，分别编入 120 个专题数据库的各相应知识单元。会议论文集导航提供会议论文集整本导航，根据会议论文集所属的学科属性分为 65 个专题，通过会议论文集整本导航可以浏览每本会议论文集的所有文章。可以随时切换这两种不同的导航，按照自己的用途与要求进行分类检索。设有包括全文检索在内的众多检索入口，可以通过选择论文信息（论文题名、论文作者、作者机构、论文关键词、论文摘要）、会议信息（会议名称、会议地点、主办单位）、会议录信息（会议录名称、编者、出版单位）等某个检索项进行初级检索，也可以将多个检索条件通过逻辑关系的组合形成复合检索条件进行高级检索，并可进行二次检索。对检索结果可以进行在线浏览、下载、打印等处理。

四、数据库检索

打开中国知网（CNKI）首页，在检索框上方的文献类型中选择“会议”，可直接在一框式检索框内进行会议论文的检索，如图 6-1 所示。或单击“高级检索”进入会议论文库检索界面进行检索，选择“国内会议”，进入 CPCD 国内会议论文检索界面，如图 6-2 所示。

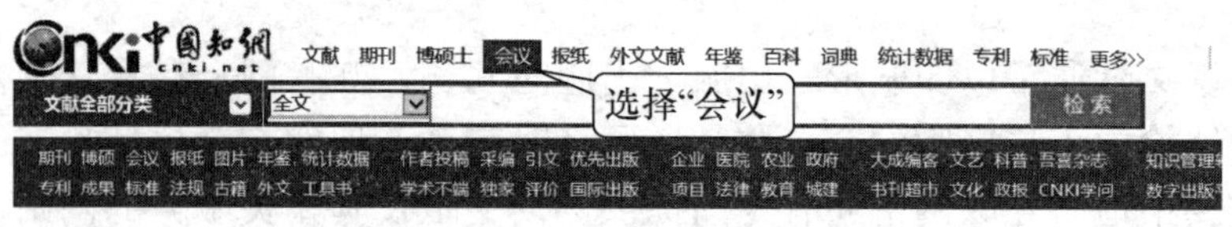

图 6-1 中国知网首页会议论文检索界面

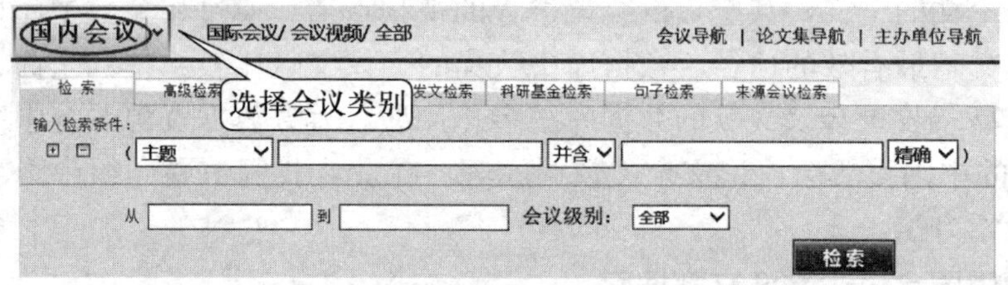

图 6-2 中国知网会议论文全文数据库检索界面

中国知网在中国重要会议论文全文数据库提供了导航和检索功能。导航有多种不同的形式：行业导航、党政导航、来源导航、会议导航、论文集导航和主办单位导航，如图6-3 所示。单击不同的导航链接，中国知网会显示不同的会议论文分类，以便于读者检索。

中国知网的会议论文检索提供了基本检索、高级检索、专业检索、作者发文检索、科研基金检索、句子检索、来源会议检索等多种检索方式，如图 6-2 所示。其中，基本检索、高级检索、专业检索等检索步骤可以参考第四章“中国知网”检索方法的介绍。来源会议检索为会议论文库特有的检索方式，来源会议检索按照会议时间、会议名称、会议级别、主办单位、网络出版投稿人等几个条件进行限定检索。如图 6－4 所示。

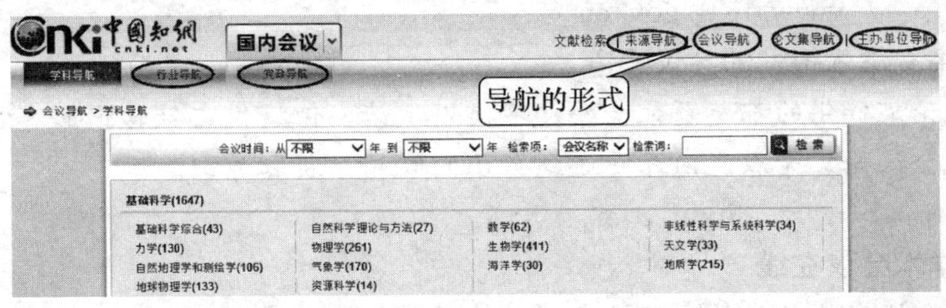

图 6－3　中国知网会议论文检索导航界面

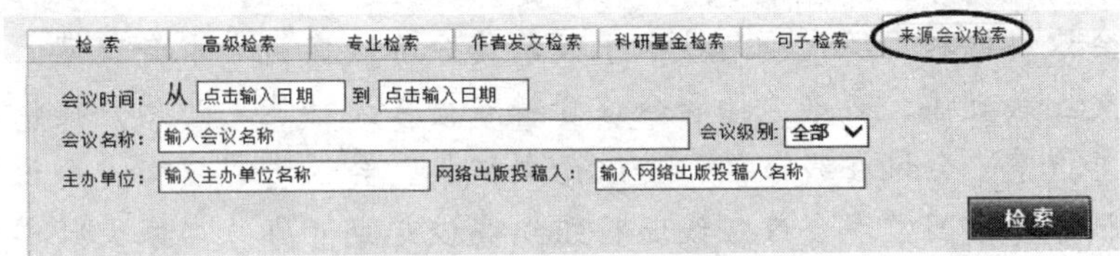

图 6－4　中国知网来源会议检索界面

阅读材料　国内外会议论文数据库

一、国内会议文献检索数据库

1. 中国重要会议论文全文数据库

这是中国知网的子库，重点收录 1999 年以来，中国科协系统及国家二级以上的学会、协会，高校，科研院所，政府机关举办的重要会议以及在国内召开的国际会议上发表的文献。其中，国际会议文献占全部文献的 20%以上，全国性会议文献超过总量的 70%，部分重点会议文献回溯至 1953 年。截至 2011 年 6 月，已收录出版国内外学术会议论文集近 16 300 本，累积文献总量 150 多万篇。

网址：http：//www. cnki. net/

2. 万方会议论文数据库

这是万方数据知识服务平台的子库。收录由中国科技信息研究所提供的，自 1985 年至今世界主要学会和协会主办的会议论文，以一级以上学会和协会主办的高质量会议论文为主。每年涉及近 3 000 个重要的学术会议，总计 97 万余篇，每年增加约 18 万篇，每月更新。

网址：http：//www. wanfangdata. com. cn/

3. 中国会议论文数据库

国家科技图书文献中心（National Science and Technology Library，NSTL）的中国会议论文数据库收录了 1985 年以来我国国家级学会、协会、研究会以及各省、部委等组织召开的全国性学术会议论文。重点收藏自然科学各专业领域的学术会议论文，每年涉及 600 余个重要的学术会议，年增加论文 4 万余篇，每季或每月更新。外文会议论文数据库主要收录 1985 年以来世界各主要学会、协会、出版机构出版的学术会议论文。每年增加论文约 20 余万篇，每周更新。

网址：http：//www. nstl. gov. cn

4. 读秀中文学术搜索的会议频道

读秀会议论文提供的都是题录检索，不提供试读，但提供文献传递服务，用户可以请求将检索到的会议论文等原文内容发送到自己的邮箱，获取原文。

网址：http：//www. duxiu. com/

5. 中国学术会议在线

中国学术会议在线是经教育部批准，由教育部科技发展中心主办，面向广大科技人员的科学研究与学术交流信息服务平台。

中国学术会议在线利用现代信息技术手段，将分阶段实施学术会议网上预报及在线服务、学术会议交互式直播、多路广播和会议资料点播三大功能。为用户提供学术会议信息预报、会议分类搜索、会议在线报名、会议论文征集、会议资料发布、会议视频点播、会议同步直播等服务。中国学术会议在线还将组织高校定期开办“名家大师学术系列讲座”，并利用网络及视频等条件，组织高校师生与知名学者进行在线交流。中国学术会议在线默认模糊检索，另外还提供会议检索、视频检索和会议论文摘要检索等服务。

网址：http：//www. meeting. edu. cn/

二、国外会议文献检索数据库

1. ISI Proceedings

美国 Thomson Scientific 公司基于 ISI Web of Knowledge 检索平台将 ISTP 和 ISSHP 两大会议录索引集成为 ISI Proceedings，提供会议论文的文摘索引信息。ISI Proceedings 是收录最多、覆盖学科最广的学术会议录文献数据库，是查找国外会议文献的首选数据库之一。它收录 1990 年以来超过 6 万个会议的 410 多万条记录，每年收录 1 万多个会议的文献，年增加 20 多万条记录，数据每周更新。所收录的会议有一般性会议、座谈会、研究会、专题讨论会等。索引内容的 65%来源于专门出版的会议录或丛书，其余来源于以连续出版物形式定期出版的系列会议录。

网址：http：//www. isiwebofknowledge. com

2. OCLC PapersFirst 与 Proceedings

OCLC FirstSearch 是 OCLC 的一个联机参考服务系统，包括 70 多个数据库。检索系统中的 PapersFirst（国际学术会议论文索引）和 Proceedings 数据库提供世界范围内会议文献的检索。

PapersFirst 数据库收录世界范围内各类学术会议上发表论文的索引信息，它覆盖了自 1993 年 10 月以来在大英图书馆资料提供中心的会议录所收集的所有大会、专题讨论会、博览会、讲习班和其他会议上发表的论文，每两周更新一次。PapersFirst 中的每条记录对应着 Proceedings 数据库的某个会议记录，Proceedings 是 PapersFirst 的相关库，收录了世界范围内举办的各类学术会议上发表论文的目次，利用该库可以检索大英图书馆资料提供中心的会议录，了解各个会议的概貌和学术水平，每周更新两次。

网址：http：//firstsearch. oclc. org

第二节　学位论文检索

学位论文是高等院校或科研单位的毕业生，为取得学位而向有关方面呈交的体现其学术研究水平并供审查答辩用的学术性研究论文。学位论文因其选题一般是某一学科比较重要且具有前沿性的理论或应用方面的课题，具有较高的学术研究价值和实用价值，是科研人员借以了解当前最新学术动态、掌握科技信息、研究学科前沿问题的有效途径之一。学位论文是经过专业导师指导，由有一定权威的同行专家、学者审查的原始研究成果，是具有一定独创性的一次文献。因此，学位论文和期刊论文、会议论文、技术报告及专利说明书等一样，都是非常重要的文献类型。

一、学位论文的分类

学位论文是高等院校或科研机构的学生为获得学位而提交的学术性研究论文，英国习惯称为 Thesis，美国则称为 Dissertation。

1. 根据学位论文层次划分

按照学位论文的研究层次，一般包括学士学位论文、硕士学位论文和博士学位论文 3 种类型。

（1）学士论文。学士论文是大学本科毕业生为获得学士学位和毕业资格所需要撰写的学术论文。学士论文应反映出作者能够掌握大学阶段所学的专业知识，学会综合运用所学知识进行科学研究的基本方法，对研究课题有一定的独立见解。其论文数量最多，但学术内容一般。

（2）硕士论文。硕士论文是硕士研究生所撰写的学术论文，具有一定的理论深度和更高的学术水平，更加强调作者思想观点的独创性，以及研究成果应具备更强的实用价值和更高的科学价值。根据专业方向，硕士论文分为哲学、经济学、法学、教育学等 12 大类。

（3）博士论文。博士论文是由攻读博士学位的研究生所撰写的学术论文。它要求作者在博士生导师的指导下，选择自己能够把握和驾驭的潜在的研究方向，开辟新的研究领域。它要求作者必须在本学科的专业领域具备大量的理论知识，并对所学专业的理论知识有相当深入的理解和思考，同时还要具有相当水平的独立科学研究能力，能够在学科领域提出独创性的见解和有价值的科研成果。较之学士论文、硕士论文，博士论文具有更高的学术价值，对学科的发展具有重要的推动作用。

2. 根据研究方法划分

按照论文研究方法的不同，学位论文可分为理论型、实验型、描述型三类。理论型论文运用的研究方法是理论证明、理论分析、数学推理，用这些研究方法获得科研成果；实验型论文运用实验方法，进行实验研究获得科研成果；描述型论文运用描述、比较、说明方法，对新发现的事物或现象进行研究而获得科研成果。

3. 根据研究领域划分

按照不同的研究领域，学位论文又可分人文科学学术论文、自然科学学术论文与工程技术学术论文三大类，这三类论文的文本结构具有共性，而且均具有长期使用和参考的价值。

二、学位论文的特点

（1）出版形式特殊。学位论文的目的只是供审查答辩之用，学位论文除部分在答辩通过后发表或出版外，多数不公开发行，但有复本被保存在学位授予单位，以打印本的形式储存在规定的收藏地点，且每篇论文打印的数量均不多。

（2）内容具有独创性。学位论文一般具有独创性，探讨的课题比较专深。但因学位论文有不同的等级，故水平参差不齐。通常情况下，所谓学位论文习惯上只限于硕士和博士论文。

（3）数量大，难以系统地收集、管理和交流。随着科学技术的迅速发展，学位教育越来越受到各国的高度重视。仅美国每年就授予硕士学位学生达 30 万人，博士学位学生约 3 万人。因学位论文一般在各授予单位或指定地点才有收藏，搜集起来比较困难。

（4）收藏机构特殊。学位论文大部分不公开出版，所以全文的获取比较困难。只有少数国家将学位论文集中保存，统一提供。美国和加拿大学位论文由美国 ProQuest 公司收集。英国的学位论文统一收藏于不列颠图书馆的国家科学与技术外借图书馆（NLL）内。日本规定国立大学的学位论文统一储存于日本国家图书馆内，私立大学的学位论文则由本校图书馆收藏。中国科学技术信息研究所和国家图书馆是指定收藏硕士、博士学位论文的单位。中国科学技术信息研究所集中收藏自然科学和技术科学领域的博士、硕士学位论文。而解放军医学图书馆主要收藏军队医学博士、硕士学位论文。

基于学位论文的以上特点，它需要通过专门检索工具和特殊收集渠道才能获得。为此，许多国家都编辑出版各类报道学位论文的检索工具。其中，有报道世界各国的或几个国家的学位论文目录或文摘，也有报道一个国家的学位论文通报，还有报道某所大学的学位论文摘要汇编和一些学术期刊所附的学位论文介绍专栏等。

三、学位论文检索

1. 传统学位论文检索工具

《中国学位论文通报》是我国自然科学类学位论文的权威性检索工具，于 1985 年创刊，由中国科学技术情报研究所编辑，科学技术文献出版社出版发行。以题录、简介和文摘结合的形式，报道该所收藏的我国高等院校和科研机构的博士和硕士论文。该刊现为双月刊。每期内容包括分类目录、正文和索引。分类目录按《中图法》分类，共设 9 个大类和 18 个子类。正文的著录内容是分类号、顺序号、论文题目、学位名称、语种、著者姓名、学位授予单位、总页数、发表年月、文摘、图表及中国科学技术情报研究所馆藏资料索取号等。索引部分有“机构索引”和“年度分类索引”。

检索者可按分类途径查找所需文献，按馆藏索取号向中国科学技术情报研究所借阅。对过去未曾报道的论文，补收在《中国博士硕士学位论文通报》中。

《国际学位论文文摘》（Dissertation Abstracts International，DAI）是查找国外博士论文的检索工具。该刊于 1938 年创刊，刊名几度变更，1969 年 7 月第 30 卷起改用现名，由大学缩微品国际出版公司出版。目前该刊分为三个分册：A 辑是人文与社会科学；B 辑是科学与工程；C 辑是欧洲文摘。该刊报道美国、加拿大等国 500 多所大学的博士论文。文摘较详细，平均每条约 350 字，它基本反映了论文的主要内容。文摘款目按分类编排，正文前有分类目次表。大学缩微品国际出版公司还出版《硕士学位论文摘要》，用于查找美国硕士论文。

2. 网络学位论文检索工具

我国主要的学位论文检索数据库有：万方数据资源系统（www.wanfangdata.com.cn）、国家科技图书文献中心 NTSL（www.nstl.gov.cn）、中国知网——中国优秀硕士/博士学位论文全文数据库（www.cnki.net）。国外主要的学位论文检索数据库有 PQDT 博硕士论文数据库（proquest.umi.com/login）等。

（1）中国优秀硕士/博士学位论文全文数据库。

中国优秀硕士学位论文全文数据库是国内内容最全、质量最高、出版周期最短、数据最规范、最实用的硕士学位论文全文数据库。重点收录从 1984 年至今的“985 工程”高校、“211 工程”高校、中国科学院、社会科学院等重点院校的优秀硕士论文，重要特色学科如通信、军事学、中医药等专业的优秀硕士论文，覆盖基础科学、工程技术、农业、哲学、医学、哲学、人文、社会科学等各个领域。其检索界面如图 6-5 所示。

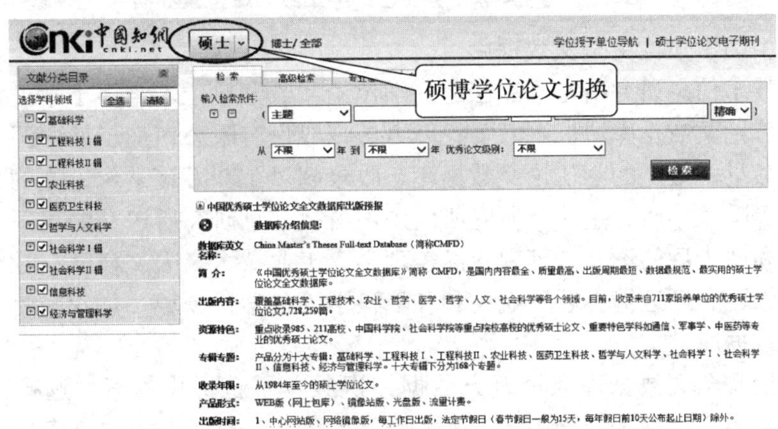

图 6-5　中国优秀硕士学位论文全文数据库检索界面

中国博士学位论文全文数据库是目前国内内容最全、质量最高、出版周期最短、数据最规范、最实用的博士学位论文全文数据库，是国务院学位委员会办公室学位点评估唯一指定博士学位论文参考数据库。该数据库收录了 1999 年至今，我国“985 工程”“211 工程”等重点高校，中国科学院、社会科学院等研究院所的博士学位论文全文，1984 年至 1998 年间的部分博士学位论文全文。

产品分为十大专辑：基础科学、工程科技Ⅰ、工程科技Ⅱ、农业科技、医药卫生科技、哲学与人文科学、社会科学Ⅰ、社会科学Ⅱ、信息科技、经济与管理科学。十大专辑下又分 168 个专题，内容覆盖基础科学、工程技术、农业、医学、哲学、人文、社会科学等各个领域。其检索界面如图 6-6 所示。

其检索方式是通过中国知网主页，进入中国博士学位论文全文数据库。检索项有主题、题名、关键词、摘要、作者、作者单位、导师、第一导师、导师单位、网络出版投稿人、论文级别、学科专业名称、学位授予单位、学位授予单位代码、目录、参考文献、全文、中图分类号、学位年度、论文提交日期、网络出版投稿日期等，供检索时组配使用。其具体检索方法与中国知网的检索大同小异，在此不再赘述。

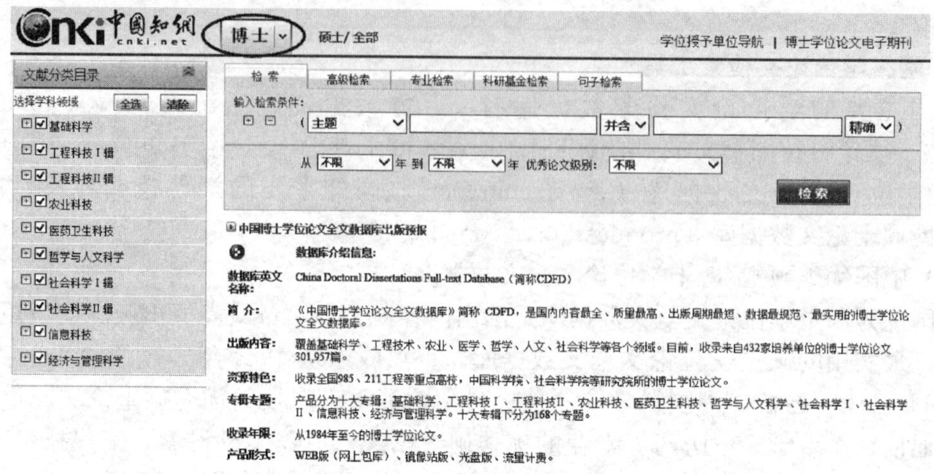

图 6-6 中国博士学位论文全文数据库检索界面

（2）万方中国学位论文全文数据库。

中国科学技术信息研究所是国家法定的学位论文收藏单位，与多个学位授予单位签署了共建中国学位论文数据库协议，其委托万方数据股份有限公司加工的中国学位论文文摘数据库是国内最早、最全的学位论文数据库，收录超过 120 万篇学位论文的相关信息。其数据来自各高等院校、研究生院及研究所向中国科技信息研究所送交的我国自然科学领域的硕士、博士和博士后的论文。其内容涵盖理学、工业技术、人文科学、社会科学、医药卫生、农业科学、交通运输、航空航天和环境科学等各学科领域，是我国收录数量最多的学位论文全文数据库。

中国学位论文全文数据库通过万方数据知识服务平台提供检索，选择平台中的“学位”频道，默认为快速检索，如图 6-7 所示。也可以点击其中的“跨库检索”按钮，进入跨库检索中的高级检索界面，选择“学位论文”数据库进行检索，如图 6-8 所示。该库检索结果提供相关度、新论文、经典论文等排序方式选择；并按学科、授予学位及发表年份二次精选；列出与检索结果密切相关的学者名称；结果数据提供全文查看和下载链接，可在线阅览和下载 PDF 格式的全文。其具体检索方法也与第四章中介绍的万方数据检索大同小异，在此不再赘述。

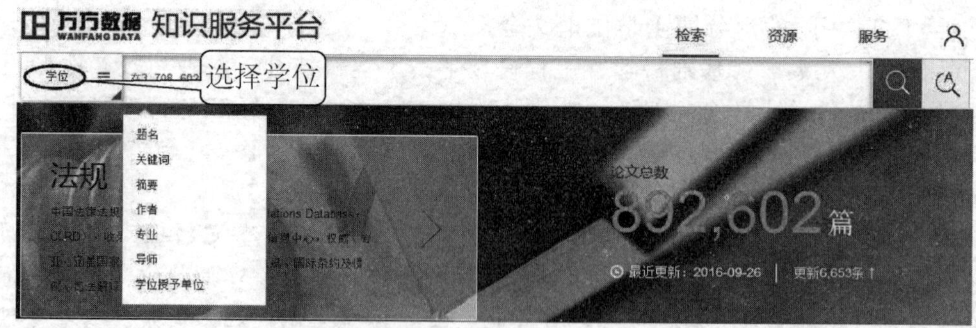

图 6-7 万方中国学位论文全文数据库快速检索界面

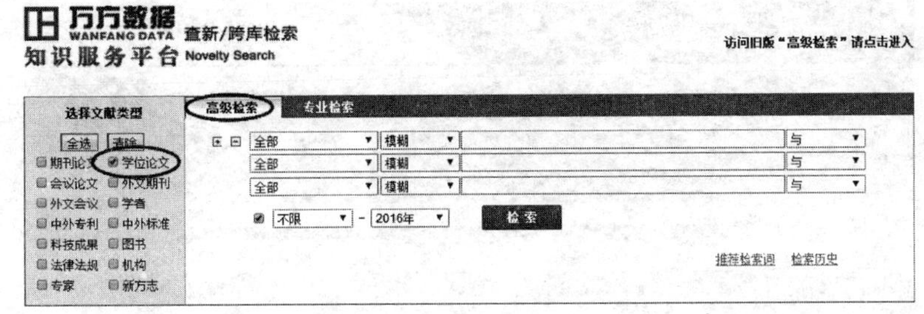

图 6-8　万方中国学位论文全文数据库高级检索界面

（3）ProQuest 学位论文全文数据库检索。

PQDD（ProQuest Digial Dissertations），即数字化博硕士论文文摘数据库，是美国 UMI 公司出版的博硕士论文数据库，是 DAO（Dissertation Abstracts OnDisc）光盘数据库的网络版。它已收录欧美 1 000 余所大学的 160 多万篇学位论文，涵盖了从 1861 年通过的全世界第一篇博士论文（美国），到本年度本学期获得通过的博、硕士论文信息。它是目前世界上最大和最广泛使用的学位论文数据库。目前每年新增论文条目有 55 000 多篇。对 1997 年以后出版的论文提供电子形式的副本，用户可免费浏览这些论文的前 24 页内容。该数据库有完全版和两个分册版本即 A 辑和 B 辑。A 辑主要是人文社科版，B 辑主要是科学与工程版。

2002 年底，CALIS 与 ProQuest 公司合作，正式引进 ProQuest 博、硕士学位论文文摘与全文数据库，CALIS 的各高校成员图书馆和研究所都可以共享 ProQuest 的信息服务。

PQDD 全文数据库提供基本检索和高级检索两种检索方式。基本检索界面简洁，如图 6-9 所示，直接输入检索词就可以进行检索。高级检索可使用 Keyword（关键词）、Author（作者）、Title（论文题目）、School（作者学校）、Subject（学科）、Abstract（摘要）、Degree（学位级别）、DVI（论文卷期）、ISBN（国际标准书号）、Language（论文语种）、PubNumber（论文在 PQDD 中的唯一标识符）、Advisor（导师）等检索项，并且可通过逻辑"与""或""非"进行匹配，也可使用时间检索条件。高级检索界面如图 6-10 所示，其检索方式可以使用字段限制检索、布尔逻辑运算、位置运算、截词检索、嵌套检索等功能，检索界面分为检索式输入框和检索式构造辅助提问窗口两部分。可以在检索式输入框中输入用户自己构造的检索式，也可以通过检索式构造辅助提问窗口添加到输入框中的方法来构造检索式。其具体检索方法与中国知网数据库基本相同，在此不再叙述。

（4）CALIS 学位论文数据库。

CALIS 学位论文中心服务系统面向全国高校师生提供中外文学位论文检索和获取服务。目前博硕士学位论文数据逾 384 万条，其中中文数据约 172 万条，外文数据约 212 万条，数据持续增长中。全国有 200 余所高校合作的文摘索引数据库，内容包括自然科学、社会科学及医学等各个学科领域。有简单检索和高级检索两种检索方式。检索者可以分别从题名、作者、导师名、摘要、关键词和全文字段等不同角度进行检索，也可用逻辑组配等方式检索。其检索界面如图 6-11 所示。

图 6-9　ProQuest 学位论文全文数据库基本检索界面

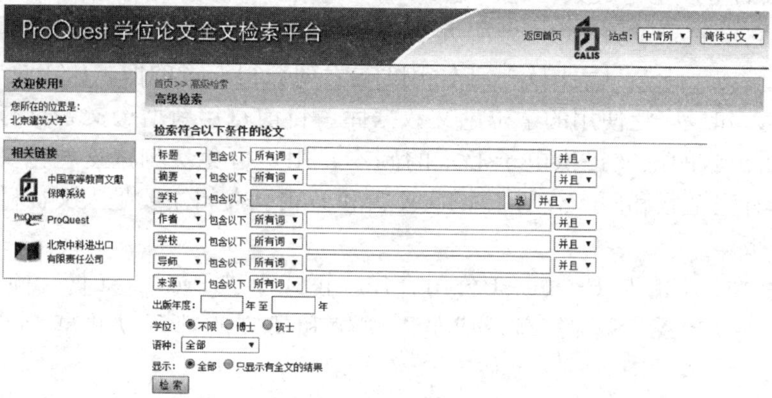

图 6-10　ProQuest 学位论文全文数据库高级检索界面

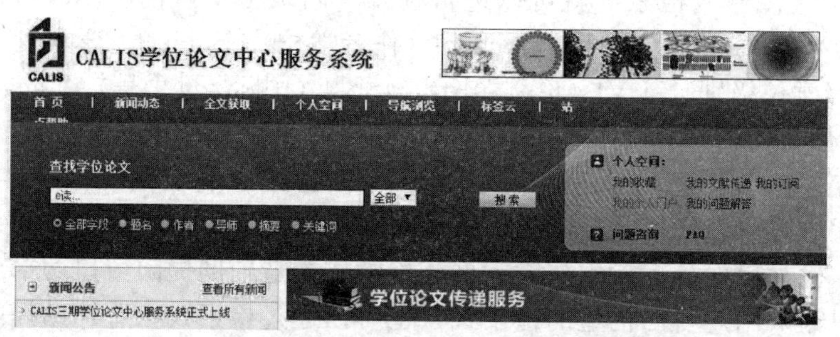

图 6-11　CALIS 学位论文数据库检索界面

该系统采用“e 读”搜索引擎，检索功能便捷灵活，提供简单检索和高级检索功能，可进行多字段组配检索，也可从资源类型、检索范围、时间、语种、论文来源等多角度进行限定检索。系统能够根据用户登录身份显示适合用户的检索结果，检索结果通过多种途径的分面和排序方式进行过滤、聚合与导引，并与其他类型资源关联，方便读者快速定位所需信息。

系统提供国内外大量学位论文的在线浏览全文或者在线浏览前 16 页论文的服务，对无法在线获取的全文，系统提供全文传递联合保障服务。通过点击检索结果页面的文献

"传递"按钮，进入文献传递服务页面，选择用户所在的图书馆，系统自动将用户带入其所在图书馆的文献传递服务系统并可在此提交文献传递请求，帮助用户获取所需要的学位论文全文。通过本系统开展学位论文文献传递服务，对提交申请并获得文献传递服务的用户会给予一定的补贴。

系统提供学位论文按学科浏览服务，增加了用户获取论文的途径。系统提供成员馆浏览服务，可以按省浏览提供学位论文数据和提供文献传递服务的成员馆。在成员馆浏览页面，显示成员馆是否支持统一认证服务或馆际互借服务。支持统一认证服务的成员馆用户可以单击登录使用本系统的全部服务，支持馆际互借的成员馆支持基于本系统的文献传递服务。

系统提供用户个人空间定制服务，用户可以定制自己的收藏、定制自己的文献传递请求，也可根据定制享受学位论文文献推送服务，系统还提供用户咨询服务。

阅读材料 网上免费检索的学位论文资源

1. 国家科技图书文献中心的中文学位论文库和外文学位论文库

国家科技图书文献中心的中文学位论文库和外文学位论文库提供论文摘要、免费使用的数据库。中文学位论文库主要收录了1984年至今我国研究生培养机构的硕士、博士论文和博士后报告。学科范围涉及自然科学各专业领域，并兼顾社会科学和人文科学，每年增加论文6万余篇，每季更新。外文学位论文库由中国科技信息研究所提供，收录了ProQuest博硕士论文文摘索引数据库（PQDT）中2001年以来的优秀博士论文，学科范围涉及自然科学各专业领域，并兼顾社会科学和人文科学。因该库正在建设中，有极少原文暂不能提供。注册付费用户通过"原文检索订购"可提出全文请求。

2. 国家图书馆博士论文库

国家图书馆学位论文收藏中心是国务院学位委员会指定的全国唯一负责全面收藏和整理我国学位论文的专门机构；也是人事部专家司确定的唯一负责全面入藏博士后研究报告的专门机构。此外，该中心还收藏部分院校的硕士学位论文、台湾博士学位论文和部分海外华人华侨学位论文。国家图书馆博士论文库（http：//mylib. nlc. gov. cn/web/guest/boshilunwen）电子版仅供浏览24页，也不提供电子版的下载、打印服务，仅提供论文阅览、复印服务。

3. NDLTD学位论文库

NDLTD学位论文库（Networked Digital Library of Theses and Dissertations，NDLTD），是由美国国家自然科学基金支持的一个网上学位论文共建共享项目，为用户提供免费的学位论文文摘，还有部分可获取的免费学位论文全文（根据作者的要求，NDLTD文摘数据库链接到的部分全文分为无限制下载、有限制下载、不能下载几种方式），以便加速研究生研究成果的利用。NDLTD的成员馆来自全球各地，不仅有美国、加拿大，还有德国、丹麦等欧洲国家和中国等地的大学图书馆、图书馆联盟、专业研究所。目前全球有200多家图书馆、7个图书馆联盟、20多个专业研究所加入了NDLTD，其中20多所成员馆已提供学位论文文摘数据库7万条，可以链接到的论文全文大约有3

万篇。为方便我国用户访问，我国 CALIS 文献中心引进了部分 NDLTD 资源。

4. 美国博士论文档案数据库（1933 — 1955）

美国博士论文档案数据库（1933—1955）（American Doctoral Dissertations 1933—1955）在 H. W. Wilson（威尔逊）基金会的赞助之下，EBSCO Information Services 与位于美国波士顿的 Congregational Library & Archives 共同合作将原为纸本形式的美国大学博士论文索引档案（Doctoral Dissertations Accepted by American Universities，DDAAU）数字化。美国博士论文档案数据库（1933—1955）收录约有 10 万条从 1933 年至 1955 间的论文文献。该数据库是唯一收录 1933—1955 年间，被美国大学所承认的博士论文的最完整的档案数据库。EBSCO 在网站上允许免费使用该档案数据库。研究人员可以依照论文、篇名、作者以及学校机构等方式检索。

5. FirstSearch-WorldCat Dissertations 数据库

该库收集了 WorldCat 数据库中所有硕博士论文和以 OCLC 成员馆编目的论文为基础的出版物，涉及所有学科，涵盖所有主题，资源均来自世界一流高校的图书馆，共有 1 800 多万条记录，其中 100 多万篇有免费全文链接，可免费下载。该数据库的资源主要来自全球知名大学的硕博士论文，如美国的哈佛大学、耶鲁大学、斯坦福大学、麻省理工学院、哥伦比亚大学、杜克大学、西北大学，欧洲的剑桥大学、牛津大学、帝国理工学院、欧洲工商管理学院、巴黎大学、柏林大学等，以及亚洲的清华大学、东京大学、南洋理工大学等，收录了文、理、工、农、医等所有领域的硕士、博士论文，是学术研究中十分重要的参考资料。该数据库每天更新。

我国的 CALIS 全国工程中心以年订购的方式购买 FirstSearch 基本组 13 个数据库，提供给“211 工程”的 105 所院校使用。FirstSearch 基本组 13 个数据库中大多是综合性数据库，内容涉及艺术和人文科学、商务和经济、会议和会议录、教育、工程和技术、普通科学、生命科学、医学、新闻和时事、公共事务和法律、社会科学等领域。

第七章 文献综述与写作

毕业论义的写作中，文献综述是非常重要的一个环节。文献综述无论对于开题报告还是研究报告来说都是非常重要的部分。从理论上来说，完成文献检索和分析之后，才开始写文献综述。但实际的情况是上述两个过程往往是交叉进行的。研究者可以“以写促读”，也就是在阅读一定的文献之后，就可以动笔写文献综述，通过写作把自己漂浮不定的思维确定下来，从而明确自己进一步还要读什么文献，该怎样理解文献。

第一节　文献综述概述

一、文献综述的定义

综述，在英文中称为 rcview，从字面理解是综合概括地叙述之意。“综”即综合，要求对文献资料进行综合分析、归纳整理，使材料更精练明确，更有逻辑层次；“述”即评述，就是要求对综合整理后的文献进行比较专门的、全面的、深入的、系统的论述。综述是其作者在大量广泛阅读某一领域（或课题）已发表的文献资料的基础上，选取有用的信息，归纳整理，分析研究，进而综合描述该领域（或课题）国内外的研究新成果，预测发展趋势，或提出问题、意见和建议，而写出的以非作者的直接经验和资料为主的文章。

文献综述指在全面收集、阅读大量研究文献的基础上，对某一时期内某一学科、某一专业或技术的研究成果、发展水平以及科技动态等信息资料进行搜集、整理、选择、提炼，并做出综合性介绍和阐述的实用文体。文献综述是作者对某一方面问题的历史背景、前人工作、争论焦点、研究现状和发展前景等内容进行评论的科学性论文。在论文写作中占据重要地位，同时也是论文中一个重要组成部分。综述并不是将可能找到的文章全部列出，而是要在辨别相关资料的基础上，根据自己的论文来综合与评估这些资料。一个成功的文献综述，能够以其系统的分析评价和有根据的趋势预测，为新课题的确立提供强有力的支持和论证。

文献综述的写作是学位论文写作的开端，在学位论文写作中举足轻重，文献综述的好坏直接关系到学位论文的成功与否。在科技论文写作中文献综述也非常重要，一般在论文的引言部分要对此前的重要研究成果加以综述作为一篇论文的开头和铺垫，目的是让读者了解所写论文的意义和价值。

第一，文献综述是对已有文献的归纳、整理和分析。当然，这里的“已有文献”，可以指一定时期的文献，也可以指就某一研究问题而言自古以来所有的观点和研究成果，比如教师专业发展就可以上溯到中国古代的孔子和古希腊的一些大哲学家。除了专门的文献综述之外，属于开题报告或研究报告一部分的文献综述通常以后者为标准。

第二，文献综述是对某一研究领域的综述。因此在综述之前，研究者需要清楚地认识自己所要研究的领域是什么，这样才能够准确地找到自己要综述的文献。很多初学者在开题报告或者研究报告中写了不少文献，但是并非是研究所需要的。

第三，文献综述需要对文献做出分析和评论。这意味着一方面，研究者不能仅仅把有关文献列举出来，而是要按照一定的框架条分缕析，同时有所综合；另一方面，研究者要根据自己研究的需要，对有关文献做出恰当的评论，既为现有的文献作结，也为自己的研究打下基础，找到着手点。

文献综述写作历来为很多学者所强调，原因在于它具有非常重要的作用。

二、文献综述的作用

一般而言，文献综述是学术论文写作中必不可少的组成部分。一篇好的文献综述表明作者熟知某一知识领域，由此而建立起当前研究的可信度和可靠性。通过文献综述，读者可以了解到作者熟知某一研究领域的主要问题，使读者对作者的研究能力、研究背景产生信心。文献综述水平的高低往往反映了论文写作水平的高低，极端些说，没有高质量的文献综述就不可能有高质量的论文。文献综述的作用主要体现为以下几个方面。

1. 有利于提高论文质量

学术论文中文献综述部分要澄清所研究问题“从哪里来，到哪里去”，主要是继承、梳理前人的成果并找出其内在的逻辑关系和演进的规律。研究者通过文献综述，不仅了解了这一研究领域的理论基础和各种研究成果，而且能够在此基础上对之做出恰当评论。通过文献综述，研究者逐步构建起研究的理论框架，也通过对现有文献的反省和批判找到了适切的研究方法，好的文献综述说明作者对前人研究成果掌握透彻，是高质量论文的基础。

2. 有利于更新专业知识

文献综述是对某一研究问题的研究成果进行分析和综合，能够反映当前某一领域或某一专题的演变规律、最新进展、学术见解和发展趋势，主题新颖、资料全面、内容丰富、信息浓缩。一篇好的文献综述要有机地整合相关领域的不同的研究成果，通常会评价研究结果，指出这些研究结果的异同，研究结果是否具有代表性，还有哪些遗留问题没有得到有效的解决等。因此，不论是撰写还是阅读文献综述，均可以了解有关领域的新动态、新技术、新成果，不断更新知识，提高业务水平。在文献综述写作过程中，研究者必须对整个研究领域的理论基础和现有研究结果有一个全面的了解。文献综述写作的过程，也就是研究者逐步把握整个研究领域概貌的过程。因此可以比较全面地为研究设计打下基础。

3. 有利于选择科研方向

任何思想如果不写下来，都是飘忽不定的。文献阅读之后，研究者获得了大量的信息，同时也会有不少想法，在没有写下来之前，往往是一片混沌的。文献综述写作的过程，就是对有关信息和思想进行整理的过程，通过这个过程，研究者对现有研究领域的理解和想法才逐步固定下来。一篇好的文献综述很好地总结和整合了他人的研究成果，读者会从中受益，得到启发。在撰写综述的过程中，通过对新成果、新方法、新技术、新观点的综合分析和评述，能够帮助科技人员发现和选取新的科研课题。

4. 有利于后人查阅相关资料

文献综述展示了前期相关研究与当前研究之间的关系。一篇好的文献综述通常会为读者勾勒出某一问题研究的发展历程，将研究的起源、发展和现状展现在读者面前，将当前研究置于一个相关的大的研究背景之中。高水平的文献综述专题性强，能反映出该领域的历史背景、研究现状和发展趋势，具有较高的情报学价值。通过阅读综述，人们可以在较短的时间内了解该领域的发展情况、发展趋势，节省大量的时间。而每篇文献综述之后都列出了该方向众多的参考文献，有利于后人查阅相关资料，这对后人是一笔相当大的财富，可以指导开题报告和论文的写作。

三、文献综述的特点

文献综述不是材料的堆砌或罗列，而是对有关资料加以归纳和总结，做出评论和分析。关键在于通过文献资料引出重要结论。一般来说，无论是单独成篇的综述还是学术论文内作为一节的文献综述，它们都具有以下几个特点。

1. 综合性

文献综述要纵横交错，既要以某一专题的发展为纵线，反映当前课题的进展；又要从本单位、省内、国内到国外进行横向比较。只有如此，才能收集到广而全的专题资料，经过综合分析、归纳整理、消化鉴别，使材料更精练、更明确、更有层次和更有逻辑，进而把握本专题发展规律和预测发展趋势。作者在撰写文献综述的时候，往往要查阅许多文献，少则几十篇，多则上百篇。把这些文献不分主次、不分重点、不加选择地堆积和罗列在一起，这不叫文献综述，它必须按照文献的内容特征和逻辑顺序进行高度概括和总结。因此，文献综述具有资料的高度综合性。

2. 时效性

文献综述不是写学科发展的历史，而是要搜集最新资料、获取最新内容，将最新的学术信息和科技研究动向及时传递给读者。因此，文献综述的选题和研究原著一样，必须具有先进性，选用的文献必须具有新颖性。选题的先进性和新颖性常以引用参考文献的新旧作为判断标准。所以，文献综述写作过程中，应重点选用最近几年发表的文献。在叙述研究历史时，可以适当引用几年以前的文献和研究成果，但绝对不宜过多地罗列年代久远的文献资料。

3. 系统性

文献综述内容的系统性主要表现为所选内容的完整性、全面性和研究成果的代表性。另外，资料的综合性也保证了其内容的系统性。文献综述也必须全面、系统地介绍某一领域、某一专业、某一问题最新的和最高水平的研究成果。只有这样，才能帮助读者利用较短的时间，了解和掌握某一方面较为全面而系统的知识和信息。

4. 评述性

作者在查阅大量原始文献的基础上，结合自己的理论知识、实践需要等，按照个人的主题思想和学术观点，重新组织文献，进行加工处理，去粗取精，去伪存真，吸取精华，剔除糟粕，对所综述的内容进行综合、分析、评价，反映作者的观点和见解，并与综述的内容构成一体。最终形成一篇系统而全面的、高度综合的、最具科学性和先进性的专题文献情报资料，通过这样一个过程，实现理论上的再创造。

同时，如果从素材、内容、问题阐述和读者几个方面来看，文献综述又具有以下几个特点。

研究素材的间接性。从本质上讲，综述不是原创性的，是作者对大量有关文献的分析、归纳、综合。它能反映出对有关问题研究的历史和现状，以及有关研究的新动向、新趋势。由于它不是原创性的，所以资料都是他人的研究成果，是间接材料。

问题阐述的系统性。作者在写综述的过程中对大量资料进行了有序加工，往往根据需要打破单元，横向提炼，重新组织布局，既反映历史背景，又反映当前现状；既有综合归纳，又有分析探讨；既有发展脉络，又有前景展望。这是一项系统性很强的工作。

读者对象的广泛性。综述性文献的读者群既可包括本专业领域人员，又可以包括相关领域的其他读者。所以要尽量用比较通俗的语言来表述某些生僻的术语或概念。

四、文献综述分类

根据内容特点和结构形式，文献综述可分为简介型综述、动态型综述、成就型综述、争鸣型综述和评论型综述。

1. 简介型综述（introductory review）

简介型综述是围绕某一问题或专题，广泛搜集相关的文献资料，着重介绍原始文献所论述的事实、数据、论点等，并以精练、概括的语言对某一专题的文献资料做出综合、客观的描述。这种综述适用于学术、技术问题的概要介绍，尤其适用于某些刚发现但尚无定论的问题。

2. 动态性综述（developmental review）

动态性综述一般按照年代和学科发展的历史纵向梳理，由远及近地综合叙述，着重介绍阶段性研究成果，并介绍某一阶段有代表性的文献资料，反映该领域研究工作的进展情况。该类综述一般是针对涉及科研发展方向的某类成果，对其进行分析与评价，并提出发展对策、趋势预测，是一种现实性、政策性和针对性很强的情报分析研究成果。

3. 成就性综述（result review）

成就性综述按研究成果分门别类地进行叙述，适用于介绍某一领域、某一方面的新方法、新技术、新论点和新成就。组织材料时，一般不考虑研究时间的先后顺序，而是开门见山，直接叙述新成就，按照内容的逻辑顺序组织文献资料。这类综述实用价值较高，对科研工作有很强的指导意义。

4. 争鸣性综述（contentious review）

争鸣性综述对某一领域或某一专题学术观点上存在的分歧进行分类归纳和综合，按不同见解分别叙述。叙述中可表述作者倾向性的意见，但作者的观点要与被引用文献的观点分开叙述。

5. 评论型综述（critical review）

评论型综述也称为述评，是在对某一问题或专题进行综合描述的基础上，从纵向或横向上做对比、分析和评论，提出作者自己的观点和见解，明确取舍的一种信息分析报告。评论性综述的主要特点是分析和评价，因此有人也将其称为分析性综述。这类文章的撰写要求较高，具有权威性，往往能对所讨论学科的进一步发展起到引导作用。

另外，公共管理类的有些文献综述也可按时间分为回顾性综述（retrospective review）和前瞻性综述（prospective review）。回顾性综述主要反映某一学科领域或某一方面目前的研究水平，在回顾历史的基础上重点突出目前水平。前瞻性综述是在总结和分析现有文献资料的基础上，对某一学科领域或某一方面的发展前景和趋势以及可能的结果进行预测。

第二节　文献综述的写作

一、文献综述写作的目的

文献综述以一定的形式概括了相关文献，为相关文献增添了价值，而不是仅仅把相关文献堆砌在一起，其基本目的包括以下六点。

（1）表明作者了解相关研究，当然，不可能穷尽所有相关文献；

（2）详细向读者说明研究背景，注意专业与非专业的结合；

（3）描述相关研究与作者自己的研究间的关系，综合相关研究；

（4）比较或对比不同研究结果、不同理论思想等，突出先前研究和有争议之处；

（5）导向作者要研究的问题，表明是否需要进一步研究；

（6）提出对问题的新看法或解决办法。

概括起来，文献综述要突出学术研究的继承性、开放性和目的性。

学术研究的继承性。文献综述的写作是由学术研究的继承性决定的，因为继承是创新的基础和前提。文献综述部分要澄清所研究问题“从哪里来，到哪里去”。

学术研究的开放性。客观现实世界不断运动变化，人们在实践中对于真理的认识也只能是越来越接近。任何一篇论文或一项研究都只不过是该领域知识探索过程中的一个环节。正因为如此，学术研究必须是开放的，只有开放才能相互借鉴，共同进步。

学术研究的目的性。撰写文献综述的目的是为了导出研究问题并为未来的研究构建创新平台。既然要导出问题，那么首先得深入了解相关问题，对相关问题的已有研究进行概述。

二、文献综述的格式与内容

文献综述主要是对查找文献时所使用的关键词、文献数量和出处等问题进行总体性的介绍。研究内容分析是文献综述的重要内容。研究文献的内容分析一般采用“总-分”的形式，即先总结当前研究所包含的主要方面，然后对此分别进行阐述和说明。在进行内容分析时，研究者要注意指出并总结已有研究中具有代表性的核心观点，如果这些研究的角度和方法值得借鉴，也可以一并指出。目前研究中的不足这一部分易为研究者所忽略，而这一部分又是文献综述极其重要的部分。研究的不足之处可以从研究对象、研究方法、研究内容的深度、研究的前瞻性、研究的现实性等多方面进行分析。

文献综述的格式和内容因综述选题、材料占有和资料结构等方面的不同而有所不同，很难为各类综述定一个统一的格式和应包括的内容。但总的来说，文献综述一般可粗略分六部分来写：引言、历史发展、现状分析、趋向预测、结论和参考文献目录。其中，历史发展、现状分析、趋向预测构成了文献综述的主体部分。

1. 引言

引言即问题提出部分，主要阐明该综述撰写的目的、意义、对于科学研究工作的重要性，介绍该文的基本内容、性质、适用范围和读者对象等。从写作规则上说，它应该开宗明义，用简练、直接的方法和文字揭示主题，并能清楚交代综述专题的基本内容和范围，同时也要求作者简述一下行文的目的，拟解决的问题，以及综述专题的学术价值和实用价值，使读者对全文要叙述的问题有一个初步的了解。引言部分应力求突出重点、简明扼要。如果是综述某方面的进展情况，在引言部分应对这方面的发展史做梗概介绍。通过阅读引言应使读者知道综述的主要内容，并产生继续阅读的欲望和兴趣。

引言部分主要包括以下几个方面的内容：

◆ 说明选择这一课题的意义、应用价值和实践意义。

◆ 介绍有关概念。

◆ 提供必要的背景材料。

◆ 课题的研究现状。

◆ 扼要说明有关主题争论的焦点及发展趋势，引出所写综述的核心主题。这些都是广大读者最关心而又最感兴趣的，也是写作综述的主线部分。

◆ 交代综述的范围。包括：专题涉及的学科范围，在写作时不能太宽太杂；时间范围，即声明引用文献的起止年份。

2. 历史发展

此部分应以时间为纲，叙述各个阶段的发展状况和特点，特别要指出重大进展阶段是在什么条件下发生的，其特点和意义如何，以及新理论、新方法的引入及其效果。要按时间顺序，简要说明这一课题的提出及各历史阶段的发展状况，体现各阶段的研究水平。对课题历史发展的溯源追踪，目的是探讨其发展变化的因果规律性，弄清已解决了什么、用什么方法解决的、遗留下什么问题待解决。阐述时应说明前人对这一课题的不同看法、论点和研究成果。对国内在这一课题研究上的历史变化最好独立成段地进行介绍，并要说明目前达到的水平和当前要解决的主要问题。

例如：创业研究的历史

一般而言，创业研究是从 19 世纪 70 年代开始发展，但是探讨创业的议题则可追溯至更早。对于创业问题讨论最多的是经济学家：Knight（1921）认为创业家是有能力处理不确定性的人；Schumpeter 是创业概念倡导者，Schumpeter（1934）认为在供需均衡的经济系统中，创业家会倾向于利用新组合来打破均衡，并将这个过程称为创造性破坏。自 Schumpeter 以后，创业问题的研究分为两个流派：一个从 1948 年开始于哈佛大学企业家历史研究中心，重点研究创业与经济发展的相关性，以及产品创新与商品化等议题；一个是由 Hayek（1945）和 Mises（1949）所提倡的，主要探讨有关创业机会的议题。近 20 年来，由于新科技大量出现，经济体系和市场环境发生了重大变化，创业开始被广泛地讨论。

资料来源：陆园园，张红娟. 中国创业问题研究文献回顾. 管理世界，2009（6）.

以上例子按照时间顺序，简要说明了“创业研究”的提出以及各阶段的代表人物、研究水平、研究观点、研究成果等。自从 Schumpeter（熊彼特）提出“创造性破坏”之后，关于创业问题的研究就分为两个流派了。作者分别简单交代了各流派的研究重点。最后交代了近 20 年对创业的广泛讨论。

3. 现状分析

如果说历史发展是从纵向方面进行对比，现状分析则是从横向方面进行对比，即对比各国、各派、各观点、各方法的发展特点、取得的成效、现有水平、发展方向、需解决的问题等，并客观地评价其优点与不足。介绍国内外该研究的现状，将归纳、整理的科学事实和资料进行排列和分析，对有创造性的理论要详细介绍，并引出论据；对有争论的问题要介绍各家观点，进行比较，指出可能的发展趋势，并提出自己的看法。论述时，应着重阐述它们之间的差异，全面分析其产生的原因和背景，明确提出现有的问题。

通过对比国内与国外的研究差异，来阐述国内研究与国外研究相比还有哪些空白点没有涉及，这样既可以帮助读者找到该研究未来发展趋势，而且还有利于作者提出自己的想法和观点。它包括四方面的工作：首先，将整理和归纳出来的资料进行排列和必要的分析；其次，讲解有创造性和发展前途的理论或假说，并引出论据；再次，介绍有争议的相关专家观点或学说，对其进行分析比较，指出各种发展趋势和问题焦点，并提出自己的观点；最后，简要介绍陈旧、过时的或被否定的观点，这样使文章更系统全面，而且这些资料也可以起到对比反衬的作用。

例如：创业研究的进展

近年来的数项研究已经引用并讨论了有关创业研究的发展。Harrison 和 Leitch（1996）发现，在所有已发表的创业研究中，1987—1993 年间发表在管理期刊上的创业研究仅占很小的比例，绝大多数是发表在专注于创业、企业家精神和小企业的期刊上。在创业研究快速发展的趋势下，除了专门的创业期刊外，一般管理、策略、国际企业等主流期刊也开始发表创业相关的文章。2001 年，SMJ（*Strategic Management Journal*）出版以策略创业（strategic entrepreneurship）为主题的特刊，收录 10 篇创业相关议题的论文，包括：价值创造、国际创业、社会资本、智慧资本与核心能力，以及网络与联盟等主题。2003 年 JOM（*Journal of Management*）出版创业研究特刊，收录创业研究回顾、创业教育、创业机会、公司创业、个人创业、创业组织模式、创业网络镶嵌以及创业策略等方面的 8 篇文章。其中，Busenitz 等（2003）分析了 1985—1999 年间在顶尖管理期刊发表的 97 篇创业相关文章，研究结果表明管理期刊上发表的创业研究论文的数量逐年增长。但是，该领域文章仅占期刊全部文章数量的2%，这表明创业研究在管理学领域仍处于较低发展阶段。2005年，IBR（*International Business Review*）出版的特刊重点探讨国际创业（international entrepreneurship），例如母子公司间的创业活动、国际企业的新事业开发策略等。JIBS（*Journal of International Business Studies*）等期刊也开始大量刊登创业相关的研究文章。

JBV、ETP、JSBM、SBE（*Small Business Economic*）等专门探讨创业议题的学术期刊的迅速发展，显示创业研究已经受到主流管理学术界的重视，越来越多知名学者投入该领域的研究中。2008年，ETP出版专门针对欧洲创业研究的特刊。2008年，JSBM出版了以家族创业（family entrepreneurship）为主题的特刊，例如影响家族创业行为和创业企业绩效的因素、创业家族所具有的特征以及家族创业企业的公司治理等。

Ireland等（2005）的统计显示，过去43年（1963—2005）在AMJ上发表的创业文章共有59篇。1987年之后，创业文章数量呈现增长趋势，2000年以后所发表文章的数量，就占过去43年发表文章数量的近半，由此可见创业研究在学术期刊的重要性不断增强。同时，Ireland等（2005）对相关文献进行统计分类，提出了中小企业、制度创业、国际创业、公司创业、初次公开发行、创业家、新事业7类研究主题。其中创业家（individuals or entrepreneurs）与公司创业（corporate entrepreneurship）两个主题在2000年以前较受重视。2000年以后，研究国际创业（international entrepreneurship）及新事业（new ventures）两个主题的文章数量开始大幅增长，这显示了近年来创业研究方向的转变。此外，从研究方法的类型来看，近年来有关创业的实证论文增加较快，而理论论文增加的幅度则较慢。在文献引用方面，除了多为管理性质的主流期刊，专门创业期刊被引用最多的是JBV。

资料来源：陆园园，张红娟．中国创业问题研究文献回顾．管理世界，2009（6）．

上面的例子，通过总结国际上管理类的主流期刊对创业问题的研究所发表文章数量和相关主题，来说明创业研究所关注的热点问题，也告诉我们近年来创业研究方向的转变，此外作者还介绍了近年来关于创业研究的研究方法的选择趋势：实证性的论文增长较快，而理论论文增长较慢。

4. 趋向预测

趋向预测即根据发展历史和国内外现状，以及其他专业、领域可能给予本专业、领域的影响，根据在纵横对比中发现的主流和规律，指出几种发展的可能性和对生产、教育、社会生活可能起到的重要作用以及可能出现的问题等。趋向预测应力求客观准确，务必结合我国社会、经济的实际状况，为解决有重大价值的理论和实际问题提出可能的有效途径和方法。一篇好的文献综述，应有较完整的文献资料，有评论分析，并能准确地反映主题内容，还要有发展预测。趋向预测应在纵横对比中肯定所综述课题的研究水平、存在的问题和不同观点，提出展望性意见。这部分内容要写得客观、准确，不但要指明方向，而且要提示捷径，主要是给读者以启示，使从事这一课题的工作者能看到未来课题研究的发展方向，为有志于攀登新高峰者指明方向，搭梯铺路。

例如：创业研究存在的问题

相对于实务上的蓬勃发展，创业研究在管理学术界仍是一个十分年轻的领域（Cooper，2003），仍面临许多问题，其中最为学者所忧心的是缺乏一套具有代表性的理论基础（Shane&Venkataraman，2000）。对“创业”这个概念本身，学术界仍未能清楚地界定其理论架构（Low&MacMillan，1988；Shane&Ventakaraman，2000）。在比较了1990—1995年发表的管理和创业研究后，Aldrich和Baker（1997）得出结论，创业研究中范式发展的连贯性较差。Shane（2003）指出过去学者多从单一角度探讨创业，例如单从个人因素或外部力量来进行探讨，前者仅着眼于对创业家人格特质的研究，后者只强调外部环境（产业环境、技术变迁、市场结构等）对创业过程的影响。Tan（2008）研究了中国转型经济背景下，高技术产业中女性企业家的创业问题，综合考虑了企业家性别、产业环境和市场环境三种因素对创业的影响。如果更多的研究能将不同角度的论点进行整合研究，将有助于建构创业研究的整体架构。第二个问题是，没有清楚界定创业研究的边界（boundary）（Busenitzetal，2003）。由于创业涉及多个方面，横跨多门学科，综合运用多种研究方法，导致不同背景的研究人员对创业关注的焦点也有所不同。一种学界代表了有着共同研究兴趣，接受一套假设的学者团体。一个领域中学者的假设包括哲学、目标、中心焦点、研究和教学方法以及相关的文献等（Summer et al.，1990；Ogbor，2000）。“这些假设必须能说明该领域研究的重点和原则，并且为该领域设定边界，使其能够区别于其他领域的研究”（Summer et al.，1990）。明显的“混沌前范式的发展状况”（Aldrich&Baker，1997）也表明，必须建立特定领域研究的鲜明界限。Busenitz等（2003）指出创业研究面临如何建立合法性（legitimacy）的挑战，他认为必须通过强化研究深度与广度，明确划定研究边界，来建立学术界对创业研究的认同。Gartner（1985）、Low和MacMillan（1988）、Venkataraman（1997）、Shane和Venkataraman（2000）以及Ucbasaran等（2001）对于如何在学术界建立创业研究的合法性，也持相似的观点。创业研究作为新兴的领域，边界和交流性有助于维持合法的活动系统（Katz&Gartner，1988；Aldrich，1999）。构建明确的研究边界和发展具有代表性的理论基础，可以建立研究的合法性，同时也可以加速创业学术领域研究的发展（Shane&Venkataraman，2000）。

资料来源：陆园园，张红娟. 中国创业问题研究文献回顾. 管理世界，2009（6）.

在此，该文采用的纵横对比反映了创业研究的发展过程所面临的问题，并总结了两大主要问题：一是缺乏具有代表性的理论基础；二是没有清楚地界定创业研究边界。并提出了解决这两个问题的意义，从而为以后的研究提供了一些思路。

总之，主体部分的写作没有固定的格式，可以按不同课题的历史发展线索进行综述，也可以按不同的观点进行类别综述。无论我们采取哪种模式进行综述，都必须对有关文献进行全方位搜索，并对其进行整理、归纳、分析比较，从而发现它们各自的优缺点，并对其进行评述。这里我们把主体部分的写法概括为以下三种。

一是纵式写法，“纵”是“历史发展纵观”。它主要围绕某一专题，按时间先后顺序或专题本身发展层次，对其历史演变、目前状况、趋向预测做纵向描述，从而勾画出某一专题的来龙去脉和发展轨迹。纵式写法要把握课题研究发展脉络，即对某一个专题发展动态进行总结描述，从而了解已经解决的问题和相关成果，找出目前还存在的问题与缺陷。它在内容上按时间顺序或专题发展层次着重介绍历史性成就，其主要特点是学科发展阶段划分明确，每个阶段都有代表性文献。在写作过程中不能把综述写成“大事记”或“编年体”。纵式写法还要突出一个“创”字。有些课题时间跨度太大，科研成果比较多，描述的时候要抓住具有创造性、突破性的成果进行介绍，对那些一般性、重复性的资料简而概之。这样就可以做到重点突出，详略得当。纵式写法适合于动态性综述。因为动态性综述描述专题的发展动向明显，层次清楚。

二是横式写法，“横”是“国际国内横览”。是对国内外各观点、各名家之言、各研究方法、各研究结果等加以描述和比较。通过横向对比，既可以分辨出各种观点、见解、方法、成果的优劣利弊，又可以看出国际水平、国内水平和各高校之间的水平，从而找到差距。横式写法比较适用于成就性综述。这种综述专门介绍某个方面或某个项目的新成就，如新理论、新观点、新方法、新发明、新技术、新进展等。因为“新”，所以时间跨度比较短，但却引起国际、国内各有关单位关注，纷纷从事这方面的研究，发表了很多论文，如能及时加以整理，写成综述向有关单位报道，就能起到启示、借鉴和指导的效果。

三是纵横结合方式写法，在同一篇综述中，同时采用纵式与横式写法。例如，写历史背景采用纵式写法，对现状进行分析可采用横式写法。通过“纵”“横”描述，才能广泛地综合文献资料，全面系统地认识某一专题及某发展方向，从而提高趋势预测的可靠性，为新的研究工作选择突破口或提供参考依据。但不论使用什么方法，都要做到：首先，全面系统地搜集资料，客观公正地如实反映；其次，分析透彻，综合恰当；再者，层次分明，条理清晰；最后，言简意赅，详略得当。

在写作中切勿犯这样的错误，就是将原始文献中的观点罗列在一起，没有分析、归纳和提炼，综述写成了论点的堆砌。另外还要注意，对于叙述性综述来说，综述是对已发表文献的评述，应在已有材料的基础上实事求是地发表议论。当然，面对大量文献，作者在筛选及加工整理过程中会自觉不自觉地表现自己的倾向性观点，但在综述中不要明确表明自己的观点和倾向。而对以评述为主的综述而言，作者应站在专家的角度，对专题的研究现状、水平、条件等进行具体分析，比较其优劣，评述其利弊，并对其专题研究的发展方向做出预测，使文章对该学科的发展真正起到导向作用。

5. 结论

文献综述的结论其实就是“述”的过程，是最能体现作者功力的部分。它是对所参考文献的总结和评述的过程，它需要对文献综述前面“综”的部分进行总结，与引言部分前后呼应，指出现有研究中主要研究内容、研究方法、研究结论等方面的优缺点，潜在原因，存在的不同意见和有待解决的问题，未来研究的空白点和研究方向等，是文献综述客观评述及见解的提出部分。

结论部分是对综述内容的总结，要简明扼要地指出目前研究中尚需解决的问题及研究成果的意义和价值，在写作中应注意给出一个较为明确的阶段性结论。一篇好的综述总结，可以发人深省，具有导向意义。

6. 参考文献

文献综述是对许多文献的综述，因此，在文章的末尾要列出参考了哪些文献，说明文献综述所依据的文献资料，它表示对被引用文献的作者的尊重及引用文献的出处，增加综述的可信度。此外，它为读者深入探讨有关问题提供了文献查找线索，便于其他研究者进一步检索。因此，参考文献是综述的重要组成部分。参考文献的编排应条目清楚，内容准确无误。

一般参考文献的多少可体现作者阅读文献的广度和深度。所附的参考文献较多是综述文章的一大特点。其目的在于提出综述撰写过程中所依据的资料，为使用追溯法检索文献资料提供方便，也便于读者查对所引证的文献正确与否。一般来讲，应将所有参考文献准确、齐全无误地列在目录内，并且所列参考文献要符合规定的格式要求。参考文献表排列顺序有 4 种：(1) 按文献第一作者的姓氏字母顺序；(2) 按文中引用先后顺序；(3) 按文献年代顺序；(4) 按主题词分类排列。目前多采用第二种方式。

撰写文献综述的时候可以按引言、主体、结论以及参考文献这四个部分罗列提纲，再根据提纲进行撰写。见表 7-1。

表 7-1　文献综述的基本结构

结构	作用	内容	一般写作模式	写作要求
引言	可以使读者初步了解文章的轮廓（为什么研究）	说明写作意义；阐述研究现状、焦点问题与趋势；交代文献的写作思路。	第一步：引出课题； 第二步：评述与总结各研究成果的争论热点，进而阐述自己的观点； 第三步：引出文章结构。	开宗明义；简练、直接地揭开主题；交代文章的范围与结构。
主体	核心与躯干部分	各阶段的研究进展、研究成果、研究方法、各种异同与优缺点、作者的评价与观点等。	纵向模式； 横向模式； 纵横结合模式。	切勿对文献简单地堆砌；评述时要实事求是。
结论	综述内容的总结	简明扼要地指出目前研究中尚需解决的问题及研究成果的意义和价值。		
参考文献	作者撰写综述的依据，表示对被引证学者的劳动尊重，提供寻找有关原始文献的线索。	所引用的相关文献。	(1) 按文献第一作者的姓氏字母顺序；(2) 按文中引用先后顺序；(3) 按文献年代顺序；(4) 按主题词分类排列。目前多采用第二种。	数量：引用不超过 25～30 条。

三、文献综述的基本要求

文献综述的目的是增加写作者对所研究课题的了解，帮助借鉴现有相关研究方案或相关技术，并避免重复已经发现的重大失误，帮助确定设计思路和研究设计方案。为了保证质量，文献综述应当遵循如下基本要求。

(1) 搜集文献应当全面，所引用的资料和数据要真实可靠。对有关领域文献资料的全面搜集是进行文献综述的前提条件，细致阅读文献、准确理解文献精髓是文献综述的基础。否则，随便搜集一点资料就动手撰写不可能写出好的综述。文献搜集不全、要点把握不准，做出的所谓"综述"则可能毫无价值，甚至产生错误的导向。

（2）坚持材料与观点的统一。由于文献综述有作者自己的评论分析，因此在撰写时不能篡改文献的内容。如果综述作者从他人引用的参考文献转引文献，这些文献在他人引用时是否恰当，有无谬误，综述作者是不知道的，所以最好不要间接转引文献。总之，既要避免材料介绍过多而评论太少的倾向，也要避免具体根据太少而评论过多的倾向。评论应以客观材料为基础，做到言之有据。

（3）综述要有针对性。介绍历史情况是为当前的问题服务，介绍国外情况是为国内的问题服务。要有分析地介绍，并紧扣国内科研的需要，为解决实际问题服务。对研究现状的论述，不仅考查作者对资料的占有程度和熟悉程度，更重要的是从资料的针对性上可以判断研究工作的意义和价值，以及研究结果的可信度。

（4）应提纲挈领，突出重点。文献综述不是各文献内容的简单堆砌，而是站在一定的高度对文献的研究结果、结论等进行评价、比较、总结和概括，找出薄弱环节，指出该课题的现状、发展方向和趋势，寻找其中具有共性的规律。另外，由于文献所包含的信息量较大，文献综述还要求使用简练的语言来概括出明确的论点。关键处细述，一般细节简略。

（5）可适当使用统计图表来说明发展的过程和现状。这可保持资料数据的完整性和准确性，容量大并便于比较、检查，使文字简练、表达清晰，让人一目了然，印象深刻。

（6）注意区别文献中的观点和作者的观点。历史发展部分可以对比分析文献中的各种观点，现状分析、趋势预测和改进建议部分可以充分发表作者的观点。也可一边介绍情况，一边评论。此外，综述的重点是比较和评价，不是具体介绍自己的研究成果，因而不宜将自己的工作放在综述中进行自我评价。提及自己的研究时，应客观地以局外人的态度对待之。

四、文献综述的写作步骤

好的文献综述，不但可以为下一步的学位论文写作奠定坚实的理论基础和提供某种延伸的契机，而且能表明写本综述的作者对既有研究文献的归纳分析和梳理整合的综合能力，从而有助于提高对学位论文水平的总体评价。检索和阅读文献是撰写综述的重要前提工作。一篇综述的质量如何，很大程度上取决于作者对本选题相关的最新文献的掌握程度。如果没有做好文献检索和阅读工作，就去撰写综述，是绝不会写出高水平的综述的。在《怎样做文献综述——六步走向成功》中，劳伦斯·马奇和布伦达·麦克伊沃提出了文献综述的六步模型，将文献综述的写作过程分为六步：选择主题、文献搜索、展开论证、文献研究、文献批评和综述撰写。一般来说，我们写作文献综述，可以遵循以下基本步骤。

1. 选题

选题是文献综述写作的关键环节，选题要突出一个“新”，就是选题新、资料新。综述只有选题新、资料新才具有参考价值，才能引起读者的阅读兴趣。一般综述的选题都是近年来发展较快、进展较大而切合实际需要的课题。资料新指引用的文献以近年学术性期刊的论文为主，陈旧性的资料随时间的推移可能被新发表的资料所包含或超越，进而失去了进行文献综合与整理的意义。

一般综述的定题有3种情况。（1）为科研做准备，所选题目与自己科研有关，即与自己的科研方向一致。因此，这种情况经常是先有一个初步的题目，然后广泛阅读文献再进行明确。（2）反映学科的新动态，结合自己较熟悉的专业，选择某一主题，收集大量研究文献进行综述，为人们提供新的知识。（3）在日积月累的文献阅读中，感到有些问题需要充实提高，产生问题意识，在已掌握众多文献的前提下，从中选定题目。

2. 搜集资料

主题确定后，就要有针对性地广泛搜集文献资料。文献资料是撰写文献综述的物质基础，选定综述的题材后要大量地搜集和阅读有关中文和外文文献，文献越多，综述的质量往往就越高。选择文献应先看近期文献，后看早期文献，在广泛阅读资料的基础上，再深入学习几篇有代表性的文章，必须找到原文阅读，特别是有权威性的文章应细读。在阅读文献过程中应做好读书卡片或笔记，为撰写综述准备资料。

搜集文献的方法主要有两种。(1) 通过各种检索工具，如百度、Google、中国期刊网全文数据库、维普资讯网、万方数据都是经常用来搜索文献资料的渠道；通过文献索引、文摘杂志检索，在选择文献时应由近及远，主要应用近3～5年内的文献，这样才能体现出文献综述的新观点、新水平。(2) 从综述性文章、专著、硕博论文和相关刊物中，摘录出有关的文献目录。对于特定主题而言，经典刊物是必不可少的。以研究战略管理的相关主题为例，杂志类如《管理世界》《北大商业评论》《经济管理》《企业管理》《南开管理评论》《管理案例研究与评论》《战略管理》《商务战略评论》《战略管理动态》《管理评论》(*Academy of Management Review*)、《哈佛商业评论》(*Harvard Business Review*)、《斯隆管理评论》(*Sloan Management Review*) 等，书籍类如《战略管理》《竞争战略》《竞争优势》《核心能力》《动态能力》《多元化经营》《战略联盟》《价值链管理》《企业资源论》及相关著名大学、著名管理导师培养的MBA学位论文、硕士学位论文、博士学位论文等。因此，阅读综述性文章，不仅可以了解国内外的进展情况，同时还可从文中获得有关的参考文献。

3. 整理资料

综述不是众多文献资料的堆积，而是作者在阅读了一定数量的资料基础上，根据资料的重要程度进行细读，抓住文献主要观点和结论，对掌握的资料进行分析、综合。在整理资料的过程中，要做好以下工作：(1) 对有启发性的论点、主张和见解，要完整地记录，以作为自己立论的参考和依据；(2) 摘录一些支持自己论点的典型文献和新颖资料，以作为自己论点的参考；(3) 对有争论的问题、观点相反的材料也要摘录下来，以作为立论、讨论的重要参考；(4) 在阅读过程中形成的心得和体会，随时记录，这对形成论点有重要意义。

在一篇文章中吸取别人的构思，了解别人的研究过程，选取一些有用的论点和数据，作为综述的素材，把写下的文摘卡片或笔记进行整理，分类编排，使之系列化、条理化，力争做到论点鲜明而又有客观依据，做到论述层次清晰而合乎逻辑。按分类整理好资料轮廓，再进行科学的分析。最后结合自己的实践经验写出自己的观点与体会，这样客观资料中就融进了主观资料。

4. 拟写提纲

撰写前应先拟提纲，决定先写什么，后写什么，哪些应重点阐明，哪些地方融进自己的观点，哪些地方可以省略或几笔带过。综述要如实反映原作者的观点，不能任意改动，但对引用的资料也要加以选择，不可能把搜集和阅读过的所有资料都写进去，应有所取舍。在列出提纲时，确定各级大小标题，然后把观点相同的资料分别归入有关问题，并排好顺序。拟写提纲时开始可详细一点，然后边推敲边修改，多一遍思考，就会多一分收获。草拟提纲的重点是确定前言的内容和正文的各级标题，它要求紧扣主题、层次分明、提纲挈领、用词精练，以便将主题与材料加以安排和组织，这是写作前的一项重要工作。这样可以使作者的逻辑思维更加趋于完善，既有利于成文，又便于修改，使文章层次清晰，前后照应。

5. 成文和修改

根据写作提纲，逐项将内容展开，并注意观点与内容的一致。在写作过程中，可根据需要调整结构和补充内容。论述观点时，作者可有倾向性，但不同观点也应列出。明确构思，材料齐全，就可以进一步组织材料、写成文章。同时，对每一项资料的来源要注明完整的出处，不要忽略记录参考文献的次要信息，如出版时间、页码和出版单位所在城市等。

对要评论的文献先进行概括（不是重复），然后进行分析、比较和对照，目的不是为了对以前的研究进行详细解释，而是确保读者能够领会与本研究相关的以前研究的主要方面。个别地和集中地对以前研究的优点、不足和贡献进行分析和评论，这在文献综述中是非常重要的。

准备工作完成后，一般应在短期内写出初稿，以免时间拖得太长，造成前后脱节、条理紊乱等。同其他文章一样，对写好的文章草稿要进行多次修改，以期达到完美。文献综述初稿写出后，再进行反复修改和补充，包括内容增减、结构统一、数据核对和文字润色，力求做到主题明确、层次清楚、数据可靠、文字精练、表达准确，最后定稿完成文献综述，直至满意为止。必要时也可请指导教师或同行好友阅读提意见，力求完善。

以上文献综述的写作步骤，其写作流程可以用图 7－1 来表示。

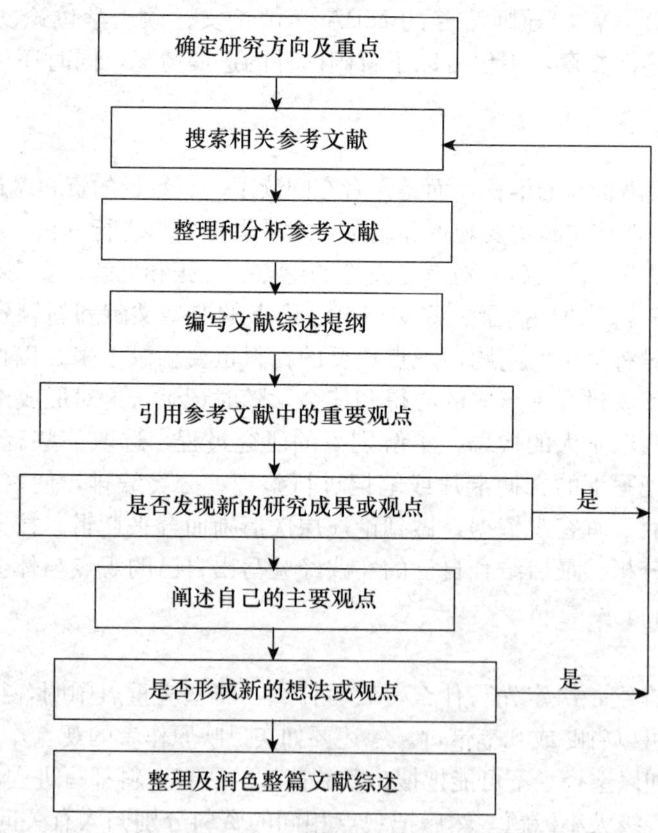

图 7－1　文献综述的写作流程图

五、写作文献综述的注意事项

（1）搜集文献应尽量齐全。掌握全面、大量的文献资料是写好文献综述的前提，否则，随便搜集一点资料就动手撰写论文及文献是不可能写出好的综述的。为此，要进行系统的、全面的文献综述，以严谨的科学设计来寻找、评估以及整合科学研究的证据，确保文献综述完整。

（2）注意引用文献的代表性、可靠性和科学性。搜集到的文献可能在可靠性、科学性方面存在差异，因此，在引用文献时应注意选用代表性、可靠性和科学性较好的文献。同时，不能选择性地探讨文献，如果有选择性地探讨现有文献，则文献综述就变成了作者主观愿望的反映，成了一种机会性的回顾。

（3）引用文献要忠实文献内容。由于文献综述有作者自己的评论分析，因此，在撰写时应分清作者的观点和文献的内容，不能篡改或者曲解文献的内容。评述时，特别是批评前人不足时，要引用原作者的原文，防止对原作者论点的误解，不要贬低别人抬高自己，不能从二手材料来判定原作者的“错误”。

（4）要围绕主题对文献的各种观点做比较分析。不要教科书式地将有关的理论和学派观点简要地汇总陈述一遍，误认为文献综述的目的是显示对其他相关研究的了解程度，结果导致很多文献综述不是以所研究的问题为中心来展开，而变成了读书心得清单。

（5）文献综述在逻辑上要合理，做到由远而近先引用关系较远的文献，最后才是关联最密切的文献。所有提到的参考文献都应和所研究问题直接相关，文献综述结果要说清前人工作的不足，衬托出进一步研究的必要性和理论价值。文献综述最后要有简要总结，表明前人为该领域研究打下的工作基础。

（6）所引用的文献应是亲自读过的原著全文。要端正学风，勇于探索和不回避冲突。不可只根据摘要即加以引用，更不能引用由其他文献引用的内容而并未见到被引用内容的原文，因为这往往是造成误解或曲解原意的重要原因，有时可给综述的学术价值造成不可弥补的损失。

（7）参考文献不能省略。有的论文可以将参考文献省略，但文献综述绝对不能省略这部分，而且列出的应是文中引用过的，能反映主题全貌的并且是作者直接阅读过的文献资料。采用了文献中的观点和内容应注明来源，模型、图表、数据应注明出处，不要含混不清。

总之，一篇好的文献综述，应有较完整的文献资料，有评论分析，并能准确地反映主题内容。

阅读材料　文献综述的四要与六忌

综述四要

一要“二新”：选题新、文献新。首先，选题要新，所综述的选题必须是前沿性的课题，最好是近期在有关刊物中未曾刊载过的。其次，文献要新，尽可能查阅、引用最新文献资料。普赖斯指数越高，越能反映文献综述的新颖程度。每一主题的综述，常有其来龙去脉和历史沿革，也不排除引用一些重要的旧文献。

二要选择一手资料（可以避免发生轻率设靶）。在引用文献时要尽量引述原始文献，尽量避免引用他人对原始文献的解释或转述。撰写文献综述首先搜集、选择第一手资料，亲自参与或目睹记录的材料是可靠的，而那些传闻中得来的资料可靠性就差一些，那些辗转相传的材料可靠性就更差。对于研究课题的重要参考文献，直接搜集、阅读第一手资料，有助于研究者全面、正确地了解前人的研究成果，发现已有研究的不足。

三要权威。文献综述所引述文献应有所选择，尽量来自政府、专业的学术研究机构、有影响的正式出版物及有影响的专业人士等。一般来说文献的来源、搜集渠道多种多样。要引用一级期刊，尽可能少地利用二级甚至三级文献，我们应以一些学术性强、影响大、质量高的学术杂志作为主要查阅对象，紧紧围绕研究课题进行搜集，并认真阅读、理解、整理自己所拥有的资料。研究中对有关资料的有效检索、搜集和阅读，在很大程度上直接影响着一项研究工作的质量水平。

四要不断修改完善。一篇好的文献综述跟一篇学术论文一样，都需要不断地修改和完善。第一遍写作只能算是草稿，这一遍你可能有些弄明白了，有些还不是很明白；有些资料搜集得比较全面，有些还需要补充。这时候最好在草稿中留出空白地方或做出标记，以便必要时将所需要的信息填入。即使你获取了完成综述所需的所有材料，也不可能一次就能表达清楚你的观点，写完后放置几天，待思路清晰后再返回去重查是否有不妥的地方，甚至是矛盾的地方，直到自己满意为止。

综述六忌

一忌机会性回顾。写作时，不系统全面地进行梳理，而是选择性地进行回顾。这样的文献综述比较片面，也使整篇论文都缺乏严谨性、完整性、逻辑性。

二忌重点不突出。在引用文献时，我们应在兼顾完整性的基础上，注重文献的相关性。要围绕中心问题展开综述，把作者所讨论的文献资料与所研究的问题联系起来，并恰当地指出相关联的部分。对那些与文献关联性不大的部分，应一带而过。

三忌不注明出处。即引用的文献中的观点和内容不注明来源，模型、图形、数据不注明出处，使读者不知道哪些是自己的观点，哪些是前人的结论。

四忌讲义式。即我们对文献不应简单地进行罗列和堆砌，也不要教科书式地将有关的理论和学派观点简要地汇总陈述一遍，而应围绕主题对文献的各种观点做比较分析，根据自己的研究方向对已有的研究成果进行系统的分类、归纳和提炼。这样有利于作者厘清研究成果之间的前后关系，进而找到主要问题和次要问题，整体把握学科前沿领域的发展趋势。文献综述的写作要注意以下两点。第一，逻辑结构清晰，切题。写作时，可以按时间的顺序，也可以根据自己的课题，层层递进，引出文献。第二，说明各文献的研究结果以及相关评价，即哪些研究结论被证实了、哪些文献可以进一步挖掘、哪些还存在局限性。

五忌提炼不够精确。虽然对已有成果进行了分析、评价，但对他人的理论和贡献（特别是对外文文献）未能准确地叙述，理解上存在偏差或者断章取义。

六忌轻率设“靶”。评述时要如实地描述前人的贡献，批评前人的不足或错误时，要慎重，千万不要贬低别人抬高自己。评述（特别是批评前人不足时）要引用原作者的原文（防止对原作者论点的误解），不能从二手材料来判定原作者的“错误”。

资料来源：如何写好文献综述.（2011-04-09）[2018-01-15]. http：//blog. renren. com/share/232271676/5907165310.

第三节　文献综述范文举例

范例一：西方劳资冲突的文献综述

劳资关系是社会经济活动中的一种基本关系，劳资关系的发展状况影响着生产领域的秩序和稳定。西方资本主义工业化的发展历程以及与之相伴的资产阶级和无产阶级间的矛盾冲突已有几百年的历史，为西方劳动关系学者提供了较为丰富的研究素材，产生了很多研究成果。这些成果涉及经济学、社会学、管理学等学科领域。不同学科因其所持的历史观和方法论有异，对劳资冲突的认识和理解也各有侧重，不尽相同。总的来说，主要有以下几个方面。

1. 古典经济学派的劳资冲突理论

自经济学诞生起，亚当·斯密就注意到劳动工资在资源配置中的作用及其变动影响，分析了劳资双方在工资认知中存在冲突的可能。在古典经济学巨著《国富论》中，亚当·斯密在讨论工人工资时，指出“劳动者盼望多得，雇主盼望少给。劳动者都想为提高工资而联合，雇主却想为减低工资而联合”①。在亚当·斯密市场机制的理论下，劳动者的普通工资，取决于劳资双方所订立的契约。但亚当·斯密指出，工人为了提高劳动价格，有时也自动联合起来，由此雇主和工人之间便会产生冲突。“他们的联合，无论是防御性的还是攻击性的，总是声闻遐迩。为争取迅速解决，他们老是狂呼呐喊，有时甚至用极可怕的暴力。他们处于绝望的境地，铤而走险，如果不让自己饿死，就得胁迫雇主立即答应他们的要求。这时，雇主也同样喧呼呐喊，请求官厅援助，要求严厉执行取缔工人结合的严峻法规。”② 对于这种冲突，亚当·斯密认为在自然和自由状态下，“看不见的手”会调节工资的价格标准，“劳动工资有一定的标准，在相当长的期间内，即使是最低级劳动者的普通工资，似乎也不能减到这一定标准之下”，“在大多数场合，工资还得稍稍超过足够维持生活的程度，否则劳动者就不能赡养家室而传宗接代了”③。可见，在古典经济学看来，虽然雇主和工人之间对于工资价格存在着利益矛盾，但由于市场机制的调节，他们之间还是能形成合作，在劳动过程中相互依赖。当然，在亚当·斯密的年代，劳资冲突还未对当时社会发展产生明显的影响，也未引起社会的足够关注。由此，亚当·斯密在对雇主和工人之间的利益冲突做了简单描述后，就将注意力转向了其他经济问题，如市场机制、经济增长和发展等。

亚当·斯密之后，英国古典政治经济学家大卫·李嘉图在《政治经济学及赋税原理》一书中，论述了他所生活的那个年代资本主义生产方式的运行机制。李嘉图认为全部价值

---

① 斯密. 国民财富的性质和原因的研究：上卷. 郭大力，王亚南，译. 北京：商务印书馆，2009：61.

②③ 同①62.

由劳动产生，并在3个阶级间分配：工资由工人的必要生活资料的价值决定，利润是工资以上的余额，地租是工资和利润以上的余额。由此说明了工资和利润、利润和地租的对立，从而实际上揭示了无产阶级和资产阶级、资产阶级和地主阶级之间的对立。[①] 古典经济学崇尚自由竞争，认为不加任何限制的劳动力市场会提高生产效率并能增进劳资双方的各自利益。因此，他们对保护劳动者利益、有利于劳工运动的立法与司法活动持反对态度，对劳资关系冲突尚未进行深入研究。

2. 马克思主义学派的劳资冲突理论

马克思在古典经济学劳动价值论的基础上，通过对资产阶级与无产阶级间的对立和对抗阶级利益关系的分析，系统研究了欧洲的工人运动，剖析了资本主义私有制条件下劳资对立与对抗关系的形成。马克思劳资冲突理论通过分析雇佣劳动制度的形成、剩余价值的来源，以"劳动异化"为研究的逻辑起点，推断出资本主义社会日益分裂为两大对立和对抗的阶级，从基本制度层面揭示出资本主义劳资冲突的根源。特别是在鸿篇巨制《资本论》中，马克思通过对资本主义生产过程的论述，揭示了资本家与工人间剥削与被剥削的关系，对劳资之间利益冲突的根源进行了剖析，提出了劳资对立论。马克思指出："资本家和雇佣工人之间的斗争是同资本关系本身一起开始的。在整个工场手工业时期，这场斗争一直如火如荼地进行着。"[②] 亦即劳资关系是一种建立在资本主义所有制基础上的具有阶级斗争性质的关系。随着资本主义生产方式的发展，机器工业得以确立，机器体系使资本能够借此自行增殖，"资本主义生产的整个体系，是建立在工人把自己的劳动力当作商品出卖的基础上的"，"一旦工具由机器来操纵，劳动力的交换价值就随同它的使用价值一起消失"[③]。随着机器大工业的出现，劳动力便逐步沦为资本家所属的生产要素，受资本剥削，为资本创造剩余价值。在此，马克思认为资本主义的生产方式造成了工人的异化，使他们变成了机器的附属品和畸形物。"随着机器的出现，才第一次发生工人对劳动资料的粗暴的反抗。"[④] 按照马克思的分析，此时劳动者已陷入一种两难困境：一无所有的他们若不能将仅有的劳动力出卖给资本家，若不能受到资本家的支配和剥削，则连劳动力也称不上了；劳动如果受制于资本，成为资本实际上的隶属，则表现出资本对劳动的剥削和控制力的增强。这是资本主义社会劳资对立关系形成与确立过程的真实写照。并且，随着资本积累的加剧和垄断的发展，这种工人的反抗也日趋激烈。"随着那些掠夺和垄断这一转化过程的全部利益的资本巨头不断减少，贫困、压迫、奴役、退化和剥削的程度不断加深，而日益壮大的、由资本主义生产过程本身的机制所训练、联合和组织起来的工人阶级的反抗也不断增长。"[⑤] 马克思概括性地讲到资本主义在发展过程中由于内在规律的作用，已经产生了无法克服的矛盾，必然会产生工人和资本家之间的对抗。而这种对抗使资本主义灭亡成为一个历史过程和趋势。"生产资料的集中和劳动的社会化，达到了同它们的资本主义外壳不能相容的地步。这个外壳就要炸毁了。资本主义私有制的丧钟就要响了。剥夺者

---

① 李嘉图. 政治经济学及赋税原理. 郭大力，等译. 北京：商务印书馆，1962.

② 马克思. 资本论：第一卷. 北京：人民出版社，2004：492.

③ 同②495.

④ 同②497.

⑤ 同②874.

就要被剥夺了。"[①] 马克思认为，资本主义生产方式孕育了资本主义灭亡的种子，他强调了阶级剥削与阶级对抗，其核心是阶级斗争和暴力革命，最终目标是打破资本主义的生产方式以实现无产阶级的自主劳动，将人类社会的发展逐渐推向共产主义的历史高峰。马克思从冲突的视角审视人类历史，在当时的历史背景下，确实慧眼独具，揭示了许多不为人们所注意的历史现象。

新马克思主义学派在马克思理论分析的基础上，继承和发展了劳资冲突理论，认为在经济活动中工人的利益与资本的利益是对立的。资本希望用尽可能少的成本获得尽可能多的收益，而工人由于机会所限处于一种内在的劣势地位。英国新马克思主义学者理查德·海曼指出："在资本主义工业体系中，与其说工人被视作具有特殊需要和期望的男人和女人，还不如说被视作非人性化的'生产要素'。"[②] 在此，海曼沿承了马克思劳动异化的观点，指出了资本主义追求狭隘"效率"的可怕后果。"雇主和雇员之间的关系是先天不稳定的，具有冲突性的。并且，工资仅仅代表了工人集体创造的价值的一部分，在用人单位不平等的经济关系下剩余的被自然地侵占了。"[③] 对此，海曼进一步指出："不断的冲突关系，无论是公开的，还是隐蔽的，都源自产业与社会中的利益冲突，而这种冲突是与资本主义经济制度中的矛盾运作趋势密切相连的。"[④] 可见，海曼继承和发展了马克思的劳资对立论，并试图构建起一种根植于马克思观点的分析思路。海曼基于对劳动关系冲突与协调的分析，明确指出："劳资冲突是自然而然的结果。"[⑤] 基于自己对劳资理论的分析与认识，海曼提出一个重要论点，即"在对工作关系的控制过程中有一个内在的辩证原理：冲突与协调是一对矛盾，但在产业关系中又是不可回避的两个方面"[⑥]。海曼不仅追随马克思主义的劳动关系理论，还在马克思的理论基础上分析了工会结构、工会政策与工会民主等内容。对此，阿伦也明确指出："对于工会而言，它激起了对资本主义支配性影响力的反抗。如想要在这个制度内长久运行，就必须从这个制度本身汲取某些特征。"[⑦]

3. 社会学派的冲突理论

以秩序为核心的理论和以冲突为核心的理论一直是社会学史上的两大理论模式。社会学冲突理论的学者间的观点虽颇具差异，但也有共同的学术特点，那就是都用冲突来解释现代社会现象，都从冲突的视角来看待现代社会事件。涂尔干在《社会分工论》中，对社会冲突进行了研究。与马克思的分析方法不同，涂尔干在吸收孔德的社会有机观点的基础上，尝试着解释劳动分工的功能，并且认为它创造了社会凝聚。同时，涂尔干也意识到工业化的发展产生了巨大的冲突和动荡，指出："就正常状况而言，分工可以带来社会的团结，但是在某些时候，分工也会带来截然不同甚至完全相反的结果。"[⑧] 换言之，分工在产

---

① 马克思. 资本论：第一卷. 北京：人民出版社，2004：874.

② Hyman. Industrial Relation：A Marxist Introduction. London：The Macmillan Press，1975：21.

③ 同②97.

④ 同②31.

⑤ 同②186.

⑥ 同②199.

⑦ Leonard. Militant Trade Unionism. Merlin，1966：44.

⑧ 涂尔干. 社会分工论. 渠东，译. 北京：三联书店，2005：313.

生社会团结的同时，也会产生冲突。在劳资冲突中，涂尔干看到雇主和工人在实力上是不平等的，认为劳资冲突是“有机团结断裂”和“失范状态”的典型事例。[①] 在涂尔干看来，集体生活的领域绝大部分超出了规范的调节作用。可见，涂尔干从“失范”这个视角来分析劳资冲突的原因，认为“工业职能越是朝着专业化的方向发展，劳动和资本的对抗就越激烈，远远超过社会团结的发展水平”[②]。虽然马克思看到了资本主义社会劳动过程中固有的社会冲突，涂尔干却认为削弱的社会团结是一种病理状态。对于劳资冲突的消除，涂尔干认为分工自身就能够消除冲突，“它并不需要外界的力量来改变它的性质”。他提出了道德、社团组织及其规范和社会责任三方面的协调一致，以及契约在消除冲突方面的作用的有限性。既然劳资冲突是工业化进程的过渡期现象，是“机械团结”瓦解的一种“病症”，那么，想治愈这种“失范状态”，消除冲突，就要依靠道德，因为“人们的欲望只能靠他们所遵从的道德来遏制”[③]。

社会冲突学者科塞吸收了齐美儿的学术思想，建立了“冲突功能论”。他在 1956 年出版的《社会冲突的功能》一书，成为现代冲突理论的先导。科塞在《社会冲突的功能》中指出，社会冲突绝不仅仅是起分裂作用的消极因素，社会冲突也可以在群体和其他人际关系中承担一些决定性的功能。“冲突在一个团体经常发生还有助于现存的规范获得新生，或者推动新规范的产生。在这种意义上说，社会冲突是一个调整规范适应新环境的机制。”[④] 在《社会冲突的功能》中，科塞固然在不断强调冲突的正功能，但是他更反复陈述的命题是，冲突类型不是独立变量，其核心命题仍是社会结构，冲突最终成为正面功能还是负面威胁，全仰仗于冲突赖以发生的社会结构条件。基于对社会冲突功能的分析，科塞认为冲突是社会中重要的平衡机制。科塞从三个方面说明了冲突的平衡机制：一是冲突创立和修改了那些对于双方都非常必要的公共规范；二是冲突导致一定的力量均等的环境条件，每一方都宁愿对方具有同样的组织结构与技术状况；三是冲突使相对权力的再评估成为可能，这样它作为一个平衡机制而服务于社会，有助于社会的维持和巩固。[⑤] 由此阐述了冲突的“社会安全阀”功能。科塞关于社会冲突功能的理论丰富了社会冲突的知识，让人们重新理解了社会冲突，学者从科塞对社会冲突功能的描述中可以得到一定的启发。

英国社会理论家达仁道夫是以冲突的眼光审视现代社会的理论代表。他的冲突理论被人称为“马克思以来关于阶级这个论题的丰富多彩、错综复杂的探索中的最富于独创性的尝试之一”[⑥]。达仁道夫在《工业社会中的阶级与阶级冲突》一书中，通过对资本主义工业社会的冲突分析，构建了他的辩证冲突理论的内容。达仁道夫认为：“社会的方方面面都处在变迁过程中，社会变迁是普遍的，时时刻刻的。社会中的各个方面都经历着冲突，社会冲突是普遍的。”[⑦] 在达仁道夫看来，社会冲突的根源在社会压制造成的社会利益分配不

---

①② 涂尔干．社会分工论．渠东，译．北京：三联书店，2005：314.

③ 同①19.

④ 科塞．社会冲突的功能．孙立平，等译．北京：华夏出版社，1989：137.

⑤ 同④123.

⑥ 任剑涛．从冲突理论视角看和谐社会建构．江苏社会科学，2006（1）：140.

⑦ Dahrendorf. Class and Class Conflict in Industrial Society. California：Stanford University Press，1959：162.

平等，这种不平等的权威资源分配必然会导致不平等的权威和权力结构，从而产生地位不平等的社会群体。就利益群体而言，有潜在利益和外显利益之分。外显利益与潜在利益相比，指人们意识到并自觉追求的目标，这是形成利益群体的前提。其中，结社自由、成员间的团结与沟通、意识形态、向上层流动的心理预期，以及对既得利益的权衡，都是形成冲突群体不可或缺的条件。[①] 达仁道夫认为，冲突的爆发可以打破既定的平衡格局，导致利益关系的再分配和社会结构的变迁，进而导致既有权威结构的解体。社会冲突是社会结构所固有的，冲突不可能被彻底清除，但却可以得到调节。在《现代社会冲突》一书中，达仁道夫指出，现实社会始终在稳定与变迁、整合与冲突、功能与反功能、价值共享与利益对立的矛盾二重性中运行。“现代社会的冲突是一种应得权利和供给、政治和经济、公民权利和经济增长的对抗。”[②] 研究社会的均衡现象固然重要，但是社会的冲突同样需要人们的关注。“不仅社会意味着统治，统治意味着不平等，而且不平等带来冲突，冲突构成进步的源泉。”[③] 对于如何化解冲突，达仁道夫的基本答案是自由、法治与公民社会。他认为，保障个人的自由发展，让个人不至于受到来自社会、国家在思想上、政治上和经济上的强制与约束，以个人的独立和决定保证个人对自我的负责，是限制冲突规模和程度的重要方式。达仁道夫也注意到了欧洲劳资关系与劳资冲突的变化，指出：“有些社会对立会导致政治的冲突。然而，这种冲突并非变得日益诉诸暴力和日益具有破坏性，而是通过各种组织和机构得到抑制，通过组织和机构，冲突可以在宪法制度之内得到表现。”[④] 正是这种冲突的化解和缓和机制，使“阶级对立的制度化”的发展演变“违背了马克思的预言”。

4. 劳动关系学派的劳资冲突理论

《资本论》在劳动关系领域无疑具有不可撼动的地位。对此有学者指出，马克思在《资本论》中第一次将资本主义劳动过程的分析置于真正科学的基础上，并提供了所有主要的概念和工具。[⑤] 但《资本论》问世后的一百余年里，劳动过程问题并没有受到马克思主义者的重视。这种局面直到 1974 年哈里·布雷弗曼出版《劳动与垄断资本》之后才发生改变。布雷弗曼认为，资本主义生产的特性之一是劳动力的买卖。资本家购买劳动力以后，面临的挑战是如何将工人的劳动能力转化为实际的劳动。这种转化要受到多种因素的影响，因而具有不确定性。为了减少不确定性，资本家将对劳动过程的控制权从工人手里转移到自己手里就非常必要。[⑥] 按照布雷弗曼的观点，控制是一切管理制度的中心。通过控制管理，工匠的技艺遭到了破坏，工人自主的控制权被剥夺，从而使工人在劳动过程中只起嵌齿和杠杆的作用。“在完成这个过程之后，工人就不再是一个手艺人了，而只是属

---

① Dahrendorf. Class and Class Conflict in Industrial Society. California：Stanford University Press，1959：185-188.

② 达仁道夫. 现代社会冲突. 林荣远，译. 北京：中国社会科学出版社，2000：3.

③ 同②40.

④ 同②141.

⑤ Sweezy. Foreword//Braverman. Labor and Monopoly Capital：The Degradation of Work in the Twentieth Century. New York：Monthly Review Press，1974.

⑥ Braverman. Labor and Monopoly Capital：The Degradation of Work in the Twentieth Century. New York：Monthly Review Press. 1974：9-39.

于管理者的一个活的工具。”① 在此，布雷弗曼实际上提出了资本主义劳动过程中的两种控制方式，即工匠控制与管理控制。② 在论及工人与资本家之间的矛盾以及工人对资本主义生产方式的适应情况时，布雷弗曼指出，工人有一种敌对情绪在地下暗流，这种情绪产生自强加于工人的被降格了的工作方式，只要雇佣条件容许，或者资本家追求更大的超过工人身心承受限度的劳动强度，这种暗流的敌对情绪就会冲到地面上来。③

此后，弗莱德曼出版了《工业与劳动》一书。书中弗莱德曼认为，马克思认识到了工人抗争的重要性，但马克思本人以及后来的马克思主义者没有系统地研究资本主义生产方式是如何适应其内部矛盾，以调适自己使得其生产方式得以维持的。④ 对此，弗莱德曼指出必须把工人抗争视为影响资本主义发展的一种力量，而不是简单地把它当成可能最终导致资本主义生产方式灭亡的一种力量。⑤ 基于这种观点，弗莱德曼认为，资本主义的生产管理包含两个性质不同却又密切相关的功能：一个是协调公司内部活动；另一个是对工人行使权威。高层管理者通常采用两种主要的策略来行使他们对劳动力的权威：责任自治（responsible autonomy）与直接控制（direct control）。弗莱德曼进一步指出，高层管理者的最终目标是获取高额利润，而不是满足工人的需要，如果管理者从责任自治策略变为直接控制策略，将引起严重的工人抗争。如果从直接控制策略变为责任自治策略，则将产生严重的协作问题。⑥ 在此，弗莱德曼的基本观点是，资方为了应对变化的市场和工人的抗争而被迫改变管理策略，根据不同工人群体抗争强度的差别，资方采用了不同的应对策略对付不同的工人群体。

美国学者埃德沃兹在《充满斗争的领域》一书中，利用美国大公司的一些资料，分析了资本家、工人为了保护和增进各自的利益而进行的斗争。埃德沃兹认为，工作场所是一个充满斗争的领域。当资本试图从工人身上榨取最大的利润，而工人则抗议资本强加在他们身上的劳动时，工作场所就变成了战场。雇主们试图通过重新组织劳动过程来解决工人的抗争问题，他们所采取的策略是在工作中建立控制结构，减少工人的抗争机会。⑦ 在等级控制下，埃德沃兹指出，每个管理者都像以前的企业老板那样行使完全的权力，工头通过行使资本家的权力，尤其是行使惩罚或解雇工人的权力来换取工人的服从。⑧ 在垄断资本主义条件下，工人越来越倾向于挑战控制他们的少数大公司，公司也想尽办法应对工人对抗并强化对工人的控制。经过长期的研究和试验，资方找到了三种控制方法：一是推行

---

① Braverman. Labor and Monopoly Capital：The Degradation of Work in the Twentieth Century . New York ：Monthly Review Press，1974：135-136.

② Craig R. The Labour Process Debate：A Theoretical Review 1974－1988. Labour Process Theory，1990：46-94.

③ 同①151.

④ 游正林．管理控制与工人抗争——资本主义劳动过程中的有关文献述评．社会学研究，2006（4）.

⑤ Friedman. Industry and Labour：Class Struggle at Work and Monopoly Capitalism. London：Macmillan，1977：48-49.

⑥ Friedman. Managerial Strategies，Activities，Techniques and Technology：Towards a Complex Theory of the Labour Process. Labour Process Theory，1990：178－180.

⑦ Edwards. Contested Terrain：The Transformation of the Workplace in the Twentieth Century. New York：Basic Books，1979：13-16.

⑧ 同⑦30-35.

福利资本主义，希望借此在工人群体中创造出一种对公司的依赖感；二是采用泰勒式的科学管理，专注于强化雇主在斗争中的支配权；三是建立"公司工会"，建立正式的申诉程序，给产生不公正感的工人提供一个表达意愿的渠道。[①] 基于上述分析，埃德沃兹指出大公司的管理控制是建立在非个人的公司规则或公司政策的基础上的。尽管资方和工人之间的利益矛盾是客观存在的，但这些措施导致工人是以个人的形式去追逐他们个体的利益，产生的主要是个人层面的而非集体性的抗议。由此抑制了工人以集体的形式为利益去抗争的冲动，这种个人抗议不会严重地挑战资方的控制。[②]

在《制造认同：垄断资本主义下的劳动过程的变迁》一书中，美国学者布洛维基于自己在吉尔公司和联合公司的田野调查，对资本主义劳动过程中"同意的生产"的机制进行了深入分析。首先，布洛维指出，资方通过推行计件工资制，使工人们加入"赶工游戏"中，从而把管理者与工人之间的冲突转变为工人之间的竞争和工人群体之间的斗争。"当劳动过程被设计为包含了资方与工人积极参与的某种游戏时，双方的具体利益都得到了调整。在其他工作情形中，劳动过程把不同的利益群体粗糙地组织起来，造成工人利益与资方利益不可避免的敌对状态。"[③] 其次，资方通过建立内部劳动市场协调了资本家和个人之间的利益。"内部劳动市场促进了企业范围内的流行性，降低了企业间的流动性。"[④] 而企业内岗位之间的流动能够减轻工人与基层管理人员（工头和产业工程师）之间的冲突。按照布洛维的分析，"劳动过程的变化以及内部劳动市场的兴起拓展了工人的选择，并从而构成了同意的基础"[⑤]。但这种流动性在缓减了等级方向的冲突的同时，容易产生横向的冲突，即引起操作工之间，以及操作工与辅助工之间的冲突。也就是说，资方通过建立内部劳动力市场使冲突发生了转移，纵向的工人和管理者间的冲突逐步转向为横向的基层工人之间的冲突。再次，布洛维考察了另一种内化过程，即"内部国家"（internal state）。这一概念具体体现在申述程序和集体谈判中，主要通过限制资方的任意决断，赋予工人权利与义务，调整了资方与工人的利益。内部国家产生的一个结果就是资本主义的所有权关系和控制成为工会认同的对象。[⑥] 布洛维认为上述机制共同导致个人主义的增长、上下等级之间的冲突的消散、劳资之间以及工人与管理者之间的利益的协调。

5. 组织行为学派的劳资冲突理论

与马克思主义的劳资冲突理论不同，组织行为学派并不认为劳动关系主体间存在根本性的阶级对立。虽然管理者对效率的关心与雇员对待遇的关心是相互冲突的，但这种冲突仅限于诸如工作保障和薪金收入等具体问题，是可以解决的。因此，他们认为劳资之间的经济利益是基本一致的。在组织行为学派的早期阶段，查尔斯·巴比奇对劳动关系进行了研究，他从劳资间利润增减与工厂的兴衰的相关性经验事实出发，试图表明工人与工厂主

---

① Edwards. Contested Terrain: The Transformation of the Workplace in the Twentieth Century. New York: Basic Books, 1979: 91-105.

② 同①145-155.

③ Burawoy. Manufacturing Consent: Changes in the Labor Process Under Monopoly Capitalism. Chicago: The University of Chicago Press, 1979: 86.

④ 同③104.

⑤ 同③120.

⑥ 同③109-120.

之间利益的一致性，提出了通过“利益分享计划”来解决劳资冲突。[①] 20世纪50年代，西方企业逐渐开始把激励理论应用到企业管理中，调动雇员的积极性，缓和劳资对立的情绪，培养雇主和雇员共同信念的管理实践也不断深化。迈克尔·巴里耶基于对中小企业劳资关系冲突的比较分析和案例研究，认为劳资关系冲突管理的关键在于改善三方面的内容：企业的管理架构、劳工组织、人力资源管理的具体政策和实践。[②] 培根和布莱顿认为，劳资冲突与合作是劳资关系的两个组成部分，在工作条件的改进低于平均水平的情况下，劳资冲突就很有可能发生，与冲突相比合作更可能导致工作的高绩效。[③] 科昌·托马斯和阿尼尔·维尔马认为劳资关系管理的研究主要包括四个方面的内容：一是微观层面，即个体内部的冲突，指出个体的自省行为、人际关系和小团体行为等会影响冲突的产生；二是宏观层面，运用社会学方法将小组、部门、整个组织视为分析劳资冲突的基本单元；三是经济分析，将经济模型运用到个人的决策以及复杂性的社会行为分析中；四是谈判与协商，这种程序被频繁地使用在劳资关系和国际关系等领域中。[④] 同时，有学者从组织行为的公正视角对劳资冲突进行了研究，安布罗斯等人认为，不公正是雇员产生冲突的主要原因，并且不同类型的不公正感会导致不同类型的冲突活动。员工从事冲突活动的目的有两个：一是诉求公平；二是报复不公正的制造者。[⑤] 在组织行为学派的视角下，劳动关系双方都希望自己的企业发展与赢利，虽然双方存在局部利益上的冲突，但在根本上不存在固有的矛盾。总体而言，该学派将劳资矛盾看成一个管理问题，由此劳资冲突等问题的出现就是因为管理不善或管理策略不科学所致，是由于缺少信任、人际关系繁杂、公平感较低、沟通机制不畅等问题造成。企业依靠妥善的人力资源管理系统，可以对劳资冲突进行有效管理。基于此，企业可以开发包含员工参与、员工培训、弹性工作制、团队工作模式在内的多项管理手段，以此融合雇主与雇员的利益。今天，组织行为学派的观点和理论在很多大型现代企业中被广为接受，工作场所中的人力资源管理与劳动关系技术也呈现出一种融合趋势。

6. 西方劳资冲突理论研究的启示

西方劳动关系研究已呈现出多学科化的特点，很多学者将经济学、社会学、管理学、政治学等理论应用于对劳动关系系统的分析中，这对现实中的劳资冲突处理机制、工会组织、雇佣方式以及劳动法规等都产生了深远的影响。对此，怀特菲尔德等人认为，劳动关系和其他社会科学之间的关系向来是不清晰的，这种不确定性导致人们对这一学科的性质和发展方向不断产生争论。并且从世界范围看，产业关系研究者在研究主题和研究方法上都日益趋于融合。[⑥] 实际上，在上述劳资冲突理论学派中，有时很难将有些学者明确地归

---

① 雷恩．管理思想史．孙健敏，黄小勇，李原，译．北京：中国人民大学出版社，2009：79-80.

② Barrier. Putting a Lid on Conflicts. Nations Business，1998 (4)：34-35.

③ Bacon，Blyton. Cooperation and Conflict in Industrial Relations. The International Journal of Human Resource Management，1999 (4)：638-654.

④ Thomas，Verma. Negotiations in Organizations：Blending Industrial Relations and Organizational Behavior Approaches. Cambridge：Massachusetts Institute of Technology，1983：7-10.

⑤ Ambrose，Seabright，Schminke. Sabotage in the Workplace：The Role of Organizational Injustice. Organizational Behavior and Human Decision Processes，2002 (89)：947-965.

⑥ 怀特菲尔德，施特劳斯，凯勒斯．产业关系研究方法．程延园，译．北京：中国劳动社会保障出版社，2005：4.

为哪个流派。例如海曼的劳动关系理论构建了一个马克思主义的分析框架，他本人也自认为继承了马克思的理论和观点。同时海曼也运用了邓洛普的制度分析法，将劳动关系系统看作一套规则或制度体系，发展了劳动关系的理论系统。上述劳资冲突理论虽然观点、方法各异，但他们对劳资冲突的发生机制和管理策略等问题的研究，为我国全面认识当下的劳资冲突问题提供了有益的启示。

西方劳资冲突的理论告诉我们，劳资双方并不总是呈现和谐、稳定、有序的状态，矛盾、冲突、对抗也是劳资关系的表现形式。劳资主体双方都有各自的利益诉求，他们在追求自身利益的过程中会产生利益冲突。只要将这种冲突置于制度化的治理框架下，就能找到劳资之间力量对比平衡的途径，也能找到劳资冲突化解的渠道。这正如达仁道夫所指出的："资本和劳动原先是相互间不可调和地对立着的；但是后来，它们愈来愈多地建立起它们的相互关系。关于工资和劳动条件的谈判，包括关于调解和排解对立的程序的谈判，被纳入一个完整的、由劳资双方协定的或者由法律规定的规则体系之中。资本和劳动之间的紧张被承认为劳动市场上的合法原则。"① 由此，化解由劳资双方间诸种矛盾所导致的冲突事件，只能在制度化轨道上才成为可能。如果诉诸人治手段，往往会导致冲突的不断激化与应接不暇的治理困境。

市场经济条件下的劳资冲突是不可避免的，劳动关系的和谐不是静态的、孤立的，而是一种动态和谐，这只有在多元、开放与包容的社会结构中才能最终达到。一种合理的疏通渠道可以让劳资双方间的问题、矛盾与冲突因素通过利益协调机制得到解决，弱势一方受到的不平等待遇也可以通过开放而多元的表达途径得到公开。可以说，在多元社会中虽然劳资双方的意愿诉求存在一定差异，不同诉求基础上形成的劳资群体间也会存在一定的利益冲突，但冲突双方都不需要打破既定的制度机制就能保障自己的利益。因此，一种健康的劳资关系需要建立一套既允许冲突又能容纳冲突，既多元化又制度化的冲突治理机制。这些理念为我们深入思考和把握当下中国的劳资冲突及其化解之道具有一定的启示意义。

范例二：地方政府竞争的文献综述

一、国外研究现状

从严格的学术意义上说，20 世纪 50 年代起经济学界才开始对"政府竞争"的研究，明确对地方政府竞争进行研究的学者应该是美国经济学家蒂布特。他在《一个关于地方支出的纯理论》一文中提出了一个消费者从对地方公共产品和服务的偏好出发来选择地理位置的蒂布特模型（Tiebout Model）理论。他假设，人口可以自由流动，存在足够多的能提供不同公共产品的潜在或现存的社区，居民通过无成本的迁移在提供不同公共产品的社区间"选购"，并且通过这一过程显示他们对公共产品的真实偏好。其结果是达成一个均衡：居民迁移到那些财政收入与支出结构令自己满意的地区，地方政府为了避免本区域有税收创造能力的居民流失，将提高公共产品供应的满意程度。人们选择能实现其满足程度最大化的那个社区，这实际上等于人们在各地区之间"选择"和"购买"他们认为最好的

---

① 达仁道夫. 现代社会冲突. 林荣远，译. 北京：中国社会科学出版社，2000：142.

社区。因而，对地方公共产品来讲，不同地方的公共产品之间如同私人产品一样是存在竞争性的。[①] 这就是有名的“以脚投票”的蒂布特模型。此后，又有很多经济学家对“蒂布特模型”进行扩充或修正，从而得出了不同的结论而使得地方政府竞争理论不断丰富。

奥茨首先用实证研究对蒂布特模型进行了证明。奥茨以新泽西州东北部的 53 个城镇为研究样本，实证检验了理性的消费者在选择社区居住时对地方公共服务带来的收益与税收负担进行权衡的蒂布特“假说”。奥茨认为，居民的税收负担是进入一个社区的成本，未来支付的税收现值与未来公共服务带来的收益现值的比较是至关重要的。为了入住一个能提供高质量公共服务的社区，人们的确愿意支付更多的税金，或者是以较低的税率入住一个能提供相同公共服务的社区。奥茨进一步指出，如果财产税增加而地方公共服务的产出没有相应提高，税收增加的大部分将以财产价值减少的形式而被资本化；与此同时，如果社区增加税率并将税收用于改善学校系统等公共服务，用于公共服务改善的预算支出所带来的收益将大致抵消提高税率所导致的地方财产价值的负面效应。[②] 后来，奥茨又撰文对蒂布特模型包括的纯假设提出了质疑，但仍然认为，尽管地方辖区之间的竞争可能不会消除辖区地方官员谋求私利的潜在行为，但它的确可以明显限制官员谋求私利行为的范围。[③]

近年来，与欧洲经济一体化进程密切相关，德国在地方政府竞争的理论研究方面取得了较大进展。其中代表性人物是布雷顿，他基于政府是一种包括多种因素的“混合制政府结构”的假设，提出应当把政府竞争作为一种政治经济学分析范式的思路，强调了“竞争性政府”（competitive governments）的概念，认为各级政府也与其他生产者一样处于竞争状态，任何一个政府机构都与上级机构在资源和控制权的分配上处于相互竞争的状态，同时，这一政府机构又与类似机构在横向上展开竞争。布雷顿指出在联邦制国家中，政府间关系总体上是竞争性的，迫于选民和市场主体的压力，政府之间、政府部门之间都围绕着提供产品和服务（goods and services）展开相互竞争，政府通过提供优质产品和服务，来吸引居民和资源。政府间围绕资源和控制权分配、公共服务和产品提供的竞争不仅有助于政治体制的均衡，而且也将促进公众对这些产品需求偏好的表露，能够实现公共产品的数量和质量与税收价格的有机结合。[④] 布雷顿的政府竞争概念对于实证和规范分析地方政府间竞争提供了一个较为恰当的工具。

德国学者何梦笔继承和发展了布雷顿的政府竞争理论，结合俄罗斯和中国的发展经验，提出了政府竞争的大国体制转型理论的分析范式。[⑤] 何梦笔指出，在俄罗斯或中国这样具有广大疆域、丰富的资源和较强的政治经济实力的国家，各种政府机构为了获得各种宝贵的资源、政治影响力和控制权，或共同争取，或相互竞争。这一大国理论分析范式包

---

① Tiebout. A Pure Theory of Local Expenditures. The Journal of Political Economy，1956（5）：416-424.

② Oates. The Effects of Property Taxes and Local Public Spending on Property Values：An Empirical Study of Tax Capitalization and the Tiebout Hypothesis. The Journal of Political Economy，1969（6）：957-971.

③ Oates. On Local Finance and the Tiebout Model. The American Economic Review，1981（2）：93-98.

④ Breton. Competitive Governments：an Economictheory of Political and Public Finance. New York：Cambridge University Press，1996.

⑤ 何梦笔. 政府竞争：大国体制转型理论的分析范式. 天则经济研究所内部文稿，［2018-01-15］. http：//www. unirule. org. cn/SecondWeb/Article. asp? ArticleID=2229.

括纵向和横向的竞争，在竞争的地域维度上，横向与纵向的政府竞争是彼此互相衔接的，其中一种竞争的结果将影响另一种竞争的结果。为此，他构造了一个政府竞争的分析框架。该框架是一个纵向的三层结构：底层是选民和市场主体（企业），中间层是各级地方政府，顶层是中央政府。地方政府为选民和市场主体（企业）提供地方公共产品，同时向选民和市场主体（企业）收取税费。在中间层的若干地方政府之间存在明显的“横向竞争”，主要表现为吸引实现经济增长所需的生产要素。地方政府和中央政府又存在“纵向竞争”，主要表现为关于财政权力和政治优势的交易。何梦笔认为政府竞争只能在特定的环境条件下发生，而且这些环境条件会随着时间的进展缓慢发生变化。条件包括：（1）初始的结构条件；（2）政治体制；（3）政治文化；（4）对外经济关系。何梦笔的政府竞争分析范式能够兼顾人们在研究转型问题时所忽视的国家和空间维度，对中国地方政府竞争的研究产生了极大影响。

竞争理论的集大成者美国哈佛大学商学院教授迈克尔·波特教授从“竞争战略”的角度，对政府竞争进行了阐述。他先后出版了著名的竞争“三部曲”《竞争战略》（1980）、《竞争优势》（1985）、《国家竞争优势》（1990），发表了一系列关于竞争的文章，其理论在全球被广为接受和实践。《竞争战略》《竞争优势》的研究焦点是企业，而《国家竞争优势》则重点分析的是国家。在《国家竞争优势》一书中波特指出，国家是企业最基本的竞争优势，原因是它创造并延续企业的竞争条件。国家不但影响企业所制订的战略，也是创造并持续生产与技术发展的核心。他认为一个国家能保持并提高生产力水平的关键在于，它有资格成为一种先进产业和重要产业环节的基地。[①] 为此，波特提出了“比较优势退位”和“规模经济行不通”的观点。波特认为国家的财富不是靠继承，而是来自产业的创新与升级。国家或者地区竞争环境与其生产力的提高密切相关，一个国家获得竞争优势的力量来自一个系统，即“钻石系统”。“钻石理论”认为一个产业的成长最主要受生产要素、需求条件、相关支持产业和业界企业的竞争程度四个因素的影响。波特利用钻石理论研判政府的政策应用，为政府角色定位。波特认为国内市场竞争不仅对培养创新能力有帮助，更对本国和产业集群带来多项好处。维持激烈的国内市场竞争，也应靠本国从业者从主动性客户、转换不利因素等钻石体系要素中产生竞争优势，而不是杀鸡取卵，寻求政府援助或出走了事。[②]

波特在《国家竞争优势》提倡政府和企业在追求竞争力提升和繁荣时应该扮演新的、具有建设性和行动性的角色。他认为旧的对无政府主义和干预的区分已经过时。政府的首要任务是要尽力去创造一个支撑生产力提升的良好环境，这意味着政府在有些方面（比如贸易壁垒、定价等）应该尽量不干预，而在另外一些方面（诸如确保强有力的竞争，提供高质量的教育与培训）则要扮演积极的角色。政府不应该是钻石理论要素的一个组成部分，但政府对钻石理论的每一个要素都会产生或多或少的影响，这种影响是理解政府与竞争之间关系的最佳方式。政府可以用许多方式来改善企业经营环境，但切不可限制竞争，或者人为地降低安全和环境标准。因为政府在这些方面的“帮助”实际上只能阻碍公司创

---

① 波特. 国家竞争优势. 李明轩，邱如美，译. 北京：华夏出版社，2002：13-18.

② 同①647.

新，延缓生产力的发展，从而也影响到竞争力的提升。钻石理论认为一个国家的制度环境，诸如中学、大学、标准制定机构、消费者协会、职业协会，以及法律系统等，对本国的竞争力提升起着积极和富有建设性的作用。因为所有这些因素都为较高生产力的成长或多或少地创造了条件。

制度经济学派则从国家理论和制度层面上对政府竞争进行了诠释。道格拉斯·诺思（也译作诺斯）以国家理论对政府竞争进行了分析，他认为，统治者总是有竞争对手的：竞争的国家或其国内可能成为统治者的人。后者类似于一个垄断者的潜在竞争者。在没有势均力敌的替代者的地方，现有的统治者在特征上便是暴君、独裁者或专制君主。替代者的势力越是接近，统治者所拥有的自由度便越小，由选民所持有的边际收入的比例便越大。[①] 不同国家政府间的竞争同样也适用于国家内部地方政府之间的竞争。德国学者柯武刚和史漫飞认为，诺斯和埃里克·琼斯那样的长期经济史学家证明，共同体和辖区（communities and jurisdictions）间的竞争引导着较有益于公民和企业的（more citizen-and enterprise-friendly）规则不断演化，这些规则包括受约束的政府、财产权利、约定的程序（due process）、法治等。[②] 同时，柯武刚和史漫飞还指出，全球化已经导致了“制度竞争”。现在，制度系统对成本水平影响极大，以至于成了国际竞争中的重要因素。结果，各国政府也在不同程度上直接相互竞争。[③] 他们还定义了制度竞争：“制度竞争（或‘体制竞争’）概念突出了内在规则和外在规则体系对于一个国家的成本水平和国际竞争力的重要性。由于全球化——密集的贸易和更大的要素流动性——对高成本的制度系统会存在更加直接的反馈，由此会出现调整那些制度的必要性，不仅会出现被动的制度调整，而且还可能出现预先主动进行的调整。”并且指出，如果开放了，政府就会相互竞争（跨政区的竞争）。因此，开放与制度创新在很大程度上要依赖于政府和公众认识到“退出”信号的重要性并从中做出下述结论的能力，即懂得，即使面对压力集体的抵制和内在的部落本能，也必须提供适宜的制度，以构成有吸引力的区位性要素。[④]

随着国外政府竞争理论的发展，理论研究视野被逐步拓宽，成果也日趋丰富。我们这里提到的只是国外政府竞争文献的一部分，还有一些相关文献没有及时梳理，如政府间单一权限的竞争、购买者和竞争者分离的经济理论、地方政府竞争的绩效评估等。这些没有列举的文献并非完全无关，如有文献就指出，地方政府结构能够促进横向的和纵向的两方面的竞争，对于任何给定的地方政府结构，地方政府之间的竞争是由高度的地方自治和自筹开支经费所加强。[⑤] 这里没有列举这些文献的原因在于上述文献已经有助于对西方地方政府竞争理论形成一种概貌性的认识，在后文中涉及尚未详细论述的文献时我们再做出补充说明。

就上述文献而言，蒂布特和奥茨研究的焦点基本集中在公共物品的供给方面，局限于财政学的范围，视野相对还比较狭窄。同时，蒂布特模型的假定过于脱离现实。他假定，

---

① 诺思．经济史上的结构和变革．厉以平，译．北京：商务印书馆，1992：33.

② 柯武刚，史漫飞．制度经济学：社会秩序与公共政策．韩朝华，译．北京：商务印书馆，2000：44.

③ 同②485-486.

④ 同②489-490.

⑤ 贝利．地方政府经济学：理论与实践．左昌盛，周雪莲，常志霄，译．北京：北京大学出版社，2006：340-341.

有相当数量的地方政府供个人选择，个人对地方政府所提供的各种公共物品以及各地不同的税收水平有完备的认识，个人是充分流动的，在不同辖区间迁移不需要成本，不存在辖区间成本或收益的外部性。事实上，影响居民流动的因素很多，公共物品和税收水平仅是其中一个因素。波特是立足于研究国家间产业竞争而提出政府宏观竞争对策的，显然他的结论是建立在比较完善的市场经济制度的前提下。因此，尽管他也提出了政府应该创造支撑生产率提高的环境、提高政府效率等观点，但对于制度基础尚不完善的发展中国家和地区来说，应用的实效性会打折扣。与财政学的政府竞争研究不同，制度经济学派在分析政府竞争时，关注的是政府竞争对制度在宏观和微观层面上的演进与对绩效的影响，应该说是在一个更为抽象的角度来考察和研究政府竞争与制度变迁的关系及由此而导致的对社会经济发展的影响。从制度角度进行论证，具有较强的理论意义，但由于忽视了其他诸多因素的作用和效应，许多结论往往绝对化。

我国与西方联邦制国家相比，在政治和经济体制方面具有显著差别。这种差别主要体现为以下几点。（1）税收立法权高度集中。地方政府税收自主程度有限，财政体制的调整由中央政府主导。（2）地方政府官员的委任制。地方政府的激励和约束更多来自上级政府，而不是当地的居民和市场主体。（3）我国要素市场还处在转型时期，要素的流动还不是很充分，特别是劳动力的流动受到户籍制度的限制，居民无法“用脚投票”，满足居民公共需求尚未成为地方政府首要的政策目标。（4）国有和集体经济的比重在大部分地方相对较高，政府通过控制国有经济和制定政策掌控着众多资源，为地方政府直接参加经济活动提供了发挥的空间。由于中国的国情与西方联邦制国家存在的这些差别，所以，财政联邦主义关于财政竞争有助于提高公共供应效率，并改善居民福利水平的结论，是否完全适用于中国的实际，还有待于实践的进一步检验。

二、国内研究现状

总体来说，在国内对政府竞争的研究起步较晚。1990 年，樊纲和张曙光在《公有制宏观经济理论大纲》一书中，分析我国地方政府之间在投资和货币发行领域的“兄弟竞争”关系。他们把公有制基层单位（地方和企业）之间的利益关系称为“兄弟竞争”关系，指出公有制基层单位之间首先是“兄弟”，它们之间存在着共同占有资源的“血缘关系”。但它们又有各自所追求的特殊利益，因而会发生利益竞争。现实中各基层单位之间的竞争不同于市场竞争，兄弟竞争与“路人竞争”是不同的经济关系。[①] 他们认为，现实中发生的地区间用行政手段相互封锁本地区的资源，形成“地方经济割据”，阻碍资源在全国范围内的自由流动和合理配置，或各地区之间为抢购资源而发生的各种“大战”……都与投资竞争有关。但就投资需求即购买力的形成而言，投资竞争首先表现为对投资资金的竞争，而这又是以货币发放或信贷投资为背景的。他们指出，一个地方“有方向”地向本地区的企业增发贷款，就扩大了本地区的投资需求，就可以抢购到更多的资源，从而扩大本地区的生产建设规模和增加本地区的收入。而且增发的货币越多，得到的利益就越多，动手越早，得利也越快。[②] 可见，这种货币发行竞争逻辑链条的基础是地方政府能够

---

① 樊纲，张曙光．公有制宏观经济理论大纲．上海：三联书店上海分店，1990：213-214．

② 同①221-224．

影响所在地银行的信贷规模。在我国银行商业化改制完成之后，地方政府逐渐丧失了影响货币发行权的能力，上述情形也逐步消失。

随着我国放权让利政策的实施和市场化改革的逐步深入，地方政府之间的关系已不再是单纯的"兄弟关系"，而更多地表现为利益主体之间的关系。一些更为复杂的问题引起了学者的关注：一是在产权制度改革过程中地方政府的作用；二是在建立市场经济体制中呈现出的市场秩序问题，尤其是市场保护和市场分割问题。其中，张维迎、栗树和在解释中国国有企业民营化时，运用产权、制度和博弈等理论研究了中国地方政府竞争问题。他们认为，20 世纪 80 年代初的地方分权政策导致了地区间竞争，地区间竞争又反过来引发了民营化。中国经济改革最初没有打算对国有和集体所有企业进行民营化，但地方分权政策最终通过地区间竞争导致了民营化。国有和集体所有企业的民营化可以理解为地区间竞争的一个结果。[①]

近年来，国内学者对地方政府竞争的关注也日益增多，研究地方政府竞争的论文相继出现。冯兴元在《中国辖区政府间竞争理论分析框架》一文中，借鉴了何梦笔的分析模式，认为中国作为转型国家的转型过程实际上在很大程度上也是政府间竞争、制度竞争和体制竞争的结果。指出关注辖区政府间竞争，应关注政府间的制度竞争。过于机械地割裂"政府间竞争"和"制度竞争"两个概念对于讨论是有害的。冯兴认为明确界定政府竞争是困难的，但可以将其宽泛地理解为政府之间围绕有形和无形资源的竞争，包括直接竞争和间接竞争、纵向竞争和横向竞争。并对政府竞争中的有关范畴如行为主体、政府目标函数和约束条件、政府供给品的供求与偏好表露、外部性、认知及学习模式进行了阐明。他比较赞同采取演化经济学的思路来展开对政府竞争的分析，较详细地介绍了伯恩斯经济社会变迁思想及哈耶克的自发秩序演进思想。[②] 同时，冯兴元还分析了辖区政府间的制度竞争。他指出改革开放以来，随着我国地方分权和经济市场化的深入开展，辖区政府间竞争也愈演愈烈。许多辖区政府间竞争现象可以归结为政府间制度竞争。他认为辖区政府间制度竞争的表现形式分别为税收竞争、补贴竞争和规则竞争。并且指出，各辖区政府间制度竞争强度大小不一，其强度与辖区的开放度、辖区政府对来自内部和外部的竞争压力的感知、地方分权程度、地方的市场化程度、上级政府对下级政府的控制能力等因素有关。[③] 周业安则从制度经济学视角，分析了地方政府竞争对经济增长的作用，认为市场化改革带来了经济领域的分权，在既定的政府管理体制下，这种分权导致地方政府之间围绕经济资源展开竞争，由于垂直化行政管理架构和资源流动性的限制，地方政府之间的竞争并不必然带来经济的良性增长，保护性策略和掠夺性策略可能被选择，从而增加地方之间贸易的交易成本，损害经济增长。[④] 同时，周业安还对中国地方政府竞争模式做了更具体的考察，他按照地方政府在竞争中不同的行为表现，将地方政府分为进取型、保护型和掠夺型三类。进取型的地方政府促进非国有制经济的发展并减少政府的干预，保护型和掠夺型地方

---

① 张维迎，栗树和．地区间竞争与中国国有企业的民营化．经济研究，1998（12）：13-22.

② 冯兴元．中国辖区政府间竞争理论分析框架．天则经济研究所内部文稿，[2018-01-15]．http://www.unirule.org.cn/SecondWeb/Article.asp?ArticleID=2230.

③ 冯兴元．论辖区政府间的制度竞争．国家行政学院学报，2001（6）：27-32.

④ 周业安．地方政府竞争与经济增长．中国人民大学学报，2003（1）：97-103.

政府则在产业结构趋同和地方财政困境的推动下加强了对要素流动的限制和对企业经营的干预，不同类型地方政府行为存在的总体原因在于政治体制改革的滞后。如果地方政府采用进取型的竞争方式，则地方政府竞争将有利于经济的增长；而如果地方政府采用后两种行为方式则可能导致地区间的恶性竞争。① 此外，周业安、冯兴元、赵坚毅还实证地研究了地方政府竞争与市场秩序重构的关系，提出了规范政府行为和市场秩序重建的建议。② 在李扬等人主持的“中国地方政府竞争”的课题中，地方政府竞争被表述为：“市场经济中当地政府、当地化的企业、居民、区位和资源等非流动要素围绕获得更多的价值收益在吸引、拥有、控制和转化资源，占领和控制市场等方面与其他城市所进行的竞争。”地方竞争可以分解为两个层面：产品市场面的竞争、非流动要素面的竞争。他们分析了地方政府竞争对地方公共物品供给和公共物品融资的影响，对中国地方政府竞争的历史、制度与环境特点、主体特征、竞争结果等内容进行了分析，认为地方政府竞争推动了经济体制改革，促进了对外开放，改善了基础设施。③ 此外，还有些其他学者，如刘锡田、杨虎涛、刘亚平、任勇等也对我国地方政府竞争进行了分析，提出了自己的见解和主张。

国内上述研究文献，对于完善转型期我国地方政府的竞争理论，做出了可贵的探索；对于我们客观地认识我国地方政府的竞争行为，也提供了有益的借鉴。但总的来说，国内关于地方政府竞争的研究起步较晚。这主要体现在：一方面，对于地方政府竞争没有一个完整、系统的分析范式，应该采用何种框架进行分析还在不断探讨过程之中；另一方面，有些理论借鉴国外既定的竞争模式来套用中国实际，难以形成广泛的理论认同。就具体研究内容来看，已有文献对地方政府竞争影响要素的研究尚不全面，过于注重影响地方政府竞争的经济要素，而对政治、文化和法律框架因素关注不够。再有，对地方政府竞争概念的界定尚不清晰，往往过于宽泛或庞杂。

如前所述，中国地方政府与西方联邦国家地方政府的行为存在诸多不同，中国地方政府竞争与西方国家的情形存在相当大的差异，西方国家地方政府竞争中存在的特点可能在中国并不存在。但这并不表明中国不存在地方政府竞争，由此而认为西方存在地方政府竞争，中国不存在地方政府竞争的观点是很难成立的。这意味着对中国地方政府竞争现象的研究可能需要采用更加独特的分析视野。

---

① 周业安，赵晓男. 地方政府竞争模式研究——构建地方政府间良性竞争秩序的理论和政策分析. 管理世界，2002 (12): 52-61.

② 周业安，冯兴元，赵坚毅. 地方政府竞争与市场秩序的重构. 中国社会科学，2004 (1): 56-65.

③ “中国地方政府竞争”课题组. 中国地方政府竞争与公共物品融资. 财贸经济，2002 (10): 5-11.

第八章 学术规范与论文写作

第一节 学术规范

一、学术规范的界定

所谓学术规范，是指学术共同体内形成的进行学术活动的基本规范，或者根据学术发展规律制定的有关学术活动的基本准则，它要求学术研究人员在学术活动过程中，尊重知识产权、学术伦理，严禁抄袭剽窃。充分理解、尊重前人及今人已有之相关学术成果，并通过引证、注释等形式加以明确说明，从而在有序的学术对话、学术积累中加以创新。现代学术规范产生于17世纪后期现代科学诞生的过程中；我国学术界对学术规范问题的正式讨论，则始于倡导学术研究与国际接轨的20世纪90年代。

特别是近年来，有许多关于学风、学术伦理、学术规范等问题的讨论，引起了学术界的广泛关注。2004年6月，教育部社会科学委员会通过了《高等学校哲学社会科学研究学术规范（试行）》，目的是规范高等学校哲学社会科学研究工作，加强学风建设和职业道德修养，保障学术自由，促进学术交流、学术积累与学术创新，进一步发展和繁荣高校哲学社会科学研究事业。2009年6月，高等教育出版社出版了由教育部社科委学风建设委员会组织编写的《高校人文社会科学学术规范指南》，这是关于人文社会科学研究学术规范建设的又一重要举措。该指南是高校人文社会科学教学与研究人员关于学术规范的共同约定，同时也是进行学术规范教育的指导性用书。同时，一些高校根据教育部规范要求，结合学校具体情况，也制定了相应的学术规范及其实施办法。

二、学术规范的内容

学术规范主要包括学术法律规范、学术道德规范、学术写作规范、学术评价规范等。其中写作规范在学术论文的格式与撰写中有详细交代，此处主要讨论学术法律规范、学术道德规范和学术评价规范。

1. 学术法律规范

学术法律规范指学术活动必须遵循的法律法规。学术活动除受《中华人民共和国宪法》《中华人民共和国保守国家秘密法》《中华人民共和国统计法》等法律法规约束外，还应遵循与之关系最密切的《中华人民共和国著作权法》。

按照《中华人民共和国著作权法》等法律文件的有关规定，要求在学术活动中遵守以下几点。

(1) 合作创作作品的版权由合作作者共同所有。

合作作品是两人以上合作共同创作的作品。《著作权法》第十三条第一款规定："两人以上合作创作的作品，著作权由合作作者共同享有。没有参加创作的人，不能成为合作作者。"所谓"两人"可以是两个自然人，也可以是两个法人或其他组织，也可以是自然人和法人或其他组织。合作作品的作者必须是参加创作的人，否则就不能成为作者。只是对作品提供一点修改意见，谈不上创作，不能成为作者。

合作作品的著作权归属的一般原则是，著作权由合作作者共同享有。合作作品的著作权的行使，必须征得各位著作权人或其继承人的同意，使用者必须向各位作者或其继承人支付报酬。当然，合作作者之间也可以另做约定，由一方来行使著作权。

合作作品的作者署名，按照对科学研究成果所做贡献大小排列，但另有学科署名惯例或作者另有约定的除外。

(2) 未参加创作的不可在他人作品上署名。

艺术作品和学术成果的创作是艰苦的智力活动，需要创作者付出创造性劳动。如果没有参加创作，或只是参加了一些创作活动的准备、组织及咨询服务性工作，不能认为是参加了作品的创作，因而不能在作品上署名。

(3) 不允许剽窃、抄袭他人作品。

应坚决杜绝以稍微改变形式或内容，将他人作品的部分或全部据为已有，并以新作品的形式加以发表的剽窃行为，以及直接将他人作品的大部分或部分内容，以相同的形式，窃为已有的抄袭行为。

(4) 禁止在法定期限内一稿多投。

《中华人民共和国著作权法》明确规定，自作者稿件发出之日起 15 日内未收到报社通知决定刊登的，或者自作者稿件发出之日起，30 日内未收到杂志社通知决定刊登的，作者可将同一作品投向其他报刊社。同时又明确规定双方另有约定的除外。目前，我国学术性期刊一般都将通知作者的时间规定为 3 个月，应在此规定的时间内避免一稿多投。

(5) 可以合理使用他人作品的有关内容。

学术研究、学术写作离不开对他人成果的借鉴和利用，都不同程度地存在引用。使用他人已发表（出版）作品文字的现象，即对他人作品著作权的合理使用。合理使用他人作品的有关内容必须符合以下条件：1) 引用的目的仅限于介绍评论某一作品或说明某一问题；2) 所引用的部分不能构成引用人作品的主要部分或者实质部分；3) 不得损害被引用作品著作权人的利益。符合这 3 个条件时，可不经过著作权人同意，不向其支付报酬，但必须在自己作品中指明被引用作品的作者姓名、作品名称及版权事项。

（6）应遵守其他适用法律法规。

应该遵守诸如《民法》《统计法》《标准化法》等法律规范。不得借学术研究以侮辱、诽谤等方式损害其他公民、法人的名誉。必须对属于国家机密的统计资料保密；未经本人同意，不得在科研成果中泄露属于私人、家庭的单项调查资料；不得以学术研究伤害信教群众的宗教感情，不得丑化侮辱少数民族等。

2. 学术道德规范

学术道德指学术共同体成员共同遵守的道德规范、行为准则和应具备的道德素质。学术研究要求学术共同体成员必须遵循学术规范，完善学术评价，坚持学术良知和学术操守。这些基本学术道德规范具体包括以下几点。

（1）在学术活动中，必须尊重知识产权，充分尊重他人已经获得的研究成果；引用他人成果时如实注明出处；所引用的部分不能构成引用人作品的主要部分或者实质部分；从他人作品转引第三人成果时，如实注明转引出处。

（2）合作研究成果在发表前要经过所有署名人审阅，并签署确认书。所有署名人对研究成果负责，合作研究的主持人对研究成果整体负责。

（3）在对自己或他人的作品进行介绍、评价时，应遵循客观、公正、准确的原则，在充分掌握国内外材料、数据基础上，做出全面分析、评价和论证。

（4）尊重研究对象（包括人类和非人类研究对象）。在涉及人体的研究中，必须保护受试人合法权益和个人隐私并保障其知情同意权。

（5）在课题申报、项目设计、数据资料的采集与分析、公布科研成果、确认科研工作参与人员的贡献等方面，遵守诚实客观原则。搜集、发表数据要确保有效性和准确性，保证实验记录和数据的完整、真实和安全，以备查考。公开研究成果、统计数据等，必须实事求是、完整准确。对已发表研究成果中出现的错误和失误，应以适当的方式予以公开和承认。

（6）诚实严谨地与他人合作，耐心诚恳地对待学术批评和质疑。

（7）对研究成果做出实质性贡献的有关人员拥有著作权。仅对研究项目进行过一般性管理或辅助工作者，不享有著作权。合作完成成果，应按照对研究成果的贡献大小的顺序署名（有署名惯例或约定的除外）。署名人应对本人做出贡献的部分负责，发表前应由本人审阅并署名。

（8）不得利用科研活动谋取不正当利益。正确对待科研活动中存在的直接、间接或潜在的利益关系。

3. 学术评价规范

学术评价是按照一定标准对学术成果的价值进行评价的一系列规则和程序，是学术管理工作的重要组成部分。学术评价涉及课题项目的立项、学术成果的鉴定或评价、各级各类优秀成果的评奖、职称评定中对科研成果的考核认定，以及教学、科研人员工作考核考评等诸多方面，是一项复杂而细致的学术工作。要提高学术评价的科学水平，必须建立科学的评价指标体系，制定科学的评价办法，实现评价工作规范化。

（1）学术评价要坚持正确的指导思想。

学术评价的目的是根据一定的评价原则和指标体系，对某一学术成果做出准确的价值判断。学术评价必须坚持正确的指导思想：1）通过评价，引导学术活动坚持正确的政治方向；2）通过评价，倡导形成优良的学术风气，引导学术界形成诚实、刻苦、严谨、扎实的学风文风，要坚决摒弃学术评价中的庸俗吹捧之风；3）通过评价，进一步调动科研工作者学术研究的积极性和主动性，激发其科研活动的创造力。

（2）学术评价应坚持科学的评价原则。

学术评价应坚持三个原则。1）要坚持导向性原则。应在标准的确定、指标体系的设计、得分的分配、结果的处理方面，引导学术研究活动按照国家要求的方向开展，重视研究学科前沿问题，解决当代经济社会发展中提出的重大理论与实际问题。2）要坚持科学性原则。要按科学规律运作，抓住学术成果的实质，体现学术发展的基本要求和趋势。3）要坚持可行性原则。应从实际出发，充分分析需要与可能、有利与不利等因素，使指标体系达到可比、可测、简易。

此外，还要坚持客观评价与主观评价相结合、专家评价与指标评价相结合、重点评价与一般评价相结合、成果质量与社会效益相结合等原则。凡事不是单一的，不能用简单化的方法处置，必须从多方面综合考察，排除各种不负责任的议论，才能做出较全面、较科学的结论和评价。

（3）制定完善的学术评价指标体系。

学术评价体系作为一个系统工程，是由多方面的标准、规则、条例和内容所组成的，它对学术成果进行评价、认可、奖励的标准和依据方式，对于教人如何做学问、搞研究，对于形成良好的学术风气，是至关重要的。它所倡导的科学精神和蕴含的深层次内在价值，对学术和科研，对整个民族的精神状态和整个文明的创造都具有极大的引导、激励和规范作用。

具体来说，要在厘清学术准则、学术级别和确认学术权威的前提下，建立科学公正的学术评价指标体系（量化指标）。具体的量化标准包括两个方面：学术性评价的量化标准和管理性评价的量化标准。

（4）学术评价方法和程序。

学术评价方法和程序包括：1）淡化工作量指标，改变从成果的数量来看成绩的简单化倾向，取而代之的是注重科研质量、学术质量、教学质量等；2）建立行政与学术分家的制度，改变由行政部门主导学术和科研的局面，让学术和科研依据自身内在的需要来发展自己；3）积极制定有关法规，从根本上规范学术研究与学术评价行为；4）积极开展学术批评；5）充分发挥舆论监督的作用，建立相关的学术打假机制；6）坚持同行专家评审和评价指标体系相结合；7）公开学术评价程序，保证在同一程序规则面前人人平等。

三、学术规范的作用

近年来，学术活动中道德失准、行为失范的问题时有发生。原因是多方面的，有学术制度、学术管理、学术环境等外部原因，也有某些学者自身的内部原因，而缺乏清晰、完善的学术规范是其中一个重要的原因。因此，加强学术规范建设具有重要的意义，其作用主要表现为以下几个方面。

1. 学术规范有利于整治学术生态

目前在我国学术界，一些学者违背学术研究目的，或急功近利，粗制滥造；或急于求成，热衷炒作；或违背事实，不求实证，缺乏评价准则；更有甚者，丧失学术道德，以抄袭剽窃为手段换取一时之名利。这些行为和现象都是违反学术规范的，若不加以制约，将严重污染学术环境，影响学术声誉，阻碍学术进步，进而影响整个学术群体的创新和发展。因此，坚决地贯彻学术规范，对于防止学术失范、学术不端和学术腐败现象，对于整治学术生态具有重要的作用。

2. 学术规范有利于培养学术新人

目前，出现许多学术失范、学术不端和腐败现象，除了有些是明知故犯外，也有相当一部分研究人员是由于对什么是学术规范，什么是抄袭、剽窃，怎么做学问，如何有创新，如何引用与注释知之甚少或是完全不知，尤其是青年学者和青年学生。因此，将大家公认的最重要最基本的一些规则，以条文形式和简明扼要、易于理解的文字表述出来，对于培养学术新人至关重要。要有明确、完整的规范体系，才便于大家执行。将详细的大家公认的学术规范内容进行普及对高等教育至关重要。

3. 学术规范有利于增强学术自主意识

衡量学术界是否成熟的一个重要标志是学术研究者是否具有自主的意识、独立的品格。哲学家贺麟曾经说过："假如一种学术，只是政治的工具，文明的粉饰，或者为经济所左右，完全成为被动的产物，那么这一种学术，就不是真正的学术。因为真正的学术是人类理智和自由精神最高的表现。"[①] 但学术自由不能否定学术规范，相反，学术规范为学术自由创造了条件，为学术自由提供了可能的秩序与空间。长期以来，中国学术界学术自主意识淡薄，缺乏独立性。建立学术规范的一个重要任务，就是明确学术及学者的地位、责任和义务，设置必要的"门槛"，避免错误的政治、行政手段等非学术因素的干扰。因此，学术规范对增强学术界学术自主性具有重要的作用。

4. 学术规范有利于提高学术研究水平

近年来，我国发表的高水平论著的数量无论是在自然科学领域还是人文社会科学领域都有显著增长。但总体上看，论著的质量还有待进一步提高，存在着不少粗制滥造的文章。研究成果被引用率与发达国家还有很大的差距，平均被引用率低于世界平均水平。因此，需要提倡学术规范，要求科学研究要在高起点上精选课题，讲究研究方法、研究思路、研究材料等方面的创新，要求匿名专家评审，要求正常的学术批评，要求多出精品。这些规范对提高中国学术研究水平具有重要的作用。

5. 学术规范有利于提高学术国际化水平

学术成果应能与国际学者交流，得到国际学术界认可并能与其合理竞争。学术本身包含着评价与交流的含义。只有遵循学术界统一的学术规范，才能成为同行评议的对象，才能进行学术交流。特别是在当前，国内国际之间的学术交流日益频繁和广泛，如果没有一个严格的学术规范，我们将无法参与国际学术竞争。因此，讲究学术规范，不仅要求论著格式、引文注释、署名方式、文摘、关键词等符合或大体符合国际标准或习惯，而且要求论著的内容具有国际水准。高度重视学术规范，直接关系到中国学术在国际学术界的地位和影响力。

---

① 贺麟. 文化与人生. 北京：商务印书馆，1988：247.

6. 学术规范有利于提高学术研究的效率

学术的研究是在学术积累和继承的基础上完成的。学术研究需要学术积累，有了大家共同遵守的学术规范，多年来科学的研究成果才能得以保存和为后人所继承，同时成为后人进行研究的基础和源泉。学术研究贵在厚积薄发，“十年磨一剑”，但这并不意味着“磨剑”的时间越长越好。学术积累有个适度问题，学术研究也有个效率问题。遵守学术规范，有利于提高研究效率。如学术规范规定了被引用文献的作者、题名等信息，这些都有利于读者的阅读。

第二节　学术论文的写作

一、学术论文的含义

学术论文是对创新性科学技术研究工作成果的科学论述，是对某些实验性、理论性或观测性的新知识的科学记录，或是某种已知原理应用于实际中取得新进展、新成果的科学总结。

学术论文通过对各学科领域中的某些问题或某些现象进行系统科学的研究，以期得出理论性和规律性的见解。这类论文应具有新的观点、新的分析方法和新的数据或结论，并具有科学性。学术论文是记录、保存、交流和传播科学技术及科学思想的主要形式。学术论文将人们在各个阶段的科研成果储存下来，起到了传播科学知识和科学思想、进行科学交流的作用。这种文章形式对于推动科学技术、人文社科的发展，促进人类文明进步具有重要意义。

学术论文属于议论类文体，具有论点鲜明、论据充分、论证严密的特点，但其又不同于一般的议论文，学术论文是建立在对相关事实的科学分析论证基础上的、通过系统研究得出的创见性科研成果，区别于一般议论文的旨在发表看法和感想的随意性。学术论文的深度和广度，也是一般论说性文章难以企及的。

二、学术论文的特点

1. 学术性

学术性是学术论文所应具备的最起码的条件，也是学术论文区别于其他应用性文章特别是一般理论文章的本质特征之一。学术论文所反映的不是一般的现象和过程，也不是浅显的经验法则。学术论文探讨的是某一学科领域中比较专门化的问题，带有较强的研究、论争的性质。问题本身不具备任何理论探讨价值，是难以对其形成理论认识的，因而是不能作为学术论文的论题的。侧重于对事物进行抽象的概括的叙述或论争，反映的不是客观事物的外部直观形态和过程，而是事物发展的内在本质和变化演进的规律，这是学术论文存在的最基本条件。学术论文侧重于对事物进行抽象的概括或论证，描述事物发展的内在本质和规律。因而表现为知识的专业性、内容的系统性。它要求读者应具有某一方面的专业知识。它与科技新闻报道文章、科普文章以及科技应用文有较大的区别。

2. 创新性

创新性是学术论文价值的根本所在，是衡量学术论文有无发表价值的最根本的标准，也是衡量学术论文学术水平高低的重要标志。学术研究是一项探索性活动，创新性是学术论文的生命。学术论文要反映出作者对客观事物研究的独到理解和观点，它应该显示出新理论、新设想、新方法、新定理，甚至能够填补某个领域的空白。创新并不是要求每篇论文都提出空前绝后的、绝无仅有的新观点，而在于在专业研究范围内有自己的真知灼见，有个人独到的看法，不是人云亦云，简单重复。学术论文是为交流学术上的新成就、新理论、新设想、新方法、新定理而写的。“首次发现，首次提出”，当然是具有重大价值的研究成果，但这毕竟为数不多。在实际研究中，有很多课题是在引进、消化、移植国内外已有的先进科学技术，以及应用已有的理论来解决本地区、本行业、本系统的实际问题。只要对丰富理论、促进生产发展、推动技术进步有成效，报道这类成果的论文就应视为有一定程度的创新。

3. 科学性

学术论文写作中各类文体都强调科学性，因为科学性是科学技术的重要属性，是科技写作的最基本的要求。科学性是评价学术论文有无发表价值的重要依据。无论是人文科学研究还是自然科学研究，研究者的目的都在于揭示研究对象的客观规律，探求客观真理。学术论文与其他文章相比较，对科学性要求更严格。学术论文的内容必须是客观存在的事实，它应该是成熟的理论或技术，经得起实践的检验。学术论文的论点应明确，不得带有个人的主观好恶，不能有偏见的臆造。其论据可靠而充分，尽可能查找第一手资料，找到确实的论据。实验必须无误，数据、结果要忠于事实和材料，不能违背客观事实进行主观臆造，夸大或缩小研究中的数据和结果。结论要有充分的论据，论点应经得起推敲。

4. 规范性

规范性是科技写作不同于文学创作或人文科学写作的一个重要特点，它指学术论文所呈现的科学化、标准化形态，这是学术论文进行传播和沟通的重要前提。它具体包括国家关于学术论文的相关文件规定，比如中华人民共和国国家标准《科学技术报告、学位论文和学术论文的编写格式》（GB/T 7713—1987）、《文后参考文献著录规则》（GB/T 7714—2005）等相关文件。学术规范的制定是为了便于学术论文的交流、检索、传播和保存。

三、学术论文的结构

学术论文包括题名、署名及工作单位、摘要、引言、正文（实验方法及论证过程）、结果和结论、致谢和参考文献等部分。根据国家标准《科学技术报告、学术论文和学位论文的编写格式》（GB/T 7713—1987）的规定，以及国外学术期刊的常规要求，学术论文一般格式如下：

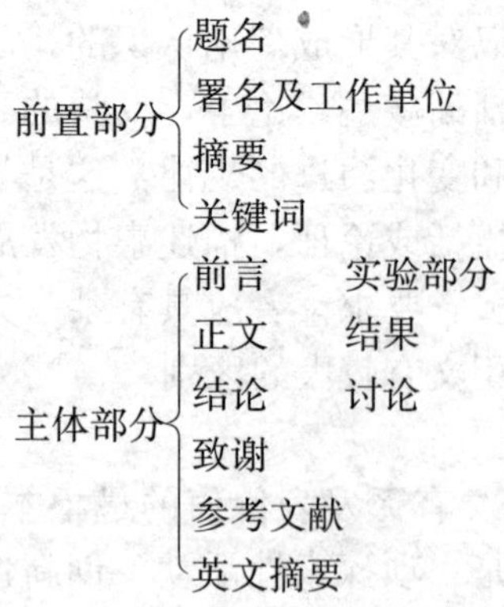

1. 题名

题名，又叫文题、题目、标题（或称“总标题”，以区别于“层次标题”），是论文的总纲，是能反映论文最重要的特定内容的最恰当、最简明的词语的逻辑组合。题名的一般要求有以下几点。

（1）准确得体。

题名应能准确地表达论文的中心内容，恰如其分地反映研究的范围和达到的深度，不能使用笼统的、泛指性很强的词语和华而不实的辞藻。关键在于题目要紧扣论文内容，即题要扣文，文也要扣题，这是撰写论文的基本准则。常见毛病是过于笼统，题不扣文。

（2）简短精练。

读者阅读一篇学术论文，首先映入眼帘的是论文题目。如果题目太长，就容易给读者留下烦琐和啰唆的印象，进而影响读者的阅读兴趣和对论文质量的评价。因此，题目应该做到惜字如金，用最少的文字精确概括出论文的主要内容，中文论文的题目最好不超过25个汉字（含空格和标点符号），英文论文的题目最好不要超过100个字符（含空格和标点符号）。在保证能准确反映“最主要的特定内容”的前提下，题名字数越少越好。不过，不能因为一味追求字数少而影响题目对内容的恰当反映，在遇到两者确有矛盾时，宁可多用几个字也要力求表达明确。若简短的题名不足以显示论文内容或反映出属于系列研究的性质，则可利用正、副标题的方法解决，以加副标题来补充说明特定的实验材料、方法及内容等信息，使标题既充实准确又不流于笼统和一般化。

（3）便于检索。

题名所用词语必须有助于选定关键词和编制题录、索引等二次文献，以便为检索提供特定的实用信息。题名中一定要有反映文章内容的关键词。题名中应当避免使用非共知共用的缩略词、首字母缩写字、字符、代号等。题目中的外延和内涵要恰如其分，如果不考虑逻辑上有关外延和内涵的恰当运用，则有可能出现谬误，至少是不当。

（4）容易认读。

题目要能清晰地反映出论文的主要内容，让读者一看就理解。拟定题目时，尽量避免用艰涩的词汇、不常用的公式和专业术语等，否则容易让读者费解。拟定题目也应避免使用生造的和生僻的词语，以免读者看不明白，并在读完全文后产生故弄玄虚的不良印象。题目通常由名词性的短语构成，如果有动词也大多以动名词或分词的形式出现。题目有时也用疑问句的形式，从而显得较为生动，容易激发读者的阅读兴趣。

2. 署名

（1）署名对象。署名者只限于那些参与选定研究课题和制订研究方案、直接参加全部或主要部分研究工作并做出主要贡献，以及参加论文撰写并能对内容负责，同时对论文具有答辩能力的人员。仅参加部分工作的合作者、按研究计划分工负责具体小项的工作者、某一项测试任务的承担者，以及接受委托进行分析检验和观察的辅助人员等，均不应署名，但署名者可以将他们作为参加工作的人员一一列入“致谢”段，或注于篇首页地脚处。

个人的研究成果，个人署名；集体的研究成果，集体署名（一般应署作者姓名，不宜只署课题组名称）。集体署名时，按对研究工作贡献的大小排列名次，另有约定的除外。

（2）署名的位置与格式。通常学术性期刊中将署名置于题名下方，大多采用如下格式。

作者姓名

作者工作单位名称及单位所在城市名称、邮政编码

例如：　　　　　　　　　　王斌

中国劳动关系学院 公共管理系，　北京　100048

（3）作者与作者单位的英译。其中作者英译要求是中国人名按汉语拼音拼写，单位的名称按照从小到大的顺序写全，并附地址和邮政编码。

3. 摘要

（1）摘要的概念和作用。摘要是对“论文的内容不加注释和评论的简短陈述”，一篇完整的论文要求撰写随文摘要。其作用有二：一是让读者尽快了解论文的主要内容，以补充题名的不足；二是为科技情报人员和计算机检索提供方便。

国际标准规定：摘要是“对原文献内容准确、扼要而不附加解释或评论的简要陈述”。摘要的内容包括研究目的、方法、结果及结论等主要信息。摘要虽然简短，但有助于读者决定对学术论文的哪部分更感兴趣。摘要虽然简明扼要，但其写作更显严格。

（2）摘要的写作方法，主要包括以下五个方面。

第一，正确选取摘要类型。学术论文摘要主要有报道性摘要、指示性摘要和报道指示性摘要。报道性摘要要求提供论文中全部创新内容和尽可能多的信息，特别强调突出新发现、新见解。试验研究和单一专题的学术论文，如基础性研究、应用基础研究和应用研究论文应撰写这类摘要。指示性摘要要求指明研究考察的对象和论述了哪些问题，而不着重研究结果，其作用是说明性的而不是实质性的。它适用于主题过多、内容庞杂的文献，如综述类论文。报道指示性摘要是融上述两种摘要特点于一体的一种摘要类型，它要求报道主要信息，揭示其余部分，详略有致、主次分明，便于灵活运用。

第二，客观的语句表达。报道性摘要就是对研究目的、研究方法、基本观点或研究结论的客观陈述，提示性摘要就是对基本观点或研究结论的客观介绍。写作摘要时，自己应站在旁观者的角度进行价值祛除式的提炼，而不应进行主观评价，也无须通过与既往研究进行比较来凸显本论文的价值，更不能自我褒扬甚至吹嘘。考虑到这一点，摘要一般用第三人称来写，不要出现“本文”“我们”“作者”“笔者”等主语，以免影响表述的客观性。

第三，完整的结构要素。在学术论文摘要写作中，对于摘要结构四要素，即目的、方法、结果、结论应给以准确而完整的体现。只给出研究结果和结论，缺少研究目的和研究方法，或者只有研究方法和研究结果，缺少研究目的和结论等结构要素残缺的摘要都严重影响了摘要作用的发挥。

第四，避免评论论文内容。国际标准和国家标准对摘要的界定中都明确要求摘要“不加解释或评论”，因此，摘要中要切忌出现“奠定了理论基础”“找到了可靠的依据”“具有十分重要的现实意义”等评价性语言。

第五，避免解释文题。解释文题相当于简单重复文题已有的信息，忽视了对摘要结构四要素即目的、方法、结果、结论的表述，使摘要形同虚设，失去了本来应有的作用。

引言举例：

论文题名：数字治理理论研究综述

摘要：数字治理理论（Digital Governance Theory）发轫于新公共管理运动的衰微与数字时代治理的兴起之际，强调信息技术和信息系统对公共管理的影响。国外对于数字治理理论的研究以英国学者帕却克·邓利维为主，系统概括公共管理在信息时代的各种变化以及数字治理理论的优势。国内学者对数字治理理论的研究重点在译介以帕却克·邓利维为代表的学者文献，介绍数字治理理论的主要内容。本文在文献调查的基础上对国内外学者关于数字治理理论研究的基本情况做出统计分析，按照时间脉络维度，每五年为一阶段，纵向归纳各阶段的核心概念及主要问题；按照空间维度横向梳理东西方关于数字治理理论的相关文献，反映出社会情景对数字治理理论的影响；介绍学者对数字治理理论的五种争论：新公共管理理论与数字治理理论背后的逻辑是否一致？数字治理理论是否会造成政府角色冲突？数字治理理论对治理责任的归属是否明确？数字治理理论是否会加速部门间的冲突？数字治理理论是否算作一种新的理论范式？这些争论推动着数字治理理论的发展。

资料来源：韩兆柱，马文娟．数字治理理论研究综述．甘肃行政学院学报，2016（1）．

（3）英文摘要。有些学术论文要求具有英文摘要，英文摘要的时态有以下几种。

一般现在时：用于说明研究目的、叙述研究内容、描述结果、得出结论、提出建议或讨论等。涉及公认事实、自然规律、永恒真理等，也要用一般现在时。

一般过去时：用于叙述过去某一时刻的发现、某一研究过程（实验、观察、调查、医疗等过程）。用一般过去时描述的发现、现象，往往是尚不能确认为自然规律、永恒真理，只是当时情况；所描述的研究过程也明显带有过去时间的痕迹。

英文摘要的语态：一般采用被动语态。

4．关键词

关键词是论文的文献检索标识，是体现文献主题概念的词或词组。关键词通常从论文题目、层次标题和正文中选取。关键词包括主题词和自由词两个部分：主题词是专门为文献的标引或检索而从自然语言的主要词汇中挑选出来并加以规范了的词或词组；自由词则是未规范化的即还未收入主题词表中的词或词组。每篇论文中应专门列出 3～5 个关键词，它们应能反映论文的主题内容。尽量多采用主题词，它们可以从综合性主题词表（如《汉语主题词表》）和专业性主题词表（如 NASA 词表、INIS 词表、TEST 词表、MeSH 词表等）中选取。那些确能反映论文的主题内容但现行的主题词表还来不及收入的词或词组可以作为自由词列出，以补充关键词个数的不足或为了更好地表达论文的主题内容。

关键词作为论文的一个组成部分，列于摘要段之后。一个新观点的提出，往往需要新词语来表达。关键词的选取需遵循专指性规则、组配规则和自由词标引规则。①

所谓专指性，指一个词或词组只能表达一个主题概念。在使用叙词时，只要在《汉语主题词表》中能查到与主题概念对应的专指性叙词，就不能使用词表中的上位词（S 项）或下位词（F 项）。如果在该表中找不到直接对应的叙词，而上位词又与主题概念相符，

① 周义程．社会科学类学术论文：评价标准、写作步骤及要领．社会科学管理与评论，2013（4）．

此时可选用上位词。例如，“政府职能”在《汉语主题词表》中可以找到这个专指词，就必须优先选用，而不能用其上位词“职能”标引。

叙词组配应当是概念组配。而概念组配包括交叉组配和方面组配两种类型。交叉组配指将两个或两个以上具有概念交叉关系的叙词进行组配，从而用来表达一个专指概念。例如，“公共服务职能”可以用“公共服务”和“职能”这两个叙词确切地表达《汉语主题词表》中没有的专指概念。方面组配指将一个表示事物的叙词和另一个表示事物某个属性或某个方面的叙词进行组配，即用事物及其性质来表达一个专指概念。例如，“政策连续性”可用“政策”与“连续性”组配，以便表达一个专指概念。

在进行叙词组配时，应优先使用交叉组配，然后才考虑方面组配，并且一定要用与文献主题概念关系最密切、最邻近的叙词来组配，从而避免越级组配。组配后的词或词组要做到清楚、确切，而且只能表达一个单一的概念。当无法用组配规则表达文献主题概念时，可选用最直接的上位词或相关叙词。

5. 引言

论文的引言又叫绪论。引言顾名思义就是引出学术论文本论的文字。作为引导性的文字，引言通常包括介绍研究背景、阐明研究问题、明晰基本概念、交代研究方法等内容。写引言的作用在于唤起读者的注意，使读者对论文先有一个总体的了解。

引言中要写的内容大致有如下几项。①

第一，交代研究的背景。研究背景通常包括本论文的实践由来和研究概况。实践由来侧重围绕本研究在实践界是何时提出的、近期又被如何强调和提出什么新要求等方面展开，从而凸显本论文的实践价值。研究概况需要简要介绍本论文关注的主题在学术界已经做了哪些研究，研究到何种程度，这些研究存在哪些不足或忽视了什么问题，从而昭示出本论文的理论价值。总之，介绍研究背景的主要目的是回答“为什么要研究”的问题，亦即让读者理解本论文研究的必要性。

第二，阐明研究问题。在研究背景中，通过对研究成果的概要回顾来发现既往研究的不足或忽视了的问题，从而引出本论文尝试解决的总问题。作者需要对引出的总问题进行初步阐释，让读者对这个总问题形成准确、全面的理解。在阐释中，有时不仅要对总问题本身进行解释，而且要围绕总问题层层剥离出一个个子问题，其中的总问题犹如一棵树的树根，由总问题进行第一次分解所形成的子问题犹如树的主干，将第一次分解出的子问题再进行第二次分解形成子问题的子问题，以此类推，就形成了一棵“问题树”。

第三，明晰基本概念。对基本概念的界定在引言中并非必不可少。如果本论文涉及的基本概念在学术界已基本达成共识和为同行所熟知，就没有必要对本论文所用概念加以界定。如果本论文涉及的基本概念是学术界尚存争议或比较新颖的，就有必要花费一定笔墨对概念做出厘定。这样做的好处是，既便于读者理解，又利于始终围绕本论文界定好的概念之含义展开研究，避免因滑向概念的其他含义而造成逻辑上的矛盾性或不统一性。

第四，交代研究方法。研究方法的重要性自不待言。在引言中，应当对本论文为解决所研究的问题而采用的方法做一交代。否则，哪怕论文的基本观点或研究结论非常引人注

① 周义程. 社会科学类学术论文：评价标准、写作步骤及要领. 社会科学管理与评论，2013 (4).

目和令人振奋，读者也可能因不明白本论文究竟采用了什么研究方法而对观点和结论的可靠性产生怀疑。当然，如果本论文所用的研究方法比较传统和常规，那么只需一带而过地论及所用方法对解决研究问题的适切性，而无须对方法本身做过多阐释。如果本论文所用方法比较新颖和不为同行所熟知，那么还应对方法本身进行简明扼要的解释。这种解释只要让读者明白该方法究竟是什么即可，不应过多展开，以免偏离主题。

引言举例：

论文题名：财政分权和职位晋升：地方政府竞争的制度逻辑

引言：竞争作为人类社会互动的主要形式，一直在经济理论研究中占有重要的地位。自亚当·斯密开始，经由大卫·李嘉图、马歇尔至萨缪尔森，他们对资源配置效率的研究，无不诉诸对竞争的分析。德姆塞茨认为，竞争在经济学中占有如此重要的地位，以至于难以想象经济学没有它还能是一门社会科学。[①] 对此，哈耶克也指出，竞争能够为不同商品的生产和各种服务的提供实现一种资源配置，而这种配置又能够使某些特定产品组合的产出达到一个“全知全能者”所实现的产生数量。[②] 美国学者查尔斯·蒂布特（Charles Tiebout）则通过对辖区公共物品提供和地方支出的模型假设，提出地方政府间竞争的“用脚投票”（voting with feet）的理论。[③] 此后，地方政府竞争的相关研究便进入了学者视野。中国虽然是一个单一制中央集权国家，但由于中央政府几乎将所有公共事务都委托给地方政府具体实施，致使地方政府的事权高度集中，地方政府间的竞争是客观存在的。西方国家关于地方政府竞争的理论是建立在较完备的市场经济体制和与之相适应的政治制度之上的，由于中国和西方国家在经济和政治体制方面存在着较大差异，中国地方政府竞争也具有自身独特的经济诱因和政治逻辑。为此，本文尝试以中国行政体制改革的变迁图景为主线，就地方政府竞争的制度机理做一理论性解读。

资料来源：刘泰洪．财政分权和职位晋升：地方政府竞争的制度逻辑．学习论坛，2013（1）：55-58.

6. 正文

正文即论证部分，是论文的核心部分。论文的论点、论据和论证都在这里阐述，因此它要占主要篇幅。由于论文作者的研究工作涉及的学科、选题、研究对象和研究方法、工作进程、结果表达方式等差异很大，所以对正文要写的内容不能做统一规定；但是，总的思路和结构安排应当符合“提出论点，通过论据（事实、数据）来对论点加以论证”这一共同的要求。

本论是论文的主体，一般要分几个部分和几个论述层次，要求加上小标题或数字序号，以显示文章清晰的思路。本论是论文的主体部分，是集中表述研究成果的部分，对问题的分析、对观点的证明，主要是在这一部分中进行并完成的。一篇论文质量的高低，也主要取决于本论部分写得如何。本论部分的内容量大而复杂，一般要分几个层次加以论

---

① 德姆塞茨．竞争的经济、法律和政治纬度．陈郁，译．上海：三联书店上海分店，1992：1.

② 哈耶克．法律、立法与自由．邓正来，等译．北京：中国大百科全书出版社，2000：365.

③ Tiebout. A Pure Theory of Local Expenditures. The Journal of Political Economy，1956（5）：416-424.

述，为了做到层次分明、脉络清晰，常常将本论部分分成几个大的段落。这些段落即所谓逻辑段，一个逻辑段可包含几个小逻辑段，一个小逻辑段可包含一个或几个自然段，使正文形成若干层次。每一逻辑段可冠以适当标题。每个段落需列什么样的标题，没有固定的格式。一般说来，论文的层次可按顺序“一、”“（一）”“1.”“（1）”形式的标题序号。

7. 结论

结论是一篇论文的收束部分，又称结束语、结语，是文章内容的归结，它是在理论分析和实验验证的基础上，通过严密的逻辑推理而得出的富有创造性、指导性、经验性的结果描述。通常包含提出论证结果和指明进一步研究的方向两项内容，但可有所侧重。结论中也可对研究成果的意义及其可能产生的影响做出扼要的说明和估测。它以自身的条理性、明确性、客观性反映了论文或研究成果的价值。结论与引言相呼应，同摘要一样，其作用是便于读者阅读和为二次文献作者提供依据。

结论不是研究结果的简单重复，而是对研究结果更深入一步的认识，是从正文部分的全部内容出发，并涉及引言的部分内容，经过判断、归纳、推理等过程，将研究结果升华成新的总观点。其内容要点如下。

（1）陈述论文的基本观点或研究结论。通常情况下，在本论的不同部分已经相应地包含着作者的观点或结论。本部分只需将这些观点或结论进行归纳和总结，并集中地呈现给读者。这种归纳和总结必须是高度概括性的，不应展开，否则就容易与正文中的某些内容重复。

（2）说明论文的长处和不足。在高度凝练地陈述论文的观点或结论后，随后应对本论文的长处和短处做出全面的说明。尤其不应忽视本论文的短处，因为对读者特别是研究者或审稿人来说，往往非常注意短处，以作为研究的新起点或提修改意见的切入点。可见，如果作者对本论文的短处避而不谈，那么一旦被读者发现，就可能导致他们对观点或结论的可靠性产生怀疑，从而造成不良影响。

（3）剖析论文与其他研究比较的长处和短处。在就论文自身谈其长处和短处之后，还需将本论文与既往研究加以比较。比较的目的绝不是要夸耀自己的研究如何比既往研究更好，而是为了客观地分析本论文与既往研究相比存在的优势和劣势。在比较中，最忌讳的是掩盖本论文的缺陷，最重要的是要讨论本论文与既往研究在观点或结论上存在什么差别以及为什么会存在这种差别。假如通过比较后实在搞不清为什么会存在差别，那么宁愿省略差别的原因分析，也不要妄自断言本论文的观点或结论是正确的，既往研究的观点或结论是错误的。

（4）阐释论文的理论意义和应用前景。本部分还应对本论文形成的观点或结论在理论上的价值和实践中进行应用的可能前景做出中肯的剖析，并清楚地交代本论文的创新之处和重要性。

（5）交代论文未解答的问题和可能的努力方向。本部分最后还应简要指出本论文中没有解答的问题，并指明解决这些问题可能的努力方向，从而为他人以此为基础进行后续研究提供参考。

结论举例：

论文题名：地方政府的自身利益及其实现方式

本文对地方政府的自身利益进行了分析，没有具体区分地方政府间的不同级别。但在笔者看来，这一思路可适用于不同级别的各级地方政府，只是其利益的实现方式因政府职能的不同要有所侧重。例如，基层地方政府直接面对的是分散的个人和企业，其经济调节的职能不强，而维持当地社会稳定和落实上级政策的职能较重，它们能够支配的财力也相对较弱。在这种情况下，基层政府会比较注重对上级考核指标的完成情况，而对GDP增长等政绩项目看得较淡。较高级别的地方政府发展本地经济的任务较重，也都支配着一定的财政资源，它们会对上项目、搞建设等政绩工程比较注重。

从利益的实现角度来看，由于地方政府自身利益的存在，地方政府往往有一种自我发展的动力，它们不满足于现状，会动用各种资源来促进本地的发展。同时，它们又是躁动不安的，它们积极参与竞争，不断与其他同级政府进行比较。地方政府自身利益使政府官员的行为呈现出两个明显的特征。一方面，他们是理性政治人，他们关注自己的政治晋升和政治利益。地方政府官员要在现行干部选拔机制下为职位晋升而竞争，为此，他们会注重任期内政绩工程的建设情况、上级考核目标的完成情况。另一方面，他们又是理性经济人，具有强烈的经济动机，像市场主体一样关注当地的经济利益，为此，他们争夺地方的财政利益，追求机构的扩张和预算的最大化。

本文在分析地方政府自身利益时，主要采用了经济学理性经济人假设（理性政治人追求个人职位升迁的最大化，也是对理性经济人理论的一种还原）。因此，本文突出强调了地方政府官员的经济人特征。虽然说经济学的研究领域已囊括了人类的全部行为及与之有关的全部决定，经济分析提供了理解全部人类行为的可贵的统一方法；但任何一种理论假设都只是对现实生活中某个侧面的抽象，不可能等同于人类行为的全部现实。人的行为是极其复杂的，人类行为并不只是由经济因素所支配的，利他和精神因素对人类行为的选择同样具有重要作用。对此，本文没有涉及。同样，本文也没有考虑以往在研究政府行为中经常提及的一些因素，如政府官场中的非正式制度、地方政府的官员以权谋私、寻租、为了自身利益而盘剥民众等，这些因素也确实体现在地方政府谋求自身利益的行为中，它们的交互影响进一步凸显了地方政府行为的复杂性，以及对其进行深入研究的必要。

资料来源：刘泰洪. 地方政府的自身利益及其实现方式. 黑龙江社会科学，2007（2）：127-132.

8. 致谢

现代科学技术研究往往不是一个人能单独完成的，而需要他人的合作与帮助，因此，当研究成果以论文形式发表时，作者应当对他人的劳动给予充分肯定，并对他们表示感谢。

9. 参考文献

参考文献为学术论文中所使用的资料来源提供证明，它包括解释、定义或证明问题中使用过的原始资料，学术论文中使用过的原始资料，以及在研究论文的框架设计、研究方法和程序部分中使用过的所有参考文献。参考文献不仅应列示参考的中外主要著作，还应列示参考的主要论文，外文著作、论文应用原文列出。列示的文献包括著作、论文等理论资料，也应包括统计、工作报告等事实材料，还包括没有正式出版和发表的资料。应在段中或段末设序号，并在文末注明。文末的序号与文中序号一一对应。在学术研究中，文中引用的文献的标注方法可以采用顺序编码制，也可以采用著者、出版年制。

按照字面的意思，参考文献是文章或著作等写作过程中参考过的文献。然而，按照GB/T 7714—2005《文后参考文献著录规则》的定义，文后参考文献指“为撰写或编辑论文和著作而引用的有关文献信息资源”。根据《中国学术期刊（光盘版）检索与评价数据规范（试行）》和《中国高等学校社会科学学报编排规范（修订版）》的要求，很多刊物对参考文献和注释做出区分，将注释规定为“对正文中某一内容做进一步解释或补充说明的文字”，列于文末并与参考文献分列或置于当页页脚。

参考文献表按顺序编码制组织时，各篇文献要按正文部分标注的序号依次列出。也可以按著者、出版年制组织，即各篇文献首先按文种集中，可分为中文、日文、西文、俄文、其他文种5部分，然后按著者字顺和出版年排列。中文文献可以按汉语拼音字顺排列，也可以按笔画笔顺排列。

根据GB/T 3469—1983《文献类型与文献载体代码》规定，参考文献书写格式以单字母标识：

M——专著（含古籍中的史、志论著）

C——论文集

N——报纸文章

J——期刊文章

D——学位论文

R——研究报告

S——标准

P——专利

A——专著、论文集中的析出文献

Z——其他未说明的文献类型

电子文献类型以双字母作为标识：

DB——数据库

CP——计算机程序

EB——电子公告

非纸张型载体电子文献，在参考文献标识中同时标明其载体类型：

DB/OL——联机网上的数据库

DB/MT——磁带数据库

M/CD——光盘图书

CP/DK——磁盘软件

J/OL——网上期刊

EB/OL——网上电子公告

具体参考文献著录格式如下。

（1）期刊。

［序号］主要作者．文献题名［J］．刊名，出版年份，卷号（期号）：起止页码．

例如：［1］何龄修．读南明史［J］．中国史研究，1998（3）：167-173．

(2) 专著。

[序号] 著者. 书名 [M]. 出版地: 出版者, 出版年: 起止页码.

例如: [2] 刘国钧, 王连成. 图书馆史研究 [M]. 北京: 高等教育出版社, 1979: 15-18, 31.

(3) 论文集。

[序号] 著者. 文献题名 [C]. 编者. 论文集名. 出版地: 出版者, 出版年: 起止页码.

例如: [3] 孙品一. 高校学报编辑工作现代化特征 [C]. 中国高等学校自然科学学报研究会. 科技编辑学论文集 (2). 北京: 北京师范大学出版社, 1998: 10-22.

(4) 学位论文。

[序号] 作者. 题名 [D]. 保存地: 保存单位, 年份.

例如: [4] 刘伟. 汉字不同视觉识别方式的理论和实证研究 [D]. 北京: 北京师范大学, 1998.

(5) 报告。

[序号] 作者. 文献题名 [R]. 报告地: 报告会主办单位, 年份.

例如: [5] 白永秀, 刘敢, 任保平. 西安金融、人才、技术三大要素市场培育与发展研究 [R]. 西安: 陕西师范大学西北经济研究中心, 1998.

(6) 专利文献。

[序号] 专利所有者. 专利题名 [P]. 专利国别: 专利号, 发布日期.

例如: [6] 姜锡洲. 一种温热外敷药制备方案 [P]. 中国专利: 881056078, 1983-08-12.

(7) 国际、国家标准。

[序号] 标准代号, 标准名称 [S]. 出版地: 出版者, 出版年.

例如: [7] GB/T 16159—1996, 汉语拼音正词法基本规则 [S]. 北京: 中国标准出版社, 1996.

(8) 报纸文章。

[序号] 作者. 文献题名 [N]. 报纸名, 出版日期 (版次).

例如: [8] 谢希德. 创造学习的思路 [N]. 人民日报, 1998-12-25 (10).

(9) 电子文献。

[序号] 作者. 电子文献题名 [文献类型/载体类型]. 电子文献的出版或可获得地址, 发表或更新日期/引用日期 (任选).

例如: [9] 王明亮. 中国学术期刊标准化数据库系统工程的进展 [EB/OL]. www.cajcd.edu.cn/pub/wml.txt, 1998-08-16.

阅读材料 英文文献著录规范

不同学术领域的论文写作风格不同，参考文献的著录方式也随之而变。例如，目前在社会科学出版领域中，英文文献参考文献的著录一般遵从下面三种常用的格式。

1. APA 格式

APA 是 American Psychological Association（美国心理学会）的简称。该格式源于美国心理协会对其旗下所属期刊所做的规定，现已广泛应用于社会科学领域。表 8－1 列举了其部分文献类型的著录格式。

表 8－1　APA 参考文献著录格式举例

文献类型	著录格式举例
期刊	Dubeck，L.（1990）. Science fiction aids science teaching. *Physics Teacher*，28，316－318.
报纸	Di Rado，A.（1995，March 15）. Trekking through college：Classes explore modern society using the world of Star Trek. *Los Angeles Times*，p. A3.
图书	Okuda，M.，& Okuda，D.（1993）. *Star Trek chronology*：*The historyof the future*. New York：Pocket Books.
图书中的一篇文章或章节	James，N. E.（1988）. Two sides of paradise：The Eden myth according to Kirk and Spock. In D. Palumbo（Ed.），*Spectrum of the fantastic*（pp. 219－223）. Westport，CT：Greenwood.
数据库中的一篇文章	Mershon，D. H.（1998，November-December）. Star Trek on the brain：Alien minds，human minds. *American Scientist*，86，585. Retrieved July 29，1999，from Expanded Academic ASAP database.
网络资源	Lynch，T.（1996）. *DS9 Trials and Tribble-actions Review*. Retrieved October 8，1997，from Psi Phi：Bradley's Science Fiction Club Web site：http：//www. bradley. edu/campusorg/psiphi/DS9/ep/503r. html.

2. Chicago 格式

Chicago（芝加哥）格式，又称 Turabian 格式或 Humanities 格式。该格式是由美国芝加哥大学出版社整理并推荐的参考文献格式。表 8－2 列举了其部分文献类型的著录格式。

表 8－2　芝加哥参考文献著录格式举例

文献类型	著录格式举例
图书	Okuda，Michael，and Denise Okuda. 1993. *Star Trek chronology*：*The history of the future*. New York：Pocket Books.
图书中的一篇文章或章节	James，Nancy E. 1988. Two sides of paradise：The Eden myth according to Kirk and Spock. In*Spectrum of the fantastic*，ed. Donald Palumbo，219－223. Westport，CT：Greenwood.
期刊中的一篇文章	Smith，Jane. 1996. There is no resisting the Borg queen . *Maclean's*，December 2.
报纸上的一篇文章	Di Rado，Alicia. 1995. Trekking through college：Classes explore modern society using the world of Star Trek. *Los Angeles Times*，March 15，sec. A.
网络资源	Lynch，Tim. 1996. Review of DS9 trials and tribble-actions. Psi Phi：Bradley's Science Fiction Club. http：//www. bradley. edu/campusorg/psiphi/DS9/ep/503r. html（accessed October 8，1997）.

3. MLA 格式

MLA 是 Modern Language Association（美国现代语言学会）的简称。该格式是美国现代语言学会制定的书目及注释格式，较多应用于人文、艺术和医学领域。表8-3列举了其部分文献类型的著录格式。

表8-3 MLA参考文献著录格式举例

文献类型	著录格式举例
图书	Okuda, Michael, and Denise Okuda. Star Trek Chronology: The Historyof the Future. New York: Pocket, 1993.
图书中的一篇文章或章节	James, Nancy E. "Two Sides of Paradise: The Eden Myth According to Kirk and Spock." Spectrum of the Fantastic. Ed. Donald Palumbo. Westport, CT: Greenwood, 1988. 219-223.
期刊中的一篇文章	Wilcox, Rhonda V. "Shifting Roles and Synthetic Women in Star Trek: The Next Generation." Studies in Popular Culture 13. 2 (1991): 53-65.
报纸上的一篇文章	Di Rado, Alicia. "Trekking through College: Classes Explore Modern Society Using the World of Star Trek." Los Angeles Times 15 Mar. 1995: A3.
网络资源	Lynch, Tim. "DSN Trials and Tribble-actions Review." Psi Phi: Bradley'sScience Fiction Club. 1996. Bradley University. 8 Oct. 1997 <http: //www. bradley. edu/campusorg/psiphi/DS9/ep/503r. html>.

除上面三种格式之外，自然科学领域常用格式还有以下几种。

- ACS（American Chemical Society）格式，主要用于化学领域。
- AMA（American Medical Association）格式，主要用于生物医学领域。
- Vancouver（温哥华）格式，又称ICMJE（International Committee of Medical Journal Editors），主要用于生物医学期刊。
- Harvard System，哈佛格式，又称为Author-date method（作者-日期体系），广泛应用于各学科。

四、学术论文的写作步骤

1. 查找资料与选题

选题是撰写学术论文的开端，是至关重要而又艰难的第一步。一个好的选题可以说是成功的一半。一篇学术论文的价值关键并不只在于写作的技巧，也要注意研究工作本身，在于你选择了什么课题，并在这个特定主题下选择了什么典型材料来表述研究成果。科学研究的实践证明，只有选择了有意义的课题，才有可能收到较好的研究成果，写出较有价值的学术论文。所以学术论文的选题和选材，是研究工作开展前具有重大意义的一步，是必不可少的准备工作。

选题的确定既有偶然性也有必然性。偶然性在于选题的确定有可能是在某种偶然事件触发下形成的，其必然性在于作者要做一个“有心人”，对相关领域有丰富的知识储备，有浓厚的兴趣，并对各种思想和观点有强烈兴趣，遇到问题总想问个为什么。这种活跃的思维状态就是选题必然性的前提，否则再好的课题放在眼前也会视而不见。学生在查找文献资料的过程中，除了传统的图书馆、资料室之外，还应充分利用现代信息检索手段，通过互联网、信息库、电子图书等，最大限度地熟悉和掌握有关资料，以便尽早确定选题。

选择论文题目要注意以下几点：(1) 要结合学习与工作实际，根据自己所熟悉的专业和研究兴趣，适当选择有理论和实践意义的课题；(2) 论文写作选题宜小不宜大，只要在学术的某一领域或某一点上，有自己的一得之见，或成功的经验，或失败的教训，或新的观点和认识，言之有物，读之有益，就可以作为选题；(3) 论文写作选题时要查看文献资料，既可了解别人对这个问题的研究达到什么程度，也可以借鉴人家对这个问题的研究成果。

需要指出，论文写作选题与论文的标题既有关系又不是一回事。标题是在选题基础上拟定的，是对选题的高度概括，但选题及写作不应受标题的限制，有时在写作过程中，选题未变，标题却几经修改变动。

2. 研读资料与记笔记

有了参考书单，学生开始仔细阅读资料并运用自己的学识和判断力，以概述、综述、评述、释义以及直接引文等多种方式记研读笔记或制研读卡片，同时还要记下自己在阅读与思考过程中的发现与分析内容。在研读与记笔记的过程中，一定要准确标明每条信息或观点的出处，以便后来将其融入正式论文中。无论是在论文中直接引用还是间接引用非常识性重要观点以及确切数据或实证性材料，都必须注明其确切出处，否则就是剽窃。

同时还要特别注意标清楚并区分研读中文献资料的内容和自己所思所悟的内容，以便在后来正式论文写作时严格遵守文献资料的引用规范。随着研读的不断深入，假设论点常常需要不断地修正，使其更切实际，最后确定为论文的论点。读过一些背景资料再有假设论点引导，可以先拟定一个初步的提纲，这样在研读时可以更有的放矢。在完成了研读和记笔记之后，这一提纲就可以被修订、发展成为更详尽的论文的正式提纲。

3. 资料搜集与处理

资料是构成论文写作的基础。在确定选题、研读资料之后，做好资料的搜集与处理工作，是为论文写作所做的进一步准备。

论文写作资料可分为第一手资料与第二手资料两类。前者也称为第一性资料或直接资料，指作者亲自参与调查、研究或体察到的东西，如在实验或观察中所做的记录等，都属于这类资料；后者也称为第二性资料或间接资料，指有关专业或专题文献资料，主要靠平时的学习积累。在获得足够资料的基础上，还要进行加工处理，使之系统化和条理化，便于应用。对于论文写作来说，这两类资料都是必不可少的，要恰当地将它们运用到论文写作中去，注意区别主次，特别对于文献资料要在充分消化吸收的基础上适当引用，不要喧宾夺主。对于第一手资料的运用也要做到真实、准确、无误。

4. 撰写论文

首先，拟写论文提纲。撰写论文提纲是论文写作过程中的重要一步，可以说从此进入正式的写作阶段。到了这一阶段，研究者似乎胸有成竹了，但实际写起来还得花一番苦功。现实中，有不少研究人员都有这样的感受：当某种思想在头脑中奔涌，感觉已经酝酿成熟，满怀激情地拿起笔想写出来，但是一旦动笔，思想却在笔头凝固了，写不出来或写不下去；或者是在一项科研任务行将结束时，脑子里装着许多材料，观点已经形成且有价值，想写但就是无从下手。凡此种种，并非由于“懒”，而是由于感到“难”。此时学生语言功底的强弱便会一览无余。面对摘记的文献资料、拟定的提纲、确定的论点，学生既要有较强的逻辑思维能力，又要有丰富的联想和想象力，同时要有熟练驾驭语言的能力。

其次，撰写初稿。论文的初稿要按照论文的组成部分和拟定的提纲分层次（部分）撰写，原则上要按照论文的先后逻辑顺序完成论文引论、本论和结论（或结尾）的拟稿工作，以及主要参考文献的列示工作。撰写初稿时要求做到：尽量提高撰写初稿的质量，切实做到以论为纲、观点与材料统一、逻辑思维严谨、论文层次清晰、文字表达精练。

再次，修改初稿。修改初稿是提高认识和提高论文质量，以便更好地完成科研任务的一个重要程序。修改初稿的步骤为：第一，通读初稿，以找出存在的问题和缺点；第二，修改与调整结构；第三，进行内容上的修改、补充与调整；第四，进行语言修饰，逐一审读和修饰论文内容的段落、句子、字、词和数码等，以使其符合相应论文规范的要求。

最后，论文定稿。编写的初稿在按照拟定提纲的要求反复修改、补充与校核后方可定稿。作者判断定稿的标准，是论文的观点（中心论点、基本观点和具体论点）正确，论据（理论和实践依据）合理，结构（文章体系）严谨，文字通顺，资料真实。论文定稿后，还要认真做好誊正、校对和署名等技术性工作。

论文一般至少需要“三易其稿”：草稿、修改稿、终稿。形成终稿后，将论文稿放置一段时间再修改不失为一种好办法，这样修改起来能更客观、更具批评性。终稿之前还需要最后修改一些明显的形式与格式方面的错误，使论文整洁、规范。

阅读材料　学术论文初稿的修改

论文修改有广义和狭义两种含义。广义的论文修改指在论文写作的每一步所做的修改。它既包括论文初稿形成后针对初稿进行的修改，又包括论文从收集资料开始直至初稿完成之前的各个步骤所做的修改。收集资料虽然没有正式动笔写，但也可能存在对收集资料的范围、方法等进行调整的活动。由于这个活动也是论文写作的一个步骤，因而亦可视为论文修改的一个有机组成部分。狭义的论文修改仅指论文初稿形成之后针对初稿所做的修改，即修改初稿。对于修改初稿而言，其修改的范围主要包括观点的修改、结构的修改、材料的修改、语言的修改、标题的修改五个方面。修改初稿时应着重从这五个方面反复修改，直至达到相应的要求，方能定稿。

1. 观点的修改

观点是论文的“灵魂”。一篇论文如果观点方面存在缺陷，那么其质量就会大受影响。有鉴于此，修改初稿时，最为重要的是要对论文观点的正确性、深刻性、新颖性加以推敲。为此，要立足全篇，理性审视论文的中心观点是否正确、深刻和具有创新性，如若没有，则需对中心观点进行修正、完善，甚至要重写论文。在中心观点修缮完毕后，接着需要考察分观点与中心观点是否一致，分观点是否准确、全面。如果不准确，就须修改，如果不全面，就须补充，直至达到要求为止。

2. 结构的修改

结构是论文的“骨架”。结构合理与否，直接影响到论文内容表达的效果。论文结构的修改应着重从三个方面着手。(1) 思路和层次是否清晰。对思路和层次的检查既要从具体标题之间的关系来把握，也要从自然段与自然段之间的关系来进行。对具体标题之间关系的把握主要看论文标题与标题之间是否符合并列结构、递进结构或综合结构的要求。尤其是当论文采用递进结构时，要看具体标题的顺序是否颠倒。如颠倒了就会导致逻辑混乱，因而必须调整顺序。对自然段与自然段之间的关系，主要看相邻自然段之间是否符合起承转合的要求，在意思上是否连贯顺畅。如果自然段之间意思不畅，就须重新整理思路，并对相关阐述加以梳理贯通，有时需要增加一些过渡性的话语，有时需要对自然段的位置或其中某些内容的位置进行调整，有时还需要增补一些内容。总之，对思路和层次的修改直至阅读时产生一气呵成之感，方算达到基本要求。(2) 结构是否完整。一篇学术论文通常由引言、本论和结论三大部分组成。每个部分都有应包含的具体内容。修改时应对照这些内容，将缺少的内容补充完整。当然，引言、本论和结论中的具体内容也是相对的，如果通读全文时，发现缺少个别内容并不影响全文的完整性，那么也可省略。(3) 结构是否紧凑。如果论文结构比较松散，就需要将多余的材料删除，将可有可无的材料缩减或删去，将偏题、添枝加叶或无关紧要的句子删掉。同时要对每个部分之间的衔接、过渡和照应，语气贯通等进行审查和修改。

3. 材料的修改

材料是论文的“血肉”。材料的修改指对初稿中所用的材料进行调整、删节或增补。由于材料是证明论文观点的论据和使观点充实化、丰满化的重要支撑，因而所用材料必须符合三个方面要求。(1) 必不可少。选用的证明观点的材料对证明观点是不可或缺的，换言之，少了该材料之后，观点就无所依托。如果材料并非必不可少，而是可有可无，那么就应删节。(2) 真实可靠。材料作为证明观点的论据，如果不够真实可靠，就会大大影响观点的可信性和正确性。故而，假如材料的真实可靠性存在问题，就必须对这个材料进行调整甚至替换。(3) 恰到好处。为了证明观点所引用的材料既应恰当贴切，又要不多不少。如果材料不能准确有力地论证观点，就需要对材料进行调整；如果材料过于冗长和芜杂，就需要进行提炼和简化；如果材料太过粗略或陈旧，就需要细化或替换。一句话，为了做到恰到好处，必须逐字逐句地对材料进行推敲，然后酌情调整、删节、增补，直至能恰如其分地证明观点为止。

4. 语言的修改

语言是论文的“细胞”。论文的形成必须以语言为基本载体，论文的观点和结论必须靠语言来呈现。对论文语言的基本要求是准确、简练、可读。为了达到这个要求，在修改初稿时，必须对语言进行反复推敲修改，主要应从三个方面努力。第一，为了增强语言的准确性，需要对论文中生造词语、误用词类等用词不当的情况加以查找和改正，需要把似是而非、含糊不清的语句改为准确的文字，需要仔细校对和改正错别字和标点符号错误，需要对论文中出现的符号、公式、图标等进行仔细校正。第二，为了增强语言的简练性，需要字斟句酌，删去重复的或可用可不用的词句，并将啰唆冗长的语句改为精练的文字。第三，为了增强语言的可读性，需要把拗口的词句改为流畅的词句、把平淡的语言改为生动的语言、把晦涩的文字改为明快的文字，需要把搭配不当、结构残缺、结构混乱等有语法错误的病句改为符合语言规范的句子，需要理顺句子与句子之间的内在逻辑关系，以实现上下贯通、前后一致、逻辑自洽。

5. 标题的修改

标题是论文的“眼睛”。论文的标题包括论文题目和具体标题。前文已经指出，论文题目应做到精确、简洁、清楚。这个要求同样适用于具体标题。在检查和修改论文标题时，应严格对照这三点要求进行。一是按照“精确”这个要求，检查标题是否准确全面地反映了论文的内容，如果发现题不配文，就需要修改，直至符合要求为止。二是按照“简洁”这个要求，检查标题是否短小精练。如果发现标题太长或啰唆，就需要按要求修改。三是按照“清楚”这个要求，检查标题是否存在笼统、含糊、词不达意的问题，是否存在使用生造的或生僻的词语、不常用的公式和专业术语等问题。针对笼统、含糊、词不达意的问题，须仔细推敲和修改用词与表达；针对使用生造的词语等问题，须改换词语，用更加通俗易懂的文字替换掉不常用的公式和专业术语。

资料来源：周义程. 社会科学类学术论文：评价标准、写作步骤及要领. 社会科学管理与评论，2013 (4).

5. 参考资料引文格式

参考资料引文格式是论文写作不可分割的重要部分，它不仅仅是简单的格式问题。论文中任何没有标明出处的直接或间接引用的观点、事实或数据，假如被读者误认为是论文作者本人的原创，都将被视为抄袭。只有能熟练运用参考资料引文格式，才能保证论文的严谨性，明确作者的学术创新性，杜绝抄袭现象的发生。

参考文献

1. 张文德，林雪英，王玲艳．现代信息检索．福州：福建科学技术出版社，2012.

2. 张玉慧．网络信息检索与利用．北京：北京理工大学出版社，2014.

3. 孙福强．网络信息检索与利用．北京：北京理工大学出版社，2014.

4. 伍雪梅．信息检索与利用教程：第 2 版．北京：清华大学出版社，2014.

5. 樊爱国，薛德钧．现代信息检索．北京：北京大学出版社，2006.

6. 黄丽霞，周丽霞，赵丽梅．信息检索教程．北京：知识产权出版社，2014.

7. 胡爱民．现代信息检索．北京：光明日报出版社，2014.

8. 王细荣，吕玉龙，李仁德．文献信息检索与论文写作．上海：上海交通大学出版社，2015.

9. 张景元．信息存储与检索．北京：高等教育出版社，2004.

10. 罗敏．现代信息检索与利用．重庆：西南师范大学出版社，2007.

11. 尤建忠．数字资源检索与利用．杭州：浙江工商大学出版社，2013.

12. 李晓玲，符礼平．医学信息检索与利用：第 5 版．上海：复旦大学出版社，2014.

13. 韩志伟．信息素养与信息检索．北京：中国轻工业出版社，2013.

14. 董奇．心理与教育研究方法：修订版．北京：北京师范大学出版社，2004.

15. 余来文．MBA 论文写作与研究方法．北京：经济管理出版社，2014.

16. 刘竟．理工信息检索与利用．镇江：江苏大学出版社，2015.

17. 鲍甬婵．信息素养论．徐州：中国矿业大学出版社，2011.

18. 文传浩，程莉，张桂君，等．经济学研究方法论：理论与实务．重庆：重庆大学出版社，2015.

19. 王大江，罗堰，高强，等．学术论文与申论写作．成都：西南交通大学出版社，2015.

20. 曹顺庆. 新视野大学语文：第2版. 北京：北京大学出版社，2015.

21. 朱德全，李姗泽. 教育研究方法. 重庆：西南师范大学出版社，2011.

22. 王炳，苏林. 新编经济·管理·财会毕业论文写作与答辩. 北京：中国经济出版社，2014.

23. 赵莉，丛全滋. 信息素养实用教程. 北京：中国轻工业出版社，2013.

24. 曹彩英. 科技信息资源检索. 北京：海洋出版社，2013.

25. 赵大志. 地方文献建设研究. 成都：西南交通大学出版社，2012.

26. 高新陵，吴东敏. 科技文献信息与科技创新. 南京：河海大学出版社，2013.

27. 刘湘萍. 科技文献信息检索与利用. 北京：冶金工业出版社，2014.

28. 张联民. 文献检索与利用. 苏州：苏州大学出版社，2012.

29. 安月英. 数字图书馆理论与实践. 西安：西安地图出版社，2010.

30. 王建. 信息法研究. 成都：西南财经大学出版社，2011.

31. 李培. 数字图书馆原理及应用. 北京：高等教育出版社，2004.

32. 夏红. 数字信息资源检索与利用. 合肥：中国科学技术大学出版社，2013.

33. 侯延香，王霞. 信息采集. 北京：知识产权出版社，2012.

34. 张怀涛，黄健，岳修志. 信息检索新编. 武汉：武汉大学出版社，2012.

35. 康桂英. 网络环境下信息资源检索及毕业论文写作. 北京：北京理工大学出版社，2009.

36. 康会光，段琳琳. 计算机网络基础教程与实验指导. 北京：清华大学出版社，2013.

图书在版编目（CIP）数据

文献检索与综述实训教程/刘泰洪编著．—北京：中国人民大学出版社，2018.2
21世纪信息资源管理系列教材
ISBN 978-7-300-25436-4

Ⅰ.①文… Ⅱ.①刘… Ⅲ.①信息检索-教材 Ⅳ.①G254.9

中国版本图书馆CIP数据核字(2018)第008273号

中国劳动关系学院"十三五"规划教材
21世纪信息资源管理系列教材
文献检索与综述实训教程
刘泰洪　编著
Wenxian Jiansuo yu Zongshu Shixun Jiaocheng

出版发行	中国人民大学出版社		
社　　址	北京中关村大街31号	**邮政编码**	100080
电　　话	010－62511242(总编室)		010－62511398(质管部)
	010－82501766(邮购部)		010－62514148(门市部)
	010－62515195(发行公司)		010－62515275(盗版举报)
网　　址	http://www.crup.com.cn		
	http://www.ttrnet.com(人大教研网)		
经　　销	新华书店		
印　　刷	北京溢漾印刷有限公司		
规　　格	185 mm×260 mm　16开本	**版　　次**	2018年2月第1版
印　　张	12.75	**印　　次**	2021年4月第3次印刷
字　　数	288 000	**定　　价**	35.00元